I0887425

PROCLUS

TROIS ÉTUDES SUR LA PROVIDENCE

DIX PROBLÈMES CONCERNANT LA PROVIDENCE

COLLECTION DES UNIVERSITÉS DE FRANCE
publiée sous le patronage de l'ASSOCIATION GUILLAUME BUDÉ

PROCLUS

TROIS ÉTUDES SUR LA PROVIDENCE

TOME I

DIX PROBLÈMES CONCERNANT LA PROVIDENCE

TEXTE ÉTABLI ET TRADUIT
PAR
DANIEL ISAAC
Administrateur Général de la Marine (C. R.)

Deuxième tirage

PARIS
LES BELLES LETTRES
2003

Conformément aux statuts de l'Association Guillaume Budé, ce volume a été soumis à l'approbation de la commission technique, qui a chargé M. Pierre Thillet d'en faire la révision et d'en surveiller la correction en collaboration avec M. Daniel Isaac.

Tous droits de traduction, de reproduction et d'adaptation réservés pour tous les pays.

© 2003. Société d'édition Les Belles Lettres
95 boulevard Raspail, 75006 Paris
www.lesbelleslettres.com

Première édition 1977

ISBN : 2-251-00289-8
ISSN : 0184-7155

INTRODUCTION

I

PERSPECTIVE D'ENSEMBLE SUR LES *TROIS ÉTUDES*

Avec ces *Trois Études* qui traitent, en réalité, d'un même problème abordé sous trois angles différents, celui de la providence, Proclus[1] entre, il le sait et le dit, en un domaine déjà mille fois parcouru et qui ne cessera jamais de l'être. Mais il s'y engage en homme chargé d'expérience, fort de ses patientes exégèses de la pensée de Platon et désireux d'en populariser les conclusions, décidé aussi à ne jamais se départir de cette rigueur dans le raisonnement qui lui a permis de faire de ses Éléments de Théologie un discours si cohérent qu'il prétend révéler l'ossature même du corpus mysticum de l'univers et que la pensée chrétienne s'est dans une grande mesure élaborée et développée à partir de cette logique qui est, plus exactement, une onto-logique.

Une fois de plus, le problème des rapports de l'Un et du Multiple, de Dieu et du Monde, est posé par lui du point de vue de la relation, dont le logos est le signe puisque, comme raison et parole, il la crée et puisque

1. Sur la vie de Proclus (412-485), que nous connaissons essentiellement par la biographie de son disciple et laudateur Marinos, et sur son œuvre en général, je me permets de renvoyer le lecteur aux ouvrages suivants : R. Beutler, art. *Proklos* dans la *Realencyklopädie* de Pauly-Wissowa ; L. J. Rosan, *The philosophy of Proclus*, New York 1949 ; J. Trouillard, Introd. aux *Éléments de Théologie*, Paris 1965 ; L. G. Westerink et H. D. Saffrey, Introd. au t. I de la *Théologie Platonicienne*, Paris 1968 (Budé) ; P. Bastid, *Proclus et le crépuscule de la pensée grecque*, Paris 1969 ; G. Martano, *Proclo di Atene*, Naples 1974. Pour une étude exhaustive de la pensée de Proclus, voir W. Beierwaltes, *Proklos*, Francfort 1965.

comme semence, il projette dans le devenir, dira déjà Plotin, la raison de l'intelligible. Or on sait, par le *Parménide*, que la forme la plus achevée de l'expression selon le logos, la dialectique, science des principes, vise à définir la relativité des termes opposés pour laisser place, à l'horizon de la pensée, à la conjonction des contraires, retour à l'unité par la similitude. « Quand l'âme, dit Proclus, dans son commentaire sur la philosophie chaldaïque, s'en tient à sa faculté dianoétique, elle a la science des êtres ; quand elle s'est installée dans la partie intellective de son essence propre, elle pense toutes choses selon ses intuitions simples et indivisibles. Mais quand elle a couru jusqu'à l'Un et replié toute la multitude qui est en elle, elle opère par possession divine et s'unit aux réalités supra-intellectuelles ; car partout le semblable a dans sa nature de s'unir au semblable. »

C'est donc, en définitive, à une reconnaissance des contours de l'esprit, à un tracé de ses limites, autrement dit à une connaissance de soi, sorte de préfiguration de l'idéalisme transcendantal, que nous convie le Diadoque qui, par là, reste comme toujours dans le droit fil de la pensée de son Maître. Il s'agit d'une prise de conscience progressive et systématique, d'une mise au point des rapports de l'immanence et de la transcendance qui fait apparaître la totalité universelle comme une raison raisonnante dérivée de l'hyperraison ou de la raison divine ; l'influence stoïcienne est donc ici sensible, mais elle ne concerne qu'un des aspects d'une vision hiérarchisée des choses, qu'une facette de la réalité. Lieu géométrique de tous les rapports de contrariété : relation et corrélation, un et multiple, même et autre, limite et illimité, semblable et dissemblable, bien et mal, positif et négatif, l'âme tente de saisir par son activité et de vivre actuellement, en particulier par sa descente dans le devenir, l'éternelle confrontation de l'être et du non-être en empruntant les voies de l'analogie, symbole de l'échelonnement des niveaux du réel ; car les épreuves de l'acte et de la connaissance sont parallèles, de sorte que chacun des efforts de notre esprit pour comprendre et expliquer reconstitue les aventures de l'âme entre l'intelligible et le sensible, les étapes du voyage circulaire qui mène de l'immanence en soi (μονή) à la conversion (ἐπιστροφή) par la procession (πρόοδος) ou de l'essence (οὐσία) à l'acte (ἐνέργεια) par la puissance (δύναμις).

Tel est le cadre, rigide et contraignant comme la nécessité, mais enfermant une virtualité immense comme la liberté, dans lequel il faut situer, pour les saisir dans leurs apparences diverses, les trois entités qui forment le thème des *Trois Études*.

Figure centrale d'un univers soit perpétuellement créé soit éternel et incréé, univers dérivant du principe des principes, de la cause de l'être sise au-delà de l'être, de ce pouvoir illimité et déterminant qu'on appelle, par infirmité de l'esprit ou « docte ignorance » de l'inconnaissable, l'un suressentiel et extratemporel, indicible en ce sens qu'en voulant le nommer on exprime le néant de l'au-delà ou le « dire » sans objet, impensable en ce sens qu'en niant la négation elle-même pour arriver jusqu'à lui on nie tout à la fois la pensée et l'être (à moins qu'on affirme, au contraire, comme le fera Eckart, la cîme de l'être), la providence (πρόνοια) n'est ni un être ni un concept hypostasié, elle est « la mise en acte de la bonté », l'éternelle actualisation, par un mouvement immobile, de la surplénitude de Dieu[1] et de son vouloir tourné vers le bien, c'est-à-dire vers lui-même ; elle est tout à la fois prépensée (ὑπὲρ νοῦν ou πρὸ νοῦ)[2], prescience, prédétermination, intuition créatrice, conjonction simultanée du vouloir et du faire, cause inaltérable et tutélaire. « Étant une, elle contient toute l'infinité des connaissables et réalise une unité qui surpasse toute leur unité »[3] (*De dec. dub.* 5, 37) ; elle

1. Cf. *El. Th.* 131.

2. Ἡ δὲ πρόνοια, ὡς τοὔνομα ἐμφαίνει, ἐνέργεια ἐστι πρὸ νοῦ *El. Th.* 120.

3. Définition qui peut aussi s'exprimer sous le mode de la négation : « tout ce qu'on nie de l'un procède de lui ; et il faut qu'il ne soit rien du tout pour que tout en vienne » (*in Parm.* 1074, 22-1077, 18).

est responsable du fini et de l'infini, du limité et de l'illimité ainsi que de leur synthèse ; elle est le principe transcendantal prémonitoire, élément premier de la prélogique. Si donc le Démiurge a une activité providente supérieure à l'intelligence, cette activité s'exerce sur « tous les êtres, aussi bien intelligibles que sensibles » et domine, par conséquent, celle de la fatalité. Un problème se pose alors : celui des rapports de la providence avec tous ceux qui, activement ou passivement, bénéficient de son influence. Or la hiérarchie des niveaux d'être et de connaissance, déjà largement mise en œuvre par Porphyre avant d'être systématisée par Proclus, oblige tout chercheur et tout interprète du réel, des ὄντα, à une double entreprise : comme chercheur, il doit parcourir les degrés de la discursivité jusqu'au moment où sa vision devient globale et simultanée, comme interprète, il doit communiquer les vérités aperçues au terme de cette quête en descendant de l'intuition noétique à la transcription dianoétique et analogique[1] et en recourant, selon les besoins de la cause, soit à un mode d'explication logico-mathématique soit aux figures de l'imagination spatio-temporelle. Les rapports de la providence-une avec les autres, ses sujets, sont donc considérés tantôt comme un enchaînement de raisons, tantôt comme une relation de sujets, la personnification des concepts s'accentuant au fur et à mesure qu'on s'éloigne de la vision intellective. Alors que c'est le premier mode d'explication qui domine dans les *Éléments de Théologie*, c'est le second qui est le plus fréquemment utilisé dans les trois opuscules. C'est ainsi que l'action de la providence s'y exprime et s'y mesure en termes de participation figurée et que la médiation s'y concrétise par le rôle attribué aux êtres divins. Proclus distingue, en effet, deux modes de participation : l'éternelle et la provisoire, ou la continue et l'intermittente ; « Tandis qu'à tous les êtres les dieux sont également présents, s êtres ne sont pas tous également présents aux dieux. »

1. Sur le logos comme instrument analogique et explicatif de a pensée, cf. Beierwaltes, *op. cit.*, p. 148 sqq.

(*Éléments de Théologie* 142). Chez les êtres éternels, la participation à la providence divine est continue, car l'altération ne peut se produire que dans l'image, non dans le modèle ; l'éternité est vécue comme identité, l'identité implique une participation sans faille du participant « grâce à l'activité infinie de celle qui la lui donne, grâce aussi à la constance et à la fermeté de sa propre relation avec elle. » (*De dec. dub.* 23, 7-8). Nous sommes ici dans la vérité des rapports initiaux, dans la proximité immédiate des unités premières attenant à l'Un, de sorte que le sujet de l'action providentielle subsiste selon l'acte unitaire de la providence immanente en elle-même (*De dec. dub.* 12, 14 et 25, 1) ; il se situe par son être hors du mouvement de la succession logique ; sa participation est donc éternelle et simultanée ; et pourtant, en tant que produits et prépensés par la providence (ὑπ' αὐτῆς παρηγμένων καὶ προνοουμένων *De dec. dub.* 12, 2), ces participants et participés privilégiés, dérivés de l'Un, sont déjà hiérarchisés et, à ce titre, sujets dans leur comportement et non dans leur être à diverses décroissances de l'ordre, autrement dit à un désordre relatif (*De mal. subs.* 29, 12-16). Mais dès qu'on s'engage dans le domaine dépendant de la puissance infinie de l'Un, de son infinie puissance d'altérité ou épanchement éternel de sa surplénitude, dès qu'apparaissent la dissemblance, l'alternance et la rivalité des contraires ou les zones d'ombre du non-être, la participation subit tous les aléas du changement ; si la providence ne cesse jamais de s'étendre à tout ce qui est, elle se heurte pourtant ici à une fréquente inconscience du participant, à sa faiblesse, à une inaptitude à recevoir à tout moment les dons qui lui sont dispensés. C'est alors que, pour assurer la continuité entre la créature et son providentiel producteur, doivent intervenir les figures intermédiaires : anges, démons, héros (*De dec. dub.* 25) ; c'est à eux qu'il appartient de surmonter l'hétérogénéité qui sépare l'être instable de l'unité divine, en tant que l'effet le plus éloigné de la cause est séparé d'elle par plus de causes intermédiaires.

Cette passion de Dieu, esprit et providence, d'abord accueilli, assumé sans réserve par ceux qui ont avec lui la plus complète affinité et qui jouissent par lui d'une limitation et d'un nombre parfaits, puis confronté, au fur et à mesure du déroulement de sa procession, aux êtres imparfaits et innombrables qu'il a produits comme gages de la prééminence des éternels et du parachèvement du Tout, c'est la courbe de l'opération divine ; elle prend, dans les sphères supérieures, l'aspect d'une providence porteuse de liberté et d'autarcie et revêt ensuite, une fois engagée dans le cycle du devenir et de la nature physique, les traits de la fatalité et de l'enchaînement du destin, discipline irrépressible qui s'impose à tous les êtres incapables de réaliser, dans la liberté, l'union du bon vouloir et du pouvoir et en dernier lieu à tous ceux qui sont dominés par l'irrationalité. Les deux premières étapes de cette passion et la troisième, celle de la conversion des êtres, ne marquent nullement une déception de la divinité devant son œuvre, mais simplement les degrés logiques de son expression, c'est-à-dire l'actualisation de sa puissance. Par contre le même itinéraire, lorsqu'il est parcouru par l'âme, marque les étapes de sa déchéance et de son salut, sa descente au royaume des servitudes et sa lutte spirituelle pour la liberté. Mais la providence libératrice et la fatalité qui asservit ne sont que la représentation d'un processus dégressif unique décrivant le cheminement de l'émanation à partir de l'Un sans aucune solution de continuité ; et la fatalité n'est alors qu'une image diminuée de la providence à laquelle elle est entièrement subordonnée, comme le temps n'est, selon la célèbre formule du Timée, que l'image mobile de l'éternité immobile ; la nécessité physique, c'est la liberté vue par réfraction comme la liberté de l'âme est l'image réfractée de la nécessité divine, de sorte qu'il y a un parallélisme constant entre les cycles éternels et les temporels : la fatalité, essence intemporelle, régit les mouvements physiques dans le temps et dans l'espace, mais sa subordination à la providence, déjà admise par Plotin et Jamblique, fait qu'elle assure la liaison de notre monde avec le monde céleste puisque « le cycle qui se déroule ici-bas n'est qu'une image de celui qui se déroule là-haut » (*De prov.* 12, 13). Ainsi l'âme, placée par son activité vivante à la charnière des deux mondes, englobe dans sa vision, selon le système analogique qui figure les rapports de l'âme universelle et de l'âme particulière, l'aventure cyclique de l'univers, décrivant et actualisant, selon la part de son existence qui est en jeu, l'épopée de l'unité suressentielle dont la transcendance est à la fois annihilante et créatrice ; libre par sa partie supérieure, celle qui échappe à la nécessité naturelle, elle est soumise à cette nécessité par le corps en lequel elle est descendue ; entre ces deux extrêmes, elle procure à l'homme, avec la vie, une liberté moyenne, une liberté de coopération, assez proche de l'assentiment stoïcien, que seul le sage peut dépasser par la contemplation et par l'affranchissement des servitudes du corps. « Non enim erat le in nobis eorum que extra dominans sed cooperans. » (*De prov.* 55, 5). C'est, dans la vie quotidienne de l'homme, la liberté de choisir entre le mieux et le moins bien dans le cadre de la prescience de Dieu.

L'entrée de l'âme dans le monde du fatum est donc le moment où elle commence à perdre la conscience de son identité, dégradation déjà amorcée par la dualité inhérente à l'esprit (νοῦς) qui est conscience de soi avant d'être conscience de l'autre et qui, de ce fait, est rongé dès l'origine, par la multiplicité et la contrariété, conditions de la manifestation. Le développement antinomique du logos noétique et dianoétique ne cesse d'exprimer la partition de l'Un « indivisé, transcendant tous les contraires » (*De dec. dub.* 7, 32-33), providence causant les êtres qu'elle connaît et connaissant les êtres dont elle est cause sous le seul mode de la détermination et de l'indivision. Cette partition issue de l'indivisé, c'est aussi bien l'histoire de la providence et de son dérivé, la fatalité, que celle du mal se nourrissant de son contraire, toutes deux retraçant les vicissitudes de l'unité perdue et retrouvée[1].

On voit ainsi se développer tout au long des *Trois Études*, comme dans toutes les œuvres de Proclus, un discours sur l'Un qui est un discours de l'Un, un désir de l'autre qui redevient un désir de l'Un, d'où naît une ascèse menant à l'hénade par la voie d'une abstraction toujours plus accentuée. L'itinéraire de l'action providentielle n'est que la figure de ce mouvement parti de l'être transcendant et se dépassant lui-même et aboutissant à l'unité particulière la plus individuée, τὸ ἄτομον ἕν, par les deux étapes de l'enchaînement actif de la raison ou nécessité intelligible qui se confond avec la liberté, puis de l'enchaînement passif de la φύσις.

Lorsque se présente enfin le problème du mal, source de toutes les théodicées, ce sont encore les figures du discours traduisant les niveaux de l'être et de la connaissance, d'une connaissance qui va de l'informulé au formulé en suivant les exigences de l'esprit, qui permettront d'exposer d'une manière cohérente et de résoudre les antinomies d'un faux dualisme. Le point de départ, c'est, bien entendu, l'identité de l'Un et du Bien, qui donne sa coloration morale à l'univers et d'où il résulte que, grâce à la providence divine « déterminée selon l'Un et le Bien » (*De dec. dub.* 5, 1-2), c'est-à-dire avant l'intelligence et donc au-dessus d'elle, la totalité des existants porte la marque du Bien. Mais dès l'entrée dans le monde du devenir, de l'imperfection ou de l'illimitation, cesse la fidélité éternelle à soi-même et à ses origines et commence, comme on l'a vu plus haut, la participation provisoire ou intermittente. Ici-bas, l'âme allie la passivité à l'activité, elle devient raison partielle,

1. Cette tendance à l'altérité et au multiple qui est la source de l'être est aussi le principe du mouvement qui part de la μονή et, par la δύναμις, aboutit à l'ἐπιστροφή ou au τέλος. Cf. *in Cratylum*, 59, 9-11 : « Toute intelligence est soit fixe et alors elle est intelligible en tant que supérieure au mouvement, soit en mouvement et elle est alors intelligente, soit les deux en même temps et elle est alors à la fois intelligible et intelligente. »

elle a partie liée avec le corps où siège l'âme mortelle, souffle moteur du corps qui périt avec lui ; elle est donc liée aussi à la nature physique qui n'est rien autre qu'une image seconde et inversée de la réalité intelligible ou nouménale. Or si l'existence du mal dans les corps est une conséquence inéluctable de la génération puisque celle-ci vient des contraires, en l'occurrence de l'alternance de la naissance et de la mort, dans les âmes humaines elle est la conséquence d'une certaine démission qui les amène à aliéner en partie leur liberté sous la pression de l'irrationnel et à laisser la place à l'âme mortelle (*De dec. dub.* 30, 5) ; le désir de se maintenir à l'unisson du Tout, de coordonner son activité et sa substance, est un désir sans cesse contrarié par les passions corporelles et les tentations de la déraison ; de cette contrariété, qui est l'expression constante de la négativité, naît le mal. Car le mal existe, mais sous le seul mode de la contradiction, il n'est qu'une existence contraire ou issue de la contrariété, une « parhypostase », que les créatures impuissantes installent, en face des réalités que sont l'ordre, la raison et la vertu, comme leur contrefaçon ; il existe relativement, par opposition ou privation, il est anti-existence et non-être, c'est-à-dire existence qui n'a de réalité que par sa nécessité logique, en vertu de la loi des contraires qui lui confère, dans une cosmologie rationnelle, une nécessité cosmique. Dans un monde tout entier tourné vers le bien, le mal représente toutes les défaillances, tous les degrés du contraire au bien, sans jamais être un principe premier rival du bien, puisque son statut de contraire subordonné (ὑπεναντίον), lui donne, du point de vue logique et ontologique, une existence seconde ou dérivée et qu'il ne peut être conçu qu'en l'autre et non en lui-même, à moins qu'on ne le pose comme pur concept ; admettre l'existence du mal en soi serait affirmer qu'il se suffit à lui-même alors que le mal ne se définit jamais que par rapport au bien.

Le mal concourt ainsi à la perfection de l'univers, il est l'élément de contrariété inhérent à toute créature périssable, le ferment de destruction annonciateur de génération, il assure l'équilibre du monde, celui des parties par rapport au tout. C'est dire que tout mal, ressenti comme tel à l'échelon du particulier, est un bien à l'échelon de l'ensemble, car « toutes choses n'existent qu'en vue du bien, y compris le mal lui-même » (*De mal. subs.* 61)[1]. Dieu est donc disculpé du reproche d'avoir voulu le mal puisque se manifeste, au sein même du monde sensible dans ses déficiences, la finalité irréversible du bien. Reste l'hypothèse, encore teintée de dualisme, de l'identité de la matière et du mal, de la matière comme premier mal, une matière dont la passivité, la négativité et l'obscurité sont une menace permanente pour l'être des sensibles ; c'est là une thèse, défendue un moment par Plotin, que Proclus rejette formellement ; il reste fidèle au monisme optimiste des stoïciens que Plotin avait fini par rejoindre, lui aussi, lorsque, éliminant de sa pensée toute trace de dualisme, il justifiait le mal par la diversité d'un monde sublunaire dont les contradictions elles-mêmes reflètent encore la bonté de Dieu. Le mal a donc toujours sa raison d'être dans l'harmonie universelle. « Tout ce qui subit la privation du bien, c'est par rapport à lui-même et à son être propre qu'il en est privé en raison d'une impuissance de nature, mais par rapport à la totalité et en tant qu'il est une partie du tout, il est bon. » (*Théol. Plat.* I, 18, p. 84). Comme le dit Leibniz, reprenant à son compte après combien d'autres, ce thème essentiel du platonisme ancien et nouveau : « Dieu, par un art merveilleux, tourne tous les défauts de ces petits mondes au plus

1. Cf. aussi *de mal. subs.* 37, 2-24 et 50, *in Remp.* I, 38. L'argument sera repris en compte par la théologie chrétienne d'inspiration platonicienne dans sa lutte contre le manichéisme : Διὸ οὐδὲ ὑπόστασιν ἔχει τὸ κακόν, ἀλλὰ παρυπόστασιν, τοῦ ἀγαθοῦ ἕνεκα καὶ οὐχ ἑαυτοῦ γινόμενον. (Pseudo-Denys l'Aréopagite, *Noms Divins* 4, 31, 243 et Jean Damascène, *Dial. contra Manichaeos* I, 64). Saint Augustin, par sa conception de l'ordre universel, avait déjà, en bon platonicien, réagi dans le même sens contre ses anciennes tentations manichéennes.

grand ornement de son grand monde ». (*Essais de Théodicée* II, 147).

Ainsi se trouve achevé le circuit de la continuité logique de l'univers, garante de son unité ontologique. Providence, liberté et mal jalonnent un discours qui décrit la procession à partir de l'Un et l'efficience éternelle d'un Bien dont le vouloir s'actualise perpétuellement tout au long de l'échelle des êtres et dont l'influence, au fur et à mesure qu'elle en descend les degrés, n'est plus ressentie que d'une manière discontinue et par la médiation des messagers de Dieu. Au-dessus, dominant l'être et ses carences, l'Un inexprimable, puis les dieux-hénades « comparables à des fleurs, à des lumières suressentielles » (*De mal. subs.* 11) ; ils contiennent en eux-mêmes, parce qu'ils les précèdent, temps fini et temps infini, non-être et être, intelligence et intelligibles, nécessité et liberté, réalisant la coïncidence simultanée de tous les contraires qui, au-dessous du modèle intelligible et des êtres éternels, forment la trame du devenir.

Ainsi la providence de Dieu, surpassant toute intelligence, est essentiellement une préobjectivation ou, ce qui revient au même, une préconception ; elle apparaît comme une structure de production de l'être, donc antérieure à l'être, et son action préobjectivante est permanente puisque Dieu crée éternellement, dans le temps et dans le non-temps ; elle est, en définitive, le soubassement de tout étant durant tout le temps que, grâce à elle, il est.

Tels sont, vus à travers les trois opuscules, les éléments principaux de cette dialectique des contraires ; elle progresse, comme toujours, selon un rythme ternaire correspondant à la triade fondamentale : immanence en soi-procession-conversion, qui est comme la dynamique de l'Un, et à celle qui définit l'action providentielle : bonté-volonté-providence, qui n'est, en réalité, que l'unité suressentielle vue par les participants sous l'aspect triadique (*in Tim.* I, 371, 14-20). Dans ces écrits que la tradition manuscrite n'a pas réunis sans raison, Proclus a réussi à présenter, au prix de quelques répétitions et de rares contradictions, un exposé sommaire de son système du monde par une réflexion qui part de la foi, s'explicite en discours et retourne, en une ascension méthodique, jusqu'au niveau de l'aperception visionnaire par ce qu'il appelle « la mystagogie de l'Un »[1] ; s'il reste fidèle, pour l'essentiel, aux leçons du « divin Platon » et de ses disciples les plus valables et s'il se montre sensible à l'influence d'Aristote et des Stoïciens, il ne cache pas cependant son attachement à la spiritualité hermétique et divinatoire, conciliant en lui les deux grands courants qui n'ont cessé d'animer la pensée de l'hellénisme ancien : celui de la raison dévoilée et celui de la raison secrète.

II

L'AVENTURE DES *TROIS ÉTUDES*

Nous ne connaissons les trois écrits de Proclus sur la providence, le libre-arbitre et le mal, que par la traduction latine qui en a été faite, au XIIIe siècle, par Guillaume de Moerbeke, archevêque de Corinthe ; nous ne possédons aucun témoin de l'original grec. Intitulées respectivement « De decem dubitationibus circa providentiam », « De providentia et fato et eo quod in nobis », « De malorum subsistentia », ces monographies reprennent, sous une forme succincte et didactique, un certain nombre de points souvent abordés par leur auteur dans ses commentaires sur les grands dialogues de Platon et dans sa *Théologie Platonicienne*[2], et qui concernent le problème de la providence ou de la prévoyante et préexistante pensée de Dieu.

1. *Theol. Plat.* (Portus) 130, cap. VII : τὴν περὶ τοῦ ἑνὸς μυσταγωγίαν.

2. Ce dernier ouvrage est en cours d'édition et de traduction par les soins de H. D. Saffrey et L. G. Westerink; les deux premiers tomes (livres I et II) sont déjà parus (éd. Budé, 1968-1974).

Pour déterminer la date de cette trilogie, le seul élément positif dont on dispose est un passage du *De providentia* (45, 1-6) où Proclus, reprochant à Théodore l'ingénieur de se faire le défenseur de l'hédonisme, s'écrie : « j'aurais honte de moi si je ne disais franchement à un ami ce que j'en pense, à savoir que professer sur ce sujet une pareille opinion me semblerait une chose indigne de mon choix et de mon âge », ajoutant que « l'intelligence d'un homme âgé possède une autorité souveraine » qui l'empêche de céder aux entraînements de la mode. Outre cette notation, certaine allusion à ses écrits antérieurs[1] ainsi qu'une évocation possible des vexations que le philosophe eut à subir de la part des autorités chrétiennes (*De providentia* 22, 8-10) permettent de supposer, comme l'a fait H. Boese, que les *Tria Opuscula* sont des œuvres de vieillesse. L'ordre dans lequel elles nous sont parvenues, qui est chronologiquement celui de la traduction latine, correspond sans doute, si l'on s'en tient à la progression de leur démarche logique, à l'ordre dans lequel elles ont été écrites.

Quant à l'histoire de ces *Études*, elle n'est qu'un cas particulier de la singulière histoire des œuvres du Diadoque.

C'est, en effet, une tentative apparemment désespérée que celle des derniers maîtres de l'École d'Athènes puisqu'elle s'est donné pour but de sauvegarder l'édifice déjà fort ébranlé des valeurs religieuses et spirituelles du paganisme face à la marée montante du christianisme. Elle se solde, au demeurant, par un échec retentissant lorsque la fermeture de l'Académie par Justinien en 529 semblera signer l'arrêt de mort de la pensée païenne, dont les productions seront contraintes de chercher refuge chez les Barbares, d'abord à Antioche, plus tard à Bagdad. Elle a été, en réalité, une réussite exceptionnelle puisque l'influence des penseurs de l'École, et spécialement celle de Proclus, va s'exercer

1. *De mal. subs.* I, 17 sqq.

sur toute la théologie médiévale aussi bien dans sa période platonicienne où la pensée du pseudo-Denys inspire notamment l'œuvre de Scot Érigène, que dans sa phase dite aristotélicienne où rayonne un thomisme qui, par une constante référence aux écrits dionysiens et au *Livre des Causes*, garde partie liée avec la réflexion néoplatonicienne[1].

Mais si platonisme et néoplatonisme nourrissent dans une grande mesure la spéculation théologique des chrétientés grecque et latine, s'il est vrai que les interdictions, les destructions ou les oublis dont eurent à souffrir les œuvres de la culture ancienne n'ont pas empêché une certaine permanence de l'expérience philosophique, la personnalité de Proclus se heurte dès le départ à l'hostilité des Docteurs de l'Église. A la différence de Porphyre, à qui son *Introduction aux Catégories d'Aristote* vaudra un grand renom de logicien, le Lycien est connu non seulement pour son opposition à la doctrine chrétienne, mais aussi pour sa dévotion aux cultes païens et pour son activité théurgique. De très bonne heure ses thèses seront donc réfutées par Jean Philopon et Procope de Gaza ; mais, à la même époque, sa philosophie qui, prenant appui sur le *Timée* et le *Parménide* selon la plus pure tradition néoplatonicienne, concilie les exigences logiques et la spiritualité mystique, exerce déjà une vive attraction sur certains chrétiens, très tentés d'y puiser les éléments nécessaires à une élaboration rationnelle des vérités de leur foi. Il s'agit, en somme, d'utiliser l'œuvre et de rejeter l'homme ; c'est ce que fera un des premiers, avec un art incontestable, un chrétien d'Orient, l'auteur inconnu des *Noms Divins* et de la *Hiérarchie Ecclésiastique*[2] ; au prix d'un anachronisme audacieux, il assurera, sous le nom vénéré de Denys l'Aréopagite, le succès éclatant

1. Voir R. Klibansky, *The continuity of the platonic tradition during the Middle Ages*, London, 2ᵉ éd. 1951.

2. *Dionysii Areopagitae Opera* éd. Cordier, Anvers 1634 (repris dans la Patrologie grecque de Migne) ; Œuvres complètes du Pseudo-Denys l'Aréopagite, traduction, préface et notes par M. de Gandillac, Paris 1943.

et persistant d'une somme théologique grecque qui tire une grande part de son inspiration de l'œuvre de Proclus auquel elle emprunte sa doctrine du mal[1], sa hiérarchie des êtres organisée en fonction de l'aptitude de chacun à recevoir selon l'analogie la Lumière divine, et enfin sa description de la montée vers un au-delà dont le point culminant est l'union avec l'inconnaissable par l'hypernégation, thèmes familiers des *Trois Études*, des *Éléments de Théologie* et de la *Théologie Platonicienne.*

Autre véhicule de la pensée du Diadoque, le *Liber de Causis*[2], présenté comme œuvre d'Aristote, jouira longtemps d'une autorité considérable qui s'imposera tant à Albert le Grand qu'à Maître Eckart et à Dante ; sorte d'adaptation des *Éléments de Théologie* composée d'abord en arabe, puis traduite en latin au XIIe siècle par Gérard de Crémone, cet ouvrage, voisinant avec la *Théologie d'Aristote*[3], autre apocryphe constitué à partir des *Ennéades* de Plotin, permettra au néoplatonisme de s'affirmer avec la caution d'Aristote ; (mais Thomas d'Aquin notera la parenté du *Liber* avec les *Éléments de Théologie*).

C'est d'abord à Byzance, où le platonisme n'a jamais vraiment tout à fait disparu, que Proclus va, au XIe siècle, recouvrer à la fois son identité et son crédit grâce à Michel Psellos qui lui voue une admiration sans réserve et prend chez lui l'essentiel de ses idées et de ses réflexions ; plus tard Jean Italos, suivant les traces de son maître, fera place à Proclus dans son enseignement. En Occident, c'est au XIIIe siècle que Guillaume de Moerbeke, élève d'Albert le Grand et ami de Thomas d'Aquin, traducteur renommé et parfois déjà contesté d'Aristote et de ses commentateurs, mènera à bien la transcription en latin de plusieurs œuvres du Lycien

1. Cf. J. Stiglmayr, *Der Neuplatoniker Proklus als Vorlage des sogennanten Dionysius Areopagita in der Lehre von Uebel, Hist. Jahrb.*, p. 253-273 et 721-748 (1895).

2. *Die Pseudo-aristotelische Schrift über das reine Gute, bekannt unter dem Namen Liber de Causis*, éd. Bardenhewer, Fribourg 1882.

3. La Théologie d'Aristote ne sera connue en Occident qu'au début du XVIe siècle.

dont il contribuera ainsi à étendre grandement l'influence. Aux siècles suivants, enfin, Proclus va bénéficier du regain de faveur du platonisme dont Marsile Ficin sera un des principaux artisans, et son ascendant s'exercera sur nombre d'esprits éminents parmi lesquels Nicolas de Cuse, Gémiste dit Pléthon et son disciple le cardinal Bessarion.

Cette curieuse histoire d'une pensée dont l'action se prolonge dans le temps, de l'Orient grec à l'Occident latin, tantôt à découvert tantôt sous des noms d'emprunt, l'aventure des *Trois Études* l'illustre à merveille.

Au VIe siècle d'abord, on voit paraître le *De aeternitate mundi contra Proclum* de Jean Philopon[1], philosophe chrétien d'Alexandrie (ouvrage que rendent très précieux pour nous ses citations du premier opuscule de Proclus), et plus tard, à une date incertaine, l'œuvre du pseudo-Denys, également en langue grecque, qui, entre autres emprunts au Lycien, reprend à son compte la plupart des thèses exposées dans la troisième *Étude* sur le mal. Avec cette réfutation au grand jour, puis cette utilisation inavouée faite sous un faux nom, les *Trois Études* sont passées d'une existence reconnue à une existence bâtarde dont elles ne sortiront guère, en Occident, qu'au XIIIe siècle par la traduction de Moerbeke. Celle-ci, effectuée à Corinthe en 1280, est une bonne reconstitution, selon le mode littéral, de la pensée d'un auteur difficile, transcrite en ce latin lourd et disgracieux dont usaient les clercs de l'époque. Malgré les erreurs et les obscurités qui ne lui font pas défaut, elle est loin de mériter le jugement sévère et même malveillant que porte Roger Bacon sur l'ensemble du travail de traducteur de ce « Willielmus Flemingus qui nihil novit dignum neque in scientiis neque in linguis »[2]. L'ouvrage est, en effet, valable quelles qu'en soient les imperfections, lesquelles sont dues, sans doute, aux aléas de

1. *Philoponi de aeternitate mundi contra Proclum*, ed. Rabe, Leipzig 1899.
2. Cité dans *in Parm.* (Klibansky), praefatio, p. XXI.

la tradition manuscrite jusqu'à l'exemplaire qui servit de modèle à Moerbeke, mais aussi à certaines lacunes, aisément décelables, dans les connaissances linguistiques et philosophiques du traducteur, et enfin aux conditions dans lesquelles il a dû mener son entreprise. Si l'on tient compte, en effet, des délais très courts en lesquels semble avoir été réalisée la traduction, si l'on note aussi quelques fluctuations dans la traduction d'un même mot, si l'on relève certaines erreurs qui ne peuvent raisonnablement être imputées à Moerbeke, on est conduit à se demander (et la question vise toute l'œuvre de ce traducteur) si l'on n'est pas en présence d'un travail d'équipe dont l'archevêque de Corinthe aurait été soit le principal ouvrier soit le maître d'œuvre. Le texte parvenu jusqu'à nous comporte en tout cas, malgré ses grandes qualités, bien des points obscurs et les faux pas du ou des traducteurs y ont été aggravés encore par la maladresse et l'ignorance des scribes.

Mais l'aventure des *Trois Études* ne s'arrête pas là ; un événement, survenu il y a une quinzaine d'années seulement, va nous révéler un nouvel avatar passé de l'œuvre de Proclus. On connaissait l'existence de manuscrits contenant trois traités grecs parus à Byzance dont les titres étaient, à peu de choses près, identiques à ceux des *Tria Opuscula* ; ces traités, jamais encore édités[1], étaient l'œuvre d'un prince byzantin, un certain Isaac dit le « sebastocrator », titre honorifique créé pour son frère aîné Isaac par Alexis Ier Comnène et qui, par la suite, continuera à être attribué à certains membres de la famille impériale. Mais nul n'avait fait le rapprochement entre ces trois traités et les *Tria Opuscula* ; il est vrai que le nombre des études consacrées à la providence depuis les origines de la réflexion philoso-

1. Deux d'entre eux l'ont été depuis (cf. *infra*, p. 36) ; il s'agit du premier traité sur la providence et du troisième traité sur le mal, le deuxième traité sur la fatalité et la liberté devant paraître dans le tome II du présent ouvrage.

phique est si grand qu'il a de quoi lasser l'attention des exégètes lorsque l'œuvre n'est pas signée d'un nom illustre, vrai ou faux ; il est vrai aussi qu'une similitude de titres, si frappante soit-elle, ne dénote pas nécessairement une similitude de texte : ainsi quoi de plus différent que les *Dix livres sur la providence* de Théodoret de Cyr et les *Dix problèmes concernant la providence* de Proclus. C'est à L. G. Westerink que revient le mérite d'avoir, le premier, soupçonné un lien de parenté entre les écrits du Lycien et ceux du prince byzantin ; il fit part de son sentiment à H. Boese qui, après examen d'un des manuscrits de l'œuvre d'Isaac, constata que le texte grec recouvrait exactement, en de très nombreux et très longs passages, le texte latin de Moerbeke[1] sauf, bien entendu, les corrections ou suppressions nécessaires pour effacer toute trace apparente de théologie païenne. Ces emprunts, qui alternent avec des dissertations personnelles de l'auteur, ne respectent pas toujours l'ordre des arguments procliens, mais sont répartis au gré du compilateur qui ne se fait pas faute de transférer parfois d'une monographie à l'autre tel ou tel passage de son modèle. Grâce à la concordance souvent littérale entre le modèle grec traduit par Moerbeke et la copie byzantine, concordance qui va fréquemment jusqu'à la similitude des lacunes ou jusqu'à l'amendement ou l'omission par l'imitateur des lieux corrompus et des obscurités de son modèle, H. Boese a pu, en partant du texte latin, procéder à une reconstitution partielle, souvent conjecturale, du texte grec perdu des *Trois Études* de Proclus (mais le texte grec qu'il nous présente est, il faut bien le préciser, un texte en partie revu et corrigé par lui en fonction de la version de Moerbeke). La reconstitution intéresse la presque totalité du premier opuscule et une assez grande part du second ; quant au troisième, le *De*

1. Sur les diverses formes de l'imitation, de la paraphrase et du plagiat dans la littérature grecque ancienne cf. E. Stemplinger, *Das Plagiat in der gr. Liter.*, Leipzig 1912, et G. Buckler, *Anna Comnena,* London 1929, pp. 191-193.

malorum subsistentia, déjà largement pillé par le pseudo-Denys, Isaac en a copié la majeure partie, faisant aussi, parfois, quelques emprunts au texte dionysien. Dans l'ensemble, on peut admettre que, compte tenu de la personnalité du sébastocrator, de son intelligence et de son talent d'adaptateur, nous disposons par lui d'une version assez valable, bien qu'incomplète, de l'œuvre originale de Proclus.

Reste à savoir qui est cet « Isaac le Sébastocrator » ainsi nommé par les manuscrits. Trois princes de la famille impériale des Comnène portant le nom d'Isaac ont été élevés à la dignité de sébastocrator, la plus haute dans les honneurs après celle d'autocrator réservée au souverain : ce sont, dans l'ordre chronologique, d'abord le frère aîné de l'empereur Alexis Ier, puis le troisième fils de cet empereur, enfin, lorsque Jean, fils aîné d'Alexis Ier monta sur le trône, le troisième fils du nouvel empereur et, par conséquent, le neveu du second Isaac. Auquel de ces personnages peut-on attribuer avec quelque vraisemblance, et en l'absence de toute preuve décisive, la paternité des trois traités byzantins ? Il faut, à mon sens, récuser le premier, bien que H. Boese, J. Dornseiff, J. J. Rizzo et W. Beierwaltes aient penché en sa faveur. Car s'il fut, au dire des chroniqueurs byzantins, un très fougueux chef de guerre et, si l'on en croit sa nièce Anne Comnène, un homme de grande culture (φιλολογώτατος), il n'est jamais mentionné ni comme un lettré que ses goûts porteraient vers la recherche philosophique ni comme l'auteur d'une quelconque œuvre écrite. Ce qu'il faut surtout retenir de lui, c'est qu'il fut chargé par le basileus, en l'an 1082, d'engager des poursuites contre Jean Italos, « consul des philosophes », accusé de propager des thèses hétérodoxes inspirées de Porphyre, de Jamblique et de Proclus[1]. Or on voit mal comment le plus haut

1. En 1076-1077 déjà, le Synode avait condamné les thèses de l'hellénisme païen, parmi lesquelles celles de Proclus, qui risquaient de contaminer la théologie chrétienne. — Sur la comparution d'Italos devant le sébastocrator Isaac et sur son

dignitaire de l'Empire, constamment associé à l'action inquisitoriale d'Alexis, aurait pris le risque de publier sous son nom et sans en changer le titre, avant ou après le procès religieux d'Italos, une œuvre de Proclus plus ou moins christianisée, surtout si l'on songe que cette œuvre restait, qu'on le veuille ou non, consacrée essentiellement à l'exaltation de l'Un platonicien (conception de l'unité originelle irrecevable pour la théologie orthodoxe)[1] ; peut-on raisonnablement croire que le collaborateur privilégié du souverain aurait poussé le cynisme et la duplicité jusqu'à se faire le propagateur d'une pensée néoplatonicienne qu'il était spécialement chargé de pourchasser et de dénoncer ?

Le second Isaac[2], frère de Jean II, me paraît, en revanche, bien mieux répondre à l'idée que l'on peut se faire d'un prince lettré se piquant de littérature et n'hésitant pas à prendre la plume, la sienne ou celle d'un autre, pour mettre en vedette son aisance à manier les idées et son art d'argumenter. Nous disposons sur lui d'un témoignage important, celui du poète de cour Théodore Prodrome[3] qui, dans une pièce de circonstance écrite à la gloire de ce prince impérial, a célébré en termes dithyrambiques son savoir et sa compétence philosophiques, lui donnant pour pères spirituels Pythagore, Platon, Aristote, Antisthène, Euclide et Cléanthe. Cet Isaac s'est fait connaître non seulement

procès voir Anne Comnène, *Alexiade*, ed. Leib. 1937 II, p. 39 ; F. Chalandon, *Les Comnène, I. Alexis Ier Comnène (1081-1118)*, Paris 1900 ; Th. Ouspensky, *Le procès d'hérésie de Jean Italos*, dans *Bulletin de l'Institut archéologique russe de Constantinople*, t. II, 1897, p. 30-66.

1. Anne Comnène, *op. cit.* III, p. 179.

2. Il fut nommé sébastocrator par son frère l'empereur et il est toujours mentionné dans les documents et monuments de l'époque comme « porphyrogénète et sébastocrator » (cf. E. Schmitt, *Kahrié Djami* dans *Bulletin de l'Institut archéologique russe de Constantinople*, t. XI, 1906, p. 37).

3. Cf. E. Kurtz, *Unedierte Texte aus der Zeit des Kaisers Johannes Komnenos*, *Byz. Zeit.* XVI, 1907, p. 112-119. — Sur Prodrome voir W. Hörandner, *Theodoros Prodromos, Historische Gedichte* [*Wiener Byz. Studien*, XI], 1974.

par son ambition, ses intrigues et ses complots, mais aussi par son goût de l'étude, de la philosophie, de la théologie ; on sait aussi qu'il était auteur de plusieurs œuvres en vers et en prose comme il le rappelle lui-même dans le Typikon du monastère de la Kosmosôteira qu'il a fondé à Béron (Thrace) en 1152. Par ailleurs, il est possible que la référence faite par l'auteur du second traité sur la providence (§ 22, 9) à des malheurs récemment subis, référence empruntée à Proclus, soit ici une allusion aux ennuis que valurent à ce personnage ses incessants complots contre son frère, ennuis qui lui avaient déjà inspiré une lamentation poétique écrite en exil. Enfin on ne saurait tellement s'étonner de voir, quelque cinquante ans après l'excommunication d'Italos et l'inquisition antiplatonicienne d'Alexis, un prince contestataire utiliser sous son nom et sans trop de risques, un texte de Proclus qui n'était pas encore sorti de l'ombre.

Quant au troisième Isaac, fils de Jean II et frère aîné de Manuel Ier, qui fut, comme le précédent, un opposant et un conspirateur, on sait peu de choses de lui sinon qu'il était coléreux et brutal et que son père l'avait, pour cette raison, écarté de la succession au trône ; décrit par les chroniqueurs comme un personnage sans grand intérêt[1], il ne paraît pas qu'il ait été homme à participer aux joutes théologiques dont s'enchantaient Manuel Ier et son entourage, encore moins à écrire sur des sujets de philosophie controversés et difficiles.

De toutes ces données, aucune ne constitue par elle-même une preuve nous garantissant de façon certaine l'identité du signataire des trois traités ; on ne peut guère en tirer qu'une forte présomption en faveur du second sébastocrator Isaac dont l'écrit doit se situer soit sous le règne de Jean II, soit plutôt sous celui de Manuel Ier, à une époque où les idées platoniciennes d'Italos trouvaient refuge à Sainte Sophie dans les

1. Cf. F. Chalandon, *Les Comnène, II. Jean II Comnène (1118-1143) et Manuel Ier Comnène (1143-1180)*, 1912, p. 195.

milieux où s'élaboraient des doctrines politiquement ou théologiquement subversives. C'est déjà à ce prince que E. Kurtz, F. Chalandon et G. Buckler, dans leurs études byzantines, attribuaient sans explication la paternité du premier traité, le seul dont ils connussent l'existence[1]. Mais le problème de l'attribution n'a été jusqu'ici, on le voit, jamais vraiment abordé et je ne prétends certes pas l'avoir résolu ; qu'il me soit permis, cependant, pour donner plus de créance à ma conjecture, de me réclamer de l'autorité de deux spécialistes de l'histoire byzantine, M. Paul Gautier et M. Jean Gouillard, qui ont bien voulu me faire savoir qu'ils partageaient mon point de vue.

III

PRINCIPES DE LA PRÉSENTE ÉDITION

On se propose, dans cette édition, de présenter au lecteur les *Trois Études* de Proclus sur la providence, le libre-arbitre et le mal, dans la forme sous laquelle elles nous sont parvenues, c'est-à-dire dans la traduction latine qui en a été effectuée par Guillaume de Moerbeke et en suivant la présentation en paragraphes numérotés de l'édition H. Boese ; on trouvera en regard, selon l'usage de la collection, la traduction française de ce texte. Mais, pour tenir compte de l'apport considérable que nous offrent, pour la reconstitution du texte grec perdu et pour sa compréhension, les trois traités d'Isaac Comnène calqués en grande partie sur les *Trois Études*, il a paru nécessaire de présenter aussi le texte intégral de ces traités établi à partir des quatre manuscrits dont on dispose maintenant, ce qui n'avait pu être jusqu'ici réalisé.

Le présent volume contient, outre les introductions générales sur l'œuvre et sur les conditions d'établisse-

1. Tous l'ont mentionné comme une œuvre poétique.

ment des textes, la traduction latine de la première *Étude* sur les problèmes de la providence, la version française de cette traduction, le texte *in extenso* du premier traité d'Isaac sur les problèmes de la providence.

On a jugé utile de faciliter la confrontation entre le texte latin et le texte grec par une impression en italique de tous les passages de la traduction latine ayant leur équivalent dans le texte grec[1]. Pour rendre possible à tout moment cette confrontation, on a signalé dans le texte grec d'Isaac Comnène, chaque fois qu'y apparaît une copie évidente de l'œuvre de Proclus, le numéro du paragraphe du texte latin correspondant ; bien entendu, ces indications ne prétendent nullement constituer une division raisonnée du traité d'Isaac dont les emprunts, quoique considérables, sont partiels et ne suivent pas toujours l'ordre et la dimension du modèle ; elles ne sont que de simples signes de référence permettant au lecteur de situer les concordances entre la version de Moerbeke et l'ouvrage du démarqueur byzantin.

A. Le texte latin de Moerbeke

Les manuscrits

A	Paris, Bibl. Arsenal, 473	XIIIe - XIVe s.
B	Bâle, Univ. bibl., F IV 31	début XIVe s.
E	Erfurt, Stadtbibl., CA 4° 290	XIVe - XVe s.
H	Hambourg, Univ. bibl., Ms. philol. 28 (introuvable depuis 1945)	XVIIe s.
M	Milan, Ambr. P 99 sup.	XIVe s.
N	Milan, Ambr. R 100 sup.	XVIe s.
O	Oxford, Bodl. Digby 236	XIVe s.
P	Paris, Bibl. Nat. lat. 10198	XVIIIe s.

1. Cette équivalence comprend aussi, bien sûr, la transcription incessante de Θεοί *(dii)* en Θεός.

Q	Padoue, Bibl. Semin. Vescov., ms. 18	XIVᵉ - XVᵉ s.
R	Vatican, Bibl. Apost., Reg. lat. 1246	début XVIIᵉ s.
S	Macerata, Bibl. Commun. 5. 3. D. 30	XIVᵉ s.
V	Vatican, Bibl. Apost., Vat. lat. 4568	XVᵉ - XVIᵉ s.
W	Vienne, Nat. bibl., 273 (ne contient qu'une partie du premier opuscule)	XIVᵉ s.

Établissement du texte et apparat critique

L'excellente édition de H. Boese[1], qui comporte une description avec stemma de tous les témoins connus, de leur histoire et de leurs rapports ainsi qu'un apparat critique soigneusement élaboré, est un instrument de travail de premier ordre pour qui désire avoir une information complète sur la tradition manuscrite latine. Je n'ai eu, pour ma part, qu'à en reprendre les principaux éléments, tout en m'obligeant à une recension aussi minutieuse que possible des quelques manuscrits que j'ai pu examiner soit en original soit sur microfilm ; le texte et l'apparat critique ne différeront donc que sur quelques points de ceux de H. Boese.

Notre texte latin a été mis au point essentiellement à partir des deux témoins les plus valables que sont le *Parisinus* (A) et le *Vaticanus* (V), les autres n'intervenant qu'incidemment dans l'apparat. Ces deux manuscrits, que j'ai collationnés, le premier à la Bibliothèque de l'Arsenal, le second sur microfilm, sont les chefs de file des deux principales familles entre lesquelles se répartit la tradition ; A dérive en ligne directe de l'archétype latin, V par modèle interposé. Si A paraît, dans l'ensemble, un peu plus digne de confiance que V, ce dernier a le privilège de porter dans ses marges quelques mots grecs destinés à justifier ou expliquer le mot latin du traducteur ; ces vocables souvent mal transcrits constituent, avec les passages cités par Jean Philopon

1. H. Boese, *Procli Diadochi Tria Opuscula*. Berlin 1960. Cet ouvrage a été analysé par W. Beierwaltes dans *Philos. Marginalien zu Proklos-Texten, Phil. Rundsch.* 10, 1962, 68-75.

et Jean Lydus, les seuls vestiges authentiques du texte grec perdu de Proclus. Outre ces deux témoins, j'ai consulté le *Parisinus* (P), apographon d'un manuscrit de Luc Holste aujourd'hui perdu, le codex H ; celui-ci était lui-même une transcription d'un autre manuscrit du savant hambourgeois, le codex R, rédigé à partir de V et S, et comportant un texte remanié par lui d'après certaines leçons de S et les citations de Philopon (codex que je n'ai pu malheureusement consulter). Enfin j'ai examiné O sur microfilm et B sur xérocopies ; ce dernier est une copie directe ou indirecte de A, revue et corrigée par le dominicain Berthold de Moosburg, auteur d'un commentaire sur les *Éléments de Théologie* de Proclus.

Les leçons manuscrites adoptées, les fautes et les variantes signalées (y compris les conjectures ou corrections marginales et interlinéaires émanant peut-être du scribe, mais plus probablement du réviseur, ainsi que les gloses parfois insérées dans le texte) sont donc, dans la plupart des cas, je le rappelle, celles de A et de V. Il a paru inutile de noter les variantes orthographiques mineures (*nichil-nihil*, *que-quae*, etc.) non plus que toutes les abréviations dépourvues de leur signe (ex. : *deteriatum* pour *determinatum*) ou toutes les transcriptions fautives (ex. : *paripostasim*). Les rectifications qu'on a cru devoir faire, les lacunes qu'on a tenté de combler sont justifiées soit par une explication en première partie de l'apparat, soit par la présentation, quand il y a lieu, du ou des termes grecs correspondants chez Isaac ou Philopon, ou par référence aux marginalia graeca de V ; mais la justification donnée n'enlève rien, bien entendu, au caractère conjectural de la leçon suggérée. J'ajoute que les erreurs ou bévues décelées dans le texte des manuscrits et signalées dans l'apparat ne sont pas toujours redressées dans le texte latin de la présente édition. Il convient, en effet, de faire le départ entre les fautes incombant sans conteste au traducteur médiéval et celles qui sont, selon toute vraisemblance, le fait des copistes ; pour les premières, je me suis senti tenu de ne rien changer à une version qui est celle de Moerbeke et publiée comme telle, m'accordant seulement le droit de ne pas répéter l'erreur dans la version française qui vise avant tout à reproduire dans sa teneur l'écrit perdu de Proclus ; pour les secondes, j'ai effectué, dans la mesure du possible, un rétablissement du texte.

Je dois signaler, par ailleurs, l'aide précieuse que m'a apportée l'étude de L. G. Westerink, *Notes on the Tria Opuscula* dans *Mnemosyne* 15, 1962, p. 159-168.

B. Le texte grec d'Isaac[1]

Le texte grec des *trois traités* d'Isaac Comnène a été établi à partir des quatre manuscrits dont on dispose à l'heure actuelle :

D Athos, Mon. Docheiariou 119, fol. 193-306 — XVIIIe s.
L Vatican, Bibl. Apost., gr. 1773, fol. 279-374 — XVIe s.
M (Athènes) Metoch. Panagiou Taphou 35, fol. 695-734 — XVIIe s.
P (Athènes) Metoch. Panagiou Taphou 118, fol. 1-59 — XVIIe s.

Les deux manuscrits M et P ne contiennent que le premier des trois traités, sous le titre abrégé Περὶ προνοίας ἀπορημάτων. Le témoin le plus ancien, qui figure sur le catalogue de A. Possevinus (1606) donnant la liste des manuscrits du monastère de Saint Jean de Patmos et qui a été le modèle que Nicetas Mindrinus a copié en 1584 pour rédiger L, a malheureusement disparu.

L'apparat critique qui accompagne le texte grec de la présente édition fait principalement état des leçons

1. Cf. H. Boese, *op. cit.*, praefatio, p. XVIII-XXIII, et J. J. Rizzo, *Isaak Sebastokrator's* Περὶ τῆς τῶν Κακῶν Ὑποστάσεως, Meisenheim 1971, Introd., p. XXVIII-XXXIX.

de L et de D qui seuls nous donnent, semble-t-il, des copies assez fidèles d'un archétype antérieur au codex de Patmos ; de ces deux témoins, le second est, malgré son époque tardive,le meilleur, comme en convient aussi J. J. Rizzo ; sa supériorité est rendue évidente non seulement par ses leçons souvent plus valables que celles de L, mais aussi par le fait que les compléments de texte qu'il nous offre au regard des passages lacunaires de L sont toujours confirmés par la version de Moerbeke, d'où l'on peut conclure, d'ailleurs, à une étroite parenté des exemplaires ayant respectivement servi à Isaac et à Moerbeke. Il faut signaler, cependant, que D est incomplet, sa partie finale ayant été endommagée, mais seule est affectée par ce manque la toute dernière partie du troisième traité de sorte que l'apparat critique correspondant, qui figurera dans le second tome de cette édition, ne prendra en considération pour les trois dernières pages du traité que les leçons de L. Quant aux deux manuscrits de Constantinople qui ont pu, après quelques mésaventures, être récemment localisés à Athènes et remis par là à la disposition des chercheurs, on constate que leur copie, moins bonne que celle de D, dérive de la même source que lui : s'ils divergent souvent entre eux dans leurs erreurs, si bien que tout rapport de dépendance de l'un vis-à-vis de l'autre est à exclure, leurs rencontres avec D sont fréquentes, surtout dans les compléments au texte de L, mais aussi dans certaines leçons significatives (par exemple, dans le premier traité, p. 22, 9 μετὰ τοῦ θεοῦ D M P μεστὰ τοῦ θεοῦ L ; et p. 29, 10 μερικοῦ D M P καιρικοῦ L). Mais, tout compte fait, l'apport de ces deux témoins tardifs est assez mince. Il faut noter encore que D, M et P sont pourvus de marginalia émanant de leurs rédacteurs ou de leurs détenteurs (qui, pour chacun d'eux, peuvent être une seule et même personne) et consistant en diverses gloses ou conjectures, ces dernières presque toujours annoncées par ἴσως ou ἤ. Enfin on ne saurait oublier l'importance des notes marginales grecques du *Vaticanus latinus* (V) pour la confirmation de certaines leçons (cf. ci-dessus notice sur le texte latin, p. 30).

Il a paru inutile de signaler dans l'apparat les variantes orthographiques mineures (par ex. certaines formes d'iotacisme), les absences d'iota souscrit, la confusion de la labiale β et de son équivalent υ se traduisant par une confusion des graphies, les erreurs ou les insuffisances d'accentuation lorsqu'elles sont sans conséquence, les ponctuations qui nous semblent aujourd'hui aberrantes, les « self-corrections » des scribes, les fautes d'orthographe ou les bourdes évidentes.

C. Les éditions de la traduction latine

I. A. Fabricius, *Bibliotheca graeca*, ed. nova curante G. Chr. Harles, vol. IX, Hambourg 1804 (p. 373-397 : *Procli Lycii De providentia et fato et eo quod in nobis* — in extenso ; p. 398-405 : *De decem dubitationibus circa providentiam*, *De malorum subsistentia* — argumenta).

V. Cousin, *Procli philosophi platonici Opera Inedita* (éd. de 1820 revue, corrigée et complétée), Paris 1864 (p. 78-267 : texte des *Trois Études* in extenso).

C. Pera, *S. Thomae Aquinatis in librum beati Dionysii de divinis nominibus expositio*, Rome 1950 (p. 375-398 : *De malorum subsistentia* — in extenso, selon l'éd. Cousin, avec indication des concordances Denys-Proclus).

E. Elorduy, *Ammonio Sakkas, I. La doctrina de la creacion y del mal en Proclo y el ps. Areopagita*, Oña (Burgos) 1959 (p. 51-203 : *De malorum subsistentia* — in extenso, selon l'éd. Cousin ; p. 322-328 : 5e question du *De decem dubitationibus* selon l'éd. Cousin).

H. Boese, *Procli Diadochi Tria Opuscula de providentia, libertate, malo latine Guilelmo de Moerbeka vertente et graece ex Isaacii Sebastocratis aliorumque scriptis collecta*, Berlin 1960 (éd. critique du texte intégral des trois opuscules).

D. Les éditions du texte grec d'Isaac

J. Dornseiff, *Isaak Sebastokrator, Zehn Aporien über die Vorsehung* [Beiträge zur klassischen Philologie, Heft 19], Meisenheim am Glan 1966.

J. J. Rizzo, *Isaak Sebastokrator's* Περὶ τῆς τῶν Κακῶν Ὑποστάσεως *De Malorum Subsistentia)* [Beiträge zur klassischen Philologie, Band 42], Meisenheim am Glan 1971 (avec introduction et analyse de la tradition manuscrite).

E. La traduction francaise

A la fin de sa traduction latine du commentaire de Simplicius sur les *Catégories* d'Aristote[1], Guillaume de Moerbeke écrit : *Scias etiam qui hoc opus inspexeris exemplar grecum valde fuisse corruptum ; in multis locis sensum nullum ex littera potui extrahere. Feci tamen quod potui. Melius enim erat sic corruptum habere quam nichil.* Cette réflexion désabusée, je puis la reprendre entièrement à mon compte pour expliquer les conditions dans lesquelles a dû être réalisée la présente traduction d'une traduction. Les difficultés rencontrées ont été dues non seulement aux nombreuses obscurités et corruptions des manuscrits ainsi qu'aux maladresses et erreurs de scribes souvent incultes, mais aussi et surtout au fait que les seuls documents existants consistaient en une traduction latine médiévale d'un modèle grec sans doute lui aussi très corrompu et en un plagiat grec d'époque byzantine qui, dans sa majeure partie, la recouvre assez exactement mais dont la fidélité est souvent plus apparente que réelle.

A partir d'éléments aussi contestables et en l'absence de l'original grec perdu, je me suis efforcé de ne pas trahir, malgré la fragilité des matériaux, la pensée de Proclus ; j'ai donc suivi pas à pas le modèle latin et si

1. Dans R. Klibansky, *Procli in Parm. VII*, praefatio, p. XXI.

j'ai utilisé à maintes reprises l'œuvre du démarqueur grec, je ne l'ai fait qu'avec une méfiance toujours en éveil, soucieux de ne pas tomber dans le piège de ses transpositions chrétiennes plus ou moins adroites ; car l'ouvrage du Sébastocrator doit, bien sûr, être utilisé avec prudence ; il peut, certes, éclairer souvent la traduction latine si l'on prend en considération non seulement les similitudes littérales qu'il offre avec elle ou avec les passages que nous ont conservés Philopon et Lydus, mais aussi toutes les vues personnelles de l'auteur en lesquelles transparaît souvent, sous une forme plus ou moins voilée, la pensée du Diadoque ou celle du premier auteur chrétien qui, sous le nom de Denys l'Aréopagite, s'appropria une partie de son œuvre et de sa pensée. Mais on constate par ailleurs que les obscurités et les difficultés qui parsèment le texte latin sont souvent dissipées ou surmontées avec un certain bonheur dans le texte d'Isaac ; toutefois rien ne peut nous assurer que ses interprétations, même si elles améliorent plus d'une fois un texte ambigu, ne trahissent pas l'original. C'est donc avant tout sur la logique rigoureuse du Lycien, sur la remarquable cohérence de sa figuration cosmique que j'ai cru devoir prendre appui pour tenter de reconstituer, le cas échéant, un raisonnement défiguré ou amputé par sa transcription manuscrite. Plus d'une fois pourtant, j'ai été tenté de m'écrier, comme le fait Th. Taylor devant certains passages du premier opuscule : « Moerbeka's version is so barbarous that I found it impossible to translate it » ; il ne disposait pas, il est vrai, de l'aide, précieuse que constituent les emprunts d'Isaac Comnène.

En ce qui concerne les notes, j'ai jugé inutile d'en alourdir le poids par de trop nombreuses références aux innombrables ouvrages grecs et latins consacrés aux problèmes de la providence, de la fatalité, du libre-arbitre et du mal. Je me suis donc borné à indiquer les étapes que signale un nom prestigieux tout au long de ce chemin qui, de Pythagore à Damascios et à la scolastique médiévale, sera le lieu de rencontres et d'affrontements incessants. Par contre, j'ai cherché, quand cela m'a paru nécessaire, à « expliquer » la pensée du Diadoque, à en marquer les constantes, à définir les termes qui l'expriment. Mais comme je pense qu'un texte de cette valeur révèle par lui-même ses richesses parce qu'il est avant tout (si on laisse de côté la partie morale du premier opuscule qui est la plus faible et la moins originale) un appel à la « conversion », une invitation à la connaissance de soi et de ce par quoi on est, une prise de conscience progressive de notre situation à la lisière de l'être et du non-être, j'ai estimé qu'il y avait lieu de réduire au minimum indispensable le volume des commentaires, soit dans les introductions, soit dans les notes ; le lecteur, je l'espère, me saura gré de ce laconisme.

Voici les traductions des *Trois Études* publiées jusqu'à ce jour :

a) *en langue anglaise*

Th. Taylor, *The six books of Proclus, the Platonic successor, on the theology of Plato*, London 1816 (comporte une traduction de la seconde étude et une traduction partielle des deux autres).

Th. Taylor, *Two treatises of Proclus*, London 1833 (1re et 3e études).

K. S. Guthrie, *Proclus's life, hymns and works*, Yonkers (U.S.A.) 1925 (comprend la traduction des trois études dans le texte de celle de Taylor parfois légèrement modifiée).

b) *en langue espagnole*

E. Elorduy, *Ammonio Sakkas* I, Oña (Burgos) 1959 (comprend la traduction de la 3e étude et de la 5e question de la 1re).

c) *en langue allemande*

Th. Borger, *Proklos Diadochos, Über die Vorsehung, das Schicksal, und den freien Willen* §§ 1-32, Diss. Cologne 1971.

*
* *

En publiant ce premier tome des *Trois Études*, il m'est agréable de dire tout ce que ce travail doit aux conseils et aux suggestions de M. J. Irigoin, qui en a secondé l'accomplissement, de M. P. Thillet, qui en a assuré la révision, du R. P. H. D. Saffrey qui en a favorisé les commencements. Qu'ils soient ici très vivement remerciés de l'aide qu'ils ont bien voulu m'apporter.

A ces dettes de gratitude s'ajoute celle que j'ai envers les animateurs des sections grecque et latine de l'Institut de Recherche et d'Histoire des Textes, et plus particulièrement au R. P. J. Paramelle et à M. J.-M. Olivier qui ont grandement facilité mes recherches.

DIX PROBLÈMES CONCERNANT LA PROVIDENCE

NOTICE

Le Περὶ τῶν δέκα πρὸς τὴν πρόνοιαν ἀπορημάτων[1] est une étude dans laquelle sont passées en revue et résolues les diverses difficultés que soulève la croyance en une providence divine ou en une préconception et prévoyance universelles du principe unitaire (πρὸ νοῦ ἐνέργεια) ; le problème des rapports du libre-arbitre et de la providence y est, par contre, à peine abordé et ne sera traité complètement que dans le deuxième opuscule. Les solutions proposées se fondent sur des raisons ontologiques, logiques et morales. Une telle tripartition de l'analyse ne va pas sans nuire parfois à la rigueur de la démonstration, si bien qu'on peut relever ici et là certaines positions contradictoires. Mais si l'on ne retrouve pas dans cette étude l'inflexible démarche des *Éléments de Théologie*, c'est surtout, semble-t-il, parce qu'elle est une œuvre d'enseignement et de vulgarisation, que son propos est, selon toute vraisemblance, de familiariser des étudiants de divers niveaux avec l'organisation néoplatonicienne des concepts et des idées. La tâche du professeur ou du conférencier va consister à démonter, par une analyse systématique, les ressorts d'une doctrine élaborée depuis des siècles à partir de la réflexion platonicienne et finalement ordonnée par lui en un ensemble cohérent au moment même où l'École d'Athènes vivait ses derniers jours. Au lieu de s'astreindre à suivre pas à pas, comme il le faisait dans ses Commentaires, le texte de quelques

1. Le titre original grec de la première *Étude* nous est connu grâce à Jean Philopon qui le cite plusieurs fois dans son *De aeternitate mundi contra Proclum*.

dialogues essentiels de Platon, l'auteur s'attache ici à approfondir le thème fondamental et mille fois débattu des rapports de Dieu et du monde vus dans la perspective de la providence agissante. Les préoccupations didactiques, qui apparaissent plus d'une fois, suffisent à expliquer certains retours en arrière, certaines redites, l'appel à diverses formes d'explication, un certain flottement quelquefois dans l'ordre des preuves (dû aussi, peut-être, aux accidents de la tradition manuscrite) ; elles expliquent également le recours aux comparaisons, aux métaphores, en somme à tous les procédés de la diatribe, depuis le contradicteur fictif jusqu'à la prosopopée ; il arrive cependant, de temps à autre, que la ferveur du visionnaire l'emporte sur les soucis de l'enseignant ; mais ces instants sont rares et s'entourent de discrétion, à la différence de ce qui se passera dans la *Lettre à Théodore* où Proclus n'hésitera pas à exalter, avec des accents inspirés, la folie divine et le silence intérieur de l'âme aux approches de l'unité suressentielle.

Dans cette étude où il marque de sa forte personnalité quelques thèmes primordiaux du platonisme, ce que le Lycien s'efforce de communiquer à ses auditeurs en se pliant aux exigences du discours, c'est une vérité révélée. Il s'agit donc de la mise en œuvre, aussi bien par le professeur que par le théologien, de la méthode diaporématique telle que l'a définie Aristote au début du livre B de la *Métaphysique*.

L'âme humaine est un connaissant soumis aux servitudes de sa condition ; l'objet de sa connaissance, même si elle le soumet à sa propre constitution subjective, lui est donné et imposé par révélation, c'est-à-dire par son antériorité à l'être puisqu'il est l'identité originellement réalisée du connaissant et du connu ou l'unité première éternellement puissance et acte. Envisagée sous cet aspect, la providence divine n'est autre que l'Un perçu par l'esprit humain comme unifiant une pluralité qui revient perpétuellement à sa cause. L'Un extratemporel produit l'éternel et le temporel, l'intelligible et le sensible. La description de la providence consiste donc à énoncer analogiquement cette fécondité permanente d'un principe supérieur à l'être et à exposer les rapports de l'existant avec celui qui lui a donné l'existence ; il ne saurait s'agir d'un récit de la création, mais bien plutôt d'un tableau représentant le monde dans son éternelle venue à l'être. L'Un donne l'être spontanément, étant au-delà de tout, au-delà de l'être, au-delà de la perfection et de la plénitude, « non circonscrit, mais circonscrivant tout »[1] ; il est au-delà de ce qu'il est. Ce dépassement incessant de lui-même, c'est la manifestation de l'Un comme puissance et comme acte qui aboutit, du point de vue du participant subordonné, à une partition triadique de l'unité en bonté, volonté et providence, « la bonté produisant les caractères de perfection, de suffisance, de désirabilité, la volonté manifestant ceux de surplénitude, d'extension, de fécondité, la providence procurant ceux d'efficacité, d'achèvement, de pureté. »[2] Dans cette triade, la providence correspond à l'acte, la volonté à la puissance, la bonté à l'essence ou à l'immanence en soi. Par la chaîne de la procession causale, la providence régit l'univers selon un double mouvement ontologique et logique animant les entités éternelles comme principes et comme causes ; par le truchement du fatum, elle impose au devenir de notre monde une inéluctable nécessité naturelle. Tout être, qu'il soit éternel ou temporel, nécessaire ou contingent, est donc soumis à son influence salvatrice, le salut (σωτηρία) étant entendu comme ce qui maintient assemblées les parties d'un être, ce qui le sauvegarde comme existant. Mais si les éternels s'ouvrent à l'influence providentielle dans la continuité et l'identité, sans la moindre interruption possible, les êtres sujets au devenir et donc au

1. Dante, *Divine Comédie, Paradis* XIV.28-30, trad. Pézard, p. 1480.

2. Proclus, *in Tim.* I.371,.11-20, trad. Festugière II, pp. 231-232.; cf. la tripartition de la providence en bonté-puissance-connaissance en I 389,.23-26 (Diehl).

changement sont des participants intermittents ; leur réceptivité est discontinue. Ils ont beau avoir en eux, comme tout être, une présence ininterrompue et ineffaçable de l'Un, ils se montrent indignes de ce privilège par leur faiblesse ou leur inconscience et le mal, qui profite de leur déficience pour se glisser dans leur âme, n'est qu'une contrefaçon du bien (παρυπόστασις)[1] occupant momentanément la place laissée vacante par ce dernier. Car l'âme, éternelle par sa substance et, en tant que telle, rebelle à toute altération, devient, lorsqu'elle s'incorpore, la proie des passions charnelles qui corrompent alors son activité ou sa manière d'être, non son être ; elle est ainsi, par sa médianité, la figure de la procession, vivant en elle-même l'épopée de l'exil qui l'amène du séjour éternel jusqu'aux frontières du domaine mortel d'où elle reviendra finalement par la conversion. C'est toute cette histoire de l'âme humaine qui constitue en réalité, à travers les leçons et les anecdotes, la trame du premier opuscule ; car « l'homme est une âme »[2], d'abord désertant sa patrie divine, puis saisie par le remords[3], impatiente ensuite de guérir de ses maux et de s'assimiler à Dieu[4] en recourant, au besoin, à des intercesseurs[5].

Ainsi se trouve décrite dans ce traité, par une démarche qui va de l'intelligible au sensible ou de l'ontologique au moral, l'aventure d'une providence à la fois suressentielle, transcendante et immanente, expression de l'au-delà, puis concept ou signe, puis figure.

Le traité commence par un court préambule où est énoncé, avec la caution de Platon, le principe de base de la démonstration qui va suivre, à savoir l'existence

1. C'est-à-dire une entité opposée qui se substitue à la réalité principale.; cf. *De dec. dub.* §.30. La notion de parhypostase est plus précisément analysée dans la troisième *Étude*.

2. *De dec. dub.* §.36.

3. *Ibid.* §.52.

4. *Ibid.* §.53 et 54.

5. *Ibid.* §.25.

d'une providence universelle qui est à la fois prépensée et prévoyance. Les quatre premières questions et la dernière sont consacrées à la définition de la providence, à l'examen de ses rapports avec tous les êtres, à l'étude de ses diverses formes de présence. Les cinq autres décrivent la passion de l'âme, les phases de sa déchéance, les modalités de sa guérison par la justice divine, la huitième question consistant, pour une large part, en un démarquage du traité de Plutarque de Chéronée « sur les délais de la justice divine »[1].

Analyse de l'argument

1re question Si la providence étend son action à tous les êtres, elle ne peut le faire à bon escient qu'en connaissant chaque être de manière à lui apporter ce qu'il mérite. Comment donc le connaît-elle et quel est son mode de connaissance ? On examinera successivement tous les modes de connaissance, depuis l'opinion, au plus bas de l'échelle, jusqu'à la connaissance divine supra-intellective. Toute connaissance est déterminée par son sujet, lequel imprime sa marque aux objets qu'il doit connaître ; à plus forte raison, la plus haute des connaissances, identique à l'Un et au Bien, imprime-t-elle à tous ses objets la marque de l'unité et du bien, sans jamais perdre, dans sa générosité unifiante et bonifiante, sa perfection indivise.

2e question Comment la providence connaît-elle les contingents ? Selon la règle impérative de la prééminence du connaissant dans la connaissance, la providence connaît les contingents sous le mode immuable qui est le sien, celui de la nécessité causale ; elle connaît donc par anticipation le contingent comme déterminé, mais elle le sait contingent, donc indéterminé ; en ce sens, elle donne l'être sous le mode de la détermination aussi bien au déterminé

1. Cf. Plutarque, *Œuvres morales*, ed. Klaerr-Vernière, t. VII², notice, p. 106.

qu'à l'indéterminé en vertu de son statut de cause première.

3e question Puisque la providence donne l'être aux déterminés et aux indéterminés, est-elle leur cause selon l'identité ou selon l'altérité? Si c'est selon l'identité, elle ne pourra distinguer les uns des autres ; si c'est selon l'altérité, elle trahira son unité fondamentale. La réponse est que l'Un absolu et suressentiel porte en lui tous les êtres par sa puissance infinie. C'est donc toujours selon l'identité qu'il connaît et donne l'être, mais son acte, vu par ceux qui viennent après lui, est l'expression de la puissance infinie ; autrement dit : Dieu connaît et donne l'être dans l'indivision et l'unité, selon le bien, mais l'univers, vu par nous divisés et multiples, est une expression discursive et temporelle ; de sorte que les contingents et les infinis présaisis par Dieu ne sont tels que pour nous. Ainsi l'infinité de l'Un est double : premièrement en tant qu'il est insaisissable, inintelligible pour les êtres qui viennent après lui, deuxièmement en tant qu'il est limite universelle, non susceptible d'être limité. L'Un et sa puissance infinie produisent alors conjointement : d'abord, sous le mode de l'unité, les êtres premiers marqués du sceau de l'unité, ensuite, par la puissance infinie, les êtres seconds combinant avec l'unité l'altérité, avec la détermination l'indétermination. Mais en fin de compte, c'est toujours l'Un dans son identité qui est leur cause suprême et qui est donc la providence des êtres premiers et des êtres seconds.

4e question Comment concilier, dans la participation, l'action éternelle et continue des dieux et l'apparente discontinuité de ses effets en ce monde? En montrant qu'il n'y a jamais interruption de la participation, discontinuité de l'action providentielle, mais seulement diminution, parfois, de la participation assumée. L'intensité de cette participation est variable, elle est fonction du rang assigné au participant, de la nature de celui-ci et de la distance qui le sépare du principe premier. L'action divine ne faiblit jamais, mais la réceptivité du sujet va en s'amenuisant au fur et à mesure qu'on descend dans l'échelle des êtres ; cette diminution correspond à une diminution de la conscience du sujet, allant, dans certains cas, jusqu'à une perte provisoire de conscience qui ne laisse jamais s'éteindre la flamme de l'influence divine. Une des conséquences de l'affaiblissement du pouvoir réceptif est la nécessité, pour tous les êtres qui n'ont pas le privilège d'un contact direct avec le principe, d'avoir recours à des intercesseurs : anges, démons, héros, pour pouvoir bénéficier, proportionnellement à leur degré de conscience et à leur aptitude, des bienfaits de la providence, bienfaits qu'ils attribuent alors, en raison même de cette indigente conscience, aux seuls intercesseurs.

5e question Puisqu'il y a une providence, pourquoi le mal existe-t-il ? Il faut, avant tout, dire ce qu'est ce mal dont l'existence est une donnée et comment il peut se concilier avec une administration rationnelle de la providence. Le mal physique, c'est le contre-nature, le mal psychique, c'est l'irrationnel ou le déraisonnable ; le premier, erreur de la nature, du moins en apparence, atteint les corps ; il correspond, dans le devenir, au terme corrupteur opposé au terme générateur, il est l'élément négatif indispensable à la génération selon la loi des contraires ; il est ainsi un mal du point de vue particulier, mais un bien du point de vue général. Le second, erreur de la raison dans son choix du bien, atteint les âmes et, à ce niveau, l'élément négatif est celui qui s'oppose à la raison, celui qui entraîne la prédominance des forces mortelles sur l'immortelle raison ; mais on doit noter que certaines créatures ne sont pas douées de raison et que l'irrationalité leur est naturelle ; d'où il résulte que l'irrationnel peut être conforme à la nature tout en étant contraire à la raison. L'élément négatif que constitue le mal n'a pas et ne peut avoir d'existence en soi, il n'existe que dans son opposition à l'élément positif qu'est le bien et à son expression dans l'âme, la raison. Il ne saurait donc y avoir de dualisme des principes. En définitive, l'action de la providence est entièrement justifiée, même par le mal : le négatif de ce monde, qui n'existe que dans la relativité, concourt à la positivité absolue du bien.

6e question Pourquoi la providence répartit-elle les sorts avec tant d'inégalité? C'est qu'elle les distribue selon la nature de chacun, mais en distinguant entre bien réel et bien apparent, de manière à ce que le résultat soit sanction pour l'un, récompense pour l'autre. En outre, puisque les âmes descendent dans le monde du devenir, il faut qu'elles acquièrent l'expérience des maux d'ici-bas pour pouvoir aspirer à l'évasion définitive. Au demeurant, celui qui souffre souffre par un autre qui le fait souffrir et qui à son tour souffre d'un autre ; tout être est donc un instrument de la providence soit lorsqu'il subit la souffrance à titre de sanction soit lorsqu'il inflige la souffrance à titre de justicier conscient ou inconscient. Il faut enfin tenir compte des différents cycles du monde, intéressant telles ou telles collectivités dont les membres se trouvent entraînés dans des destins collectifs. En résumé, la providence donne à chacun son dû malgré les apparences contraires, mais il faut, pour juger son œuvre, la juger dans un ensemble, avec le recul nécessaire et dans une perspective globale.

7e question Comment expliquer que, chez les animaux, l'action providentielle aboutisse à des situations analogues à celles des hommes, c'est-à-dire à des destins individuellement inégaux ou collectivement égaux? Réponse : ou bien les animaux possèdent quelque trace d'une vie automotrice ; dans ce cas, l'action de la providence à leur égard s'apparente normalement à celle qui s'exerce sur les hommes ; ou bien les animaux n'ont aucune autonomie de mouvement et ne sont que des animaux-machines ; ils sont comme les organes secondaires du corps, lesquels obéissent à des mouvements involontaires. Dans cette hypothèse, ils sont soumis à la nécessité naturelle qu'on nomme fatalité, étant entendu que la fatalité est l'expression de la providence dans le monde physique. On distingue, en effet, les êtres supérieurs soumis à la seule providence, les inférieurs soumis à la seule fatalité, et les êtres intermédiaires, ceux qui ont âme et corps, soumis à des degrés variables aux deux. De même, on peut distinguer ceux qui, doués d'automotricité, sont responsables de leur rang dans l'univers et ceux qui se trouvent à leur rang sans en être responsables et ont pour seule obligation personnelle de s'y tenir.

8e question Pourquoi l'action punitive de la providence se manifeste-t-elle souvent avec un tel retard ? La réponse (qui s'inspire largement de celle donnée par Plutarque dans le *De sera numinis vindicta*) comporte les points suivants :

a) un châtiment suivant de très près la faute n'est pas nécessairement plus efficace ; le pécheur endurci récidive après la punition et cède plus à l'attrait de la faute qu'à la crainte d'une sanction imminente.

b) pour le médecin, l'essentiel, dans toute thérapeutique, est le choix du moment où il faut intervenir ; il en est de même pour la providence qui, grâce à sa connaissance anticipée, peut agir à coup sûr et à bon escient au moment qui lui paraît favorable, lequel n'est pas nécessairement le plus proche.

c) le vrai péché est celui de l'âme, sa vraie guérison est la fuite hors de ce monde. La non-punition est, en fait, la plus sévère des punitions puisqu'elle maintient l'âme dans ce monde, comme il n'y a rien de pire pour le malade qu'une maladie non soignée.

d) lorsque nous tenons compte des leçons de la providence, nous réfrénons nous aussi nos envies de punir immédiatement.

e) les âmes qui pèchent par suite d'un entraînement passager doivent être mises en garde par une sanction immédiate, mais, au contraire, celles dont la nature est pervertie doivent être laissées à leur mal profond jusqu'au moment où, après avoir mûri, ce mal se révèle dans toute son ampleur et où l'heure est venue pour la providence d'administrer le remède qu'elle tenait en réserve, c'est-à-dire le châtiment.

f) la providence tient compte non seulement de l'inégalité de mérite des âmes, mais aussi de la faculté de se racheter qui existe chez les mieux douées et à laquelle il faut laisser le temps de s'exercer.

g) il faut comprendre enfin que le temps qui nous paraît long n'est qu'un instant dans la perspective de la providence. Les délais de justice sont donc, à son point de vue, très courts et servent à faire trembler le coupable devant l'imminence des périls.

9e question

Pourquoi les punitions frappent-elles parfois, au lieu des coupables, leurs descendants ? C'est qu'il existe non seulement des individus, mais aussi des collectivités auxquelles ils appartiennent et dont la personnalité se déploie dans le temps : cités, familles ou générations, etc., et qu'il faut considérer les destinées comme les chaînons d'une série soumise aux exigences de la métemsomatose et de l'hérédité.

10e question

Si la providence est le signe et l'expression de l'Un, comment se fait-il que des êtres intermédiaires, anges, démons, héros, disposent eux aussi d'un pouvoir de providence alors qu'il ne sont pas dieux ? C'est que l'Un n'est pas le même chez tous les êtres mais existe chez tous ; et si les anges, les démons, et les héros exercent la providence, ce n'est pas par leur vie et leur intelligence propres, mais par l'Un qui est en eux et qui est le détenteur suprême de toute providence. Car ces êtres intermédiaires ont une double nature : d'une part, comme êtres réels apparentés à l'Un, ils existent selon l'Un, d'autre part, comme étant en contact avec l'Autre, ils existent selon le non-un. Mais au-dessus de cette providence une et diversifiée siège sa cause suprême, le Bien.

PRINCIPALES ABRÉVIATIONS

UTILISÉES DANS LES NOTES

I. *Textes de Proclus*

De dec. dub. = *De decem dubitationibus circa providentiam*, dans *Procli Tria Opuscula* ed. H. Boese, Berlin 1960.

De prov. = *De providentia et fato et eo quod in nobis*, *ibid.*

De mal. subs. = *De malorum subsistentia*, *ibid.*

El. Th. = *The Elements of Theology* ed. E. R. Dodds, Oxford, 2e éd. 1963.

— *Éléments de Théologie*, trad. J. Trouillard, Paris 1965 (les nos renvoient aux propositions des *Éléments de Théologie*).

Theol. Plat. = *In Platonis theologiam libri sex* ed. Portus, Hambourg 1618.

Théol. Plat. = *Théologie platonicienne*, l. I et II, éd. H. D. Saffrey et L. G. Westerink, Paris 1968-1974.

in Alc. = *Commentary on the First Alcibiades* ed. L. G. Westerink, Amsterdam 1954.

in Parm. = *In Platonis Parmenidem Commentarius* dans *Procli Opera Inedita*, ed. V. Cousin, Paris 1864 (livres I-VII). *Procli Commentarium in Parmenidem, Pars ultima adhuc inedita interprete G. de Moerbeka*, ed. R. Klibansky et C. Labowsky, London 1953 (fin du livre VII) [vol. III du *Plato Latinus* ed. R. Klibansky].

in Remp. = *In Platonis Rem publicam commentarii*, ed. G. Kroll, 2 vol., Leipzig 1899-1901.

in Tim. = *In Platonis Timaeum commentaria*, ed. E. Diehl, 3 vol., Leipzig 1903-1906.

II. *Autres textes*

Lois = Platon, *Lois*.

Pol. = Platon, *Politique*.

Rép. = Platon, *République*.

Tim. = Platon, *Timée*.

Enn. = Plotin, *Ennéades*, éd. Bréhier, 7 vol. Paris 1924-1963.

SVF = *Stoicorum Veterum Fragmenta* ed. von Arnim, 4 vol., Leipzig, 1903-1924.

P.G. = *Patrologia Graeca* (Migne).

SIGLA

Codices praecipui

A = Parisinus Ars. 473, s. XIII-XIV.
V = Vaticanus lat. 4568, s. XV-XVI.

Codices deteriores qui raro citantur

O = Bodleianus Digbeianus 236, s. XIV.
B = Basileensis F.IV.31, s. XIV in.

v = marginalia graeca in cod. V.
G = Guilelmi de Moerbeka scriptum.
Is. = Isaacii Comneni scriptum.

In versione latina sententias aut ex toto aut ex parte a Procli opere ab Isaacio petitas inclinatis litteris signavimus.

PROCLUS LE DIADOQUE

DIX PROBLÈMES CONCERNANT LA PROVIDENCE

1. Dans le dixième livre des *Lois*[1], le grand Platon nous a obligés, par une argumentation, pour ainsi dire, adamantine, à confesser que la providence existe ; en bien d'autres passages encore, comme dans le *Timée*[2], il nous a montré que les ouvrages de l'art démiurgique sont tous, jusqu'aux derniers, minutieusement élaborés grâce, selon ses propres termes, à la providence de Dieu. Mais il importe que nous, qui avons été convaincus par ce que nous a démontré Platon et par les oracles qui corroborent ses démonstrations de la manière la plus efficace[3] (j'estime, en effet, que c'est cette tradition oraculaire qui est, pour tout homme digne d'entendre les messages divins, la plus éclatante démonstration de la providence, bien propre à chasser les fantasmes de tous ordres qui, en maints esprits, font obstacle à l'acceptation de cette évidence, à savoir que tout existe selon les plans de la providence), il importe, dis-je, que nous ramenions aussi à la vérité des faits ceux qui, dans ce débat, ne font que débiter de misérables sottises ; cette tâche, nous l'entreprenons non pas comme si le problème n'avait pas retenu déjà tout spécialement l'attention de nos devanciers[4], mais comme si c'était notre âme qui, malgré les innombrables questions et analyses dont il a fait l'objet, désirait en parler et en

1. *Lois* 899 d sqq.
2. *Timée* 30 b 5 sqq. Voir aussi *Lois* 903 b 9-10 ; *Enn.* 3, 2, 6, 21.
3. Même formule dans *in Remp.* I 27, 26-29 pour qualifier, comme ici, les *Oracles Chaldaïques*.
4. Formule analogue dans *Theol. Plat.* (Portus) 230, 48-49.

I

PROCLI DIADOCHI

DE DECEM DUBITATIONIBUS CIRCA PROVIDENTIAM

1. Plato quidem magnus in decimo Legum adamantinis, ut est dicere, sermonibus nos coegit confiteri de providentia tanquam existente et alibi in multis locis, sicut et in Timeo, ostendens conditure opera et usque ad ultima in diligentiam elaborata propter dei providentiam, ita et verbis dicens. Oportet autem nos persuasos hiis que Plato demonstravit et oraculis efficacissime attestantibus Platonis demonstrationibus — et enim hanc ipsam oraculorum traditionem ad dignos deorum auditores estimo esse apertissimam providentie demonstrationem ad, quecumque multorum intelligentiis obsistunt ad susceptionem eius quod est omnia secundum providentiam esse, fantasmata propulsandum — et qua fedum garriunt disceptantes ad rerum veritatem reducere ; non tanquam et hiis non multa sollicitudine dignificatis <ab> hiis qui ante nos, sed tanquam anima, quamvis millesies

Tit. : *Opusculi tit. in Philoponi de aeternitate mundi contra Proclum* (6, 16 ; 37, 21 ; 91, 6 ; 569, 27) *sic relatus :* Περὶ τῶν δέκα πρὸς τὴν πρόνοιαν ἀπορημάτων.

1, 2 adamantinis *V* : -matinis *A* || 5 ultima in diligentiam *A* : ultimam intelligentiam *V* || 15 qua *AV ut uid.* : quam *MP* ; *pro* qua fedum garriunt *graece* ᾗ τὸ αἰσχρὸν φλυαροῦσιν *uerisimil. coniciendum* || 17 ab *add. Cousin.*

entendre parler et voulait se retourner vers elle-même, comme en discuter avec elle-même, au lieu de se contenter de recevoir du dehors les éléments de son jugement.

Eh bien ! donc, nous interrogeant nous-mêmes si nécessaire, nous posant des questions dans le secret de notre âme, essayons de nous exercer nous-mêmes à la solution des problèmes ; qu'ils aient été ou non énoncés par ceux qui nous ont précédés, allons jusqu'au bout de notre analyse, sans faire aucune différence[1] ; car aussi longtemps que nous exposerons des idées qui nous agréent, ce sera comme si nous exposions, par la parole et par l'écrit, nos propres idées[2], surtout si nous prenons pour guide l'Hermès commun[3], dont on dit qu'il dépose en toute âme, avant la réflexion, l'anticipation des notions communes[4].

I

2. Et d'abord, une question à examiner avant toute autre : s'il existe une providence qui s'étend à toutes choses, aux touts, aux parties, jusqu'aux éléments les plus individués des mondes céleste et subcéleste, aux êtres éternels comme aux corruptibles et s'il faut bien que cette providence connaisse le mérite des sujets sur lesquels elle agit (sinon elle serait incapable de les conduire tous selon leur mérite, puisque ce mérite elle l'ignorerait) comment connaît-elle tous les êtres, les touts, les parties, les corruptibles, les éternels, et quel est son mode de connaissance? Lorsque nous aurons compris cela, nous pourrons ensuite étudier successivement les autres questions.

1. A propos de *differentes nichil* voir appar. crit. et E. Klostermann, *Späte Vergeltung auf der Geschichte der Theodizee,* Strassb. Wissensch. Gesellsch. Schriften 26, 1915 (IV). Sur la méthode platonicienne d'analyse préalable des données d'un problème, voir notamment *Lois* 7, 799 c-e.

2. Un tel principe semble justifier par avance tous les emprunts, en particulier ceux que l'auteur a faits à Plutarque de Chéronée et qui constituent la substance des questions 8 et 9.

3-4. Voir *Notes complémentaires,* p. 137.

dubitata et dearticulata existant, de hiis dicere et audire desiderante et ad se ipsam revolvere, et velut sibi ipsi disceptare et non solum deforis recipere de hiis sermones volente.

Age igitur, nos ipsos interrogantes, si videtur, et dubitantes in secreto anime, nos ipsos exercitare temptemus in solutionibus dubiorum, sive igitur dicta a prioribus, sive non, pertractemus, differentes nichil ; donec enim placentia dicimus nobis ipsis, nostra utique et hec dicere et scribere videbimur, aliterque et communem Mercurium ducem habentes, qui et indocibiles preacceptiones communium conceptuum omni anime imponere dicitur.

I

2. Et ante alia queramus — *si providentia est omnium, totorum, partium et usque ad individuissima celorum et eorum que sub celo, eternorum et corruptibilium, oportet autem providentiam cognoscere eorum quibus providetur dignitatem* aut non deducere omnia secundum dignitatem, quorum dignitatem ignorat — : *quomodo cognoscit omnia, et tota et partes et corruptibilia et eterna, et quis modus cognitionis?* Et si hoc comprehenderimus, deinceps aliud aliquid et iterum aliud dubitabimus.

1, 19 existant *A* : existit *V* || 26-27 differentes nichil *A* : nihil disserentes *V* || 29 aliterque et *uerbum e uerbo transl. ex* ἄλλως τε καὶ || 30 qui et *A* : quis *V*.

2, 3 celorum, *pro* celestium ; οὐρανῶν *mend. legisse uid. G pro* οὐρανίων *(cf. Is.)* || 4 *post* cognoscere *habet* per *V* || 9 comprehenderimus *V* : -dimus *A*.

3. Nous fixant donc cette première tâche et évoquant[1] l'Hermès commun, disons qu'on distingue d'abord une connaissance[2] liée congénitalement à l'irrationalité, connaissance appelée sensibilité ou imagination, n'atteignant, dans l'un et l'autre cas, que les choses particulières et ne se situant pas hors les corps, ce qui indique manifestement que ces modes de connaître sont ceux d'êtres particuliers. Il en existe une autre, inhérente par essence à la vie rationnelle, appelée, celle-là, opinion et science ; elle diffère des connaissances irrationnelles en ce qu'elle connaît l'universel alors que les irrationnelles ne perçoivent, nous l'avons dit, que ce que l'on qualifie de particulier ; et ses deux formes diffèrent l'une de l'autre en ce que l'une est connaissance des choses mobiles, à savoir l'opinion, l'autre des choses toujours stables et immuables, à savoir la science. Il existe encore une autre connaissance supérieure aux précédentes, dite intellectuelle, qui est, dans un cas, appréhension simultanée et simple de toutes choses, dans l'autre, appréhension de toutes selon l'une ; par quoi se distinguent d'une part la connaissance propre à l'intelligence totalement parfaite et d'autre part celle qui est propre aux intelligences particulières[3], toutes ayant une compréhension universelle et surpassant par là les connaissances rationnelles, mais l'intelligence parfaite étant et pensant tout sous un mode total, les intelligences particulières faisant de même sous un mode partiel, puisque chacune pense en fonction de ce qu'elle est et qu'elle est en fonction de ce qu'elle pense[4].

4. Au-delà de toutes ces connaissances[5] se trouve la connaissance de la providence, qui existe au-dessus de l'intelligence et par le seul Un, cet Un selon lequel chaque dieu est et selon lequel on dit qu'il exerce sa providence sur tous les êtres, se situant lui-même dans

1. Excitantes (ἀνεγείροντες) désigne l'éveil provoqué du dieu aboutissant à l'ἔκφασις (Jamblique, *op. cit.*, p. 179 n. 1). Voir *Théol. Plat.* I, p. 131 n. 4.

2. On retrouve la même énumération des connaissances, sous une forme simplifiée, chez Psellos, *De omn. doctr.* 69.

3-5. Voir *Notes complémentaires*, p. 137.

3. *Hoc itaque primo nobis ipsis pretendentes* et communem Mercurium excitantes, *dicamus* quod cognitio alia quidem utique esse intelligetur irrationabilitati complantata, sensus aut fantasia vocata, existens *rerum partialium* utraque omnino *et non extra corpora*, quod et partialium ipsas entes cognitiones manifestat. Alia autem rationali vite secundum substantiam inexistens, opinio quedam hec et scientia appellata, ab irrationalibus quidem differens cognitionibus eo quod universalia cognoscat, illis — ut dictum est — partialium solorum qualificatorum perceptionem habentibus ; ab invicem autem eo quod hec quidem mobilium sit cognitio, opinio videlicet, hec autem stantium semper et intransmutabilium, scientia videlicet. Alia autem ante has intellectualis dicta cognitio, hec quidem simul omnium et simpliciter, hec autem secundum unum omnium, quibus utique et differunt que omnimode perfecti intellectus cognitio et que est partialium intellectuum : omnia quidem omnibus intelligentibus et hac rationales cognitiones supereminentibus, sed hoc quidem olikos (id est totali modo) omnia et ente et intelligente, hiis autem partialiter utrumque, quoniam *ut est unusquisque et quecumque intelligit*, et ut intelligit et quod est.

4. Ultra autem has omnes est providentie cognitio, super intellectum existens et uno solo, secundum quod et est unusquisque deus et providere omnium dicitur, in ea que ante intelligere

3, 24-25 ut est — intelligit = *Is.* 3, 7-8.

3, 5 omnino *om.* *V* || 12 habentibus *O* : habere *AV* || 15 et *om.* *V* || scientia *V* : -tiam *A* || 21 rationales *V* : -abiles *A* || 22 hoc *A* : hec *V* || 24 ut *Boese* : et *AV*.
4, 2 super *A* : supra *V* || uno solo : τῷ ἑνὶ μόνῳ *v*.

un acte antérieur à l'intelligence. Aussi est-ce par cet Un selon lequel aussi elle existe qu'elle connaît toutes choses. Car puisque les autres connaissances doivent nécessairement garder une affinité naturelle avec les existences qui les fondent, si, par exemple, l'imagination et la sensibilité, du fait qu'elles sont propres à la vie irrationnelle, doivent être définies elles-mêmes comme irrationnelles et si les connaissances qui sont avant elles doivent être définies comme rationnelles en tant que propres aux âmes rationnelles, comme intellectuelles en tant que propres aux intelligences, il serait absurde que la connaissance des dieux en tant que dieux ne se détermine par selon l'existence unitaire, puisque les notions communes nous assurent que le divin est quelque chose de supérieur à l'intelligence et posent en fait que pour tout existant le connaître est conforme à l'être. Si donc la providence est bien ce que l'on dit : une existence conforme à l'Un et qui dispense le bien à tous les êtres, et si ce bien est identique à l'Un[1], alors cette existence unitaire par laquelle elle agit dans l'intérêt de tous est aussi celle par laquelle elle connaît les bénéficiaires de son action ; c'est donc par l'Un qu'il lui est donné de connaître toutes choses ; ce qui équivaut à ceci : n'être en rien providence plus des touts que des parties, plus des êtres naturels que des contre-nature, plus des formes que des sans formes. Et en effet, de même qu'il doit y avoir une faculté indivisible de jugement qui s'applique à tout ce qui est perceptible par les sens et une autre qui s'applique aux formes, au-dessus du domaine du sensible, et qui les distingue (si, en effet, a dit quelqu'un, on distinguait une chose par une opération de l'esprit et une autre par une autre, ce serait comme si moi je percevais l'une et vous l'autre)[2], il faut, de même, qu'il en existe une avant

1. Cf. *El. Th.* 8, 11, 12, 13.
2. Voir *Notes Complémentaires*, p. 138.

operatione sistens se ipsum. Hoc itaque uno, secundum quod et consistit, cognoscit omnia. *Et enim inconveniens*, si alias quidem *cognitiones* connaturales ypostasibus permanere necessarium — puta fantasiam et sensum, *irrationalis vite entes*, *irrationales poni* et ipsas, easque que ante has *rationales tanquam rationalium animarum entes*, *et intellectuales eas que intellectuum* —, deorum autem, qua dii, *cognitionem non secundum existentiam unialem determinari*, communibus conceptibus et melius aliquid intellectu quod divinum existimantibus et ut est unumquodque sic et cognoscere ponentibus. Si igitur secundum le unum providentia hoc est quod dicitur et dat omnibus [hoc] bonum, hoc autem idem et le unum, a qua existentia providet omnium, *in hac et cognoscit que providentur:* uno ergo habet cognoscere omnia ; *hoc autem idem huic : nichil magis esse totorum quam partium, eorumque que secundum naturam quam eorum que preter naturam, specierumque et eorum que sine specie. Et enim, sicut sensibilium omnium oportet esse impartibile aliquid iudicatorium, et specierum que ante sensibilia aliud et has discernens* — si enim alio aliud, dicit aliquis, simile ac si hoc quidem ego, illlud autem tu sentias — *sic oportet*

4, 28-29 si enim — tu sentias *graece sic restit. Westerink:* εἰ γὰρ ἄλλο ἄλλο (scilicet κρίνομεν), φησί τις, ὅμοιον ὡς εἰ τοῦ μὲν ἐγώ, τοῦ δὲ σὺ αἴσθοιο, *ex Aristot. de anima 426 b 19, unde exemplum sumpsum esse censuit; sed* ἀλλῷ ἄλλο *pro* ἄλλο ἄλλο *elegi uelut Taylor sententiam explicans quam sic anglice uertit:* « since if the judiciary organ was divisible, and by one part of itself perceived one thing and by another part of itself another thing, it would be... ».

4, 6 quod et *A* : et quod *V* || 17 le *V* : se *A* || 19 pr. hoc *secl. Boese* || 19 le unum : τῷ ἑνί *v* || 22 idem huic *V* : huic idem *A* || quam *A* : aut quam *V* (*lect. duplex pro* ἤ) || 24 et *mendose posit. pro* quam || 26 aliquid *A* : ad *V*.

les formes, qui comporte une connaissance unique des universels et des individus ; sinon comment pourrait-elle les classer en participés et participants, eux qui n'ont rien de commun entre eux que l'un? Il y a donc, au-dessus du sujet qui connaît les formes, celui qui connaît tous les êtres en tant qu'ils sont un. Et il est évident que celui-là connaît selon l'Un pour autant que le semblable est connu par le semblable[1], je veux dire que ce qui provient d'une cause est connu par elle. Partout, en effet, et dans tous ces êtres existe l'Un ; et comme tout être quel qu'il soit n'appartient pas au genre universel, s'il est vrai qu'il existe une catégorie de l'universel et une autre du particulier, et comme tout n'est pas forme puisqu'existe aussi quelque chose qui est le sans forme, et comme tout n'est pas conforme à la nature puisqu'existe aussi le contraire à la nature, en revanche, tout ce qu'on peut saisir par l'intelligence est un puisque l'Un est au-dessus de tous les êtres. Si d'ailleurs une chose ne participait pas à l'Un, elle ne serait aucunement et ne pourrait avoir part à la providence[2]. Si donc rien n'échappe à l'Un, un être qui connaîtra toutes choses par lui-même les connaîtra unitairement ; car c'est ou par l'Un ou par le non-un qu'il peut connaître ; mais le non-un est le mode inférieur du connaître, incompatible avec celui de l'Un. En conséquence, c'est par l'Un qu'il connaîtra tout puisque tout, à quelque titre que ce soit, est un. Si donc un être connaît toutes choses, il les connaîtra toutes selon l'Un, lequel est commun à toutes choses, aux êtres comme aux non-êtres.

5. Ainsi donc la providence se déterminant, comme nous l'avons dit, selon l'Un et le Bien, et le bien existant avant l'intelligence (car l'intelligence aspire au bien, ce qui est d'ailleurs le cas de tous les êtres, et non le bien à l'intelligence), la connaissance providentielle

1-2. Voir *Notes complémentaires* p. 138.

esse aliquid ante species, unam habens cognitionem universaliumque et individuorum; aut qualiter ordinabit hec quidem ut participantia, hec autem ut participata? Commune autem hiis nichil aliud quam unum. Est ergo ante cognoscens species quod omnia cognoscit qua unum. Hoc autem palam quod cognoscit secundum unum quatinus simili simile, causa dico quod ab ipsa. *Ubique enim et in omnibus hiis le unum. Et universaliter quidem non omne ens qualitercumque, siquidem aliud quod universale et quod secundum partem; neque species omne, sed est aliquid et quod non species; et secundum naturam non omne, ente et eo quod preter naturam: unum autem est unumquodque quodcumque intelligi possit, tanquam utique super omnia uno ente. Si autem aliquid non participet uno, neque ens utique erit penitus neque utique providentia poterit participare. Si igitur nichil diffugit unum, si quis cognoscet omnia ex se, unialiter cognoscet; aut enim uno, aut non uno, sed hoc deterius est cognoscere et alieno modo ab uno; uno ergo cognoscet omne quod qualitercumque unum.* Si igitur aliquid omnia cognoscit, secundum unum omnia cognoscet : *hoc enim omnibus commune et entibus et non entibus.*

5. Providentia itaque, sicut dictum est, secundum unum et bonum determinata, et bono ante intellectum existente (intellectus enim appetit bonum, et enim entia omnia, et non bonum intellectum), necesse et providentionalem cogni-

5, 1-11 = *Procli primi opusculi sententiae uelut in Philoponi op. cit. (37, 22-38, 2) relatae.*

4, 35 qua *A* : quam *V* || 45 utique erit *A* : erit utique *V*.
5, 2 bono *A* : uno *V*.

doit nécessairement se situer au-dessus de la connaissance intellectuelle ; et la providence doit, en conséquence, tout connaître par l'unité qui lui est propre, en vertu de laquelle elle bonifie toutes choses, les pensantes et les non-pensantes, les vivantes et les non-vivantes, les existantes et les non-existantes, les revêtant toutes de l'Un, reflet de sa propre unité. Car l'Un de la providence n'est pas le même que l'un individué[1] ; celui-ci, dernier de tous les êtres, est inférieur aussi à l'un universel et n'est ce qu'il est qu'en y participant ; l'Un de la providence, par contre, est meilleur même que l'un universel ; en effet, ce dernier est un certain un mais n'est pas l'Un en soi ; il est multiple et pas seulement un, en tant qu'il a aussi en lui le divers des êtres qu'il enveloppe. Mais cet Un selon lequel se détermine l'existence de la providence n'est pas non plus semblable à l'Un totalité qui, lui, est divisible ; il est, quant à lui, aussi réellement indivisé qu'il est réellement un. En résumé, lorsque nous disons de cet Un qu'il est producteur de tous les êtres, nous disons qu'il en est sauveur car il possède une existence plus réelle que toute substance, plus lumineuse que toute connaissance et les objets de sa connaissance n'entraînent ni sa partition ni son mouvement, deux choses qui sont, en effet, le propre de la connaissance psychique et de la connaissance intellectuelle : c'est que toute intelligence est une mais multiple par l'être et par le mouvement et que toute âme, parce qu'elle est mouvement, pense aussi avec mouvement. Tandis que l'Un de la providence, demeurant à la fois immuable et indivisé dans l'un, connaît aussi tous les êtres sous le même mode,

1. L'un ἄτομον, c'est-à-dire individué ou insécable, existe comme unité dernière à différents niveaux de l'être et avec des valeurs différentes, mais il faut toujours, dans la notion d'ἄτομον, se référer à l'équation μονή, πρόοδος, ἐπιστροφή = ἀμερές, μέρη, ἄτομον. L'αὐτοέν considéré dans son unité, dans son être-un au-delà de toute pensée, représente le non-être au-delà de l'être, l'un pur au-delà de l'un-multiple, totalité ineffable puisque sans parties, alors que tous les éléments du multiple se trouvent être chacun un sujet-un soit comme partie de tout, soit comme tout composé de parties (cf. *El. Th.* 66, 67).

tionem super intellectualem esse, et sic utique omnia providentiam cognoscere uno quod sui ipsius, secundum quod et bonificat omnia, et intelligentia et non intelligentia, et viventia et non viventia, et entia et non entia, *omnibus iniciens le unum, emfasim eius quod sui ipsius unius. Non enim est le unum ipsius velut le individuum unum: hoc enim ultimum entium et universali deterius, quo participans est quod est, illud autem et universali melius — et enim illud est aliquod unum,* sed autounum non est : *multa enim est et non unum solum, si utique et eorum que continet differentias habet —. Sed neque tale est unum illud secundum quod providentie existentia quale totum :* hoc quidem enim partibile, illud autem *ut vere unum existens, ut vere est impartibile. Summatim igitur dicentes, omnium productivum illud unum omnium salvativum esse dicimus, omni substantia existentiam habens veriorem et omni cognitione eminentiorem, non partitum noscibilibus neque motum circa ipsa.* Horum quidem enim animealis et intellectualis cognitio habet proprietates : *et enim omnis intellectus unus, multus et in esse et in intelligere, et anima omnis, motus existens, et intelligit cum motu. Illud autem in uno manens intransitivum simul et indivisibile, et cognoscit omnia eodem modo* <...>

5, 21-34 = *ibid.* (38, 3-15 ; 91, 10-18 ; 570, 1-13.

5, 6 super *A* : supra *V* || 9-10 et uiuentia et non uiuentia *om. A* || 21 ut *A* : et *V* || 22 productivum *V* : -tuum *A* || 25 noscibilibus *V* : -bilius *A* || 28 *post tert.* et *habet* in *A* || 31 *post* modo *uerba* et non hominem (καὶ οὐκ ἄνθρωπον *Philop. op. cit. 38, 12*) *om. AV et Is. quae in cod. R. restituit Holst., emendatione in P transcripta.*

non seulement l'homme, le soleil et tout sujet analogue, mais aussi chaque individualité singulière ; car rien n'échappe à cet Un, qu'il s'agisse de l'être ou de l'être-connu. On dit, et on a raison de dire, que le cercle tout entier existe centriquement dans le centre s'il est vrai que le centre est cause, le cercle effet[1] ; pour la même raison, tout nombre existe monadiquement dans la monade. Tout est encore contenu à un degré plus grand dans l'Un de la providence s'il est vrai que cet Un est plus un que le centre et que la monade ; par conséquent, de même que si le centre avait la connaissance du cercle il en aurait une connaissance qui serait centrique comme l'est aussi son existence et ne la laisserait pas se diviser avec les parties du cercle, de même la connaissance unitaire de la providence est, dans la même indivision, connaissance de tous les divisés et de chacun des éléments, les plus individués et les plus généraux ; et de même qu'elle fait exister chaque chose selon l'Un, de même aussi elle connaît chaque chose selon l'Un. Et ni la connaissance ne se divise avec les êtres connus ni les êtres connus ne se confondent à cause de l'unité uniquement une de la connaissance[2] ; mais étant une, elle contient toute l'infinité des connaissables et réalise une unité qui surpasse toute leur unité.

Telle est donc la réponse à donner à la première des questions qui nous ont embarrassés.

1. L'idée du cercle impliqué dans le centre se trouve déjà chez Plotin, *Enn.* 6, 8, 18, 23 et 38, ainsi qu'a bien voulu me le signaler M. P. Thillet en précisant que cette formule, développée par Porphyre, « deviendra dans la *Théologie d'Aristote* et dans le *Liber de Causis* la fameuse causa causarum ». Voir aussi J. Trouillard, *L'Un et l'Ame selon Proclos*, p. 33.

2. Tout cet exposé s'inspire de la discussion qui a opposé Parménide et Socrate à propos de la participation des Idées et de la conjonction unité-multiplicité, unité-partition (*Parm.* 131), discussion que Proclus a longuement analysée dans *in Parm.* IV.

solum et solem et omne quod tale, sed et unumquodque singularium : nichil enim effugit illud unum, sive in esse dicas, sive in cognosci. Et dicitur quidem, et recte dicitur, et in centro totus circulus esse centraliter, siquidem causa centrum, causatum autem circulus ; et in unitate omnis numerus monadice propter eandem rationem. In providentie autem uno maiori modo omnia sunt, siquidem et unum maiori modo illud quam centrum et monas. Sicut igitur, si centrum haberet cognitionem circuli, centralem utique haberet cognitionem sicut et ypostasim et non partiretur se ipsum in circuli partibus, sic et providentie unialis cognitio in eodem impartibili est omnium partitorum cognitio et uniuscuiusque individuissimorum et totalissimorum, et ut subsistit unumquodque <secundum unum, sic et cognoscit unumquodque> *secundum unum, et neque divisa est cognitis cognitio neque confusa sunt cognita propter unam unionem cognitionis. Una autem existens omnem quidem infinitatem cognoscibilium comprehendit, omni autem ea que in ipsis unione superunita est.*

Hoc quidem igitur primo nobis dubitatum talem habeat responsionem.

5, 43-48 = *Philop.*, *op. cit.*, 6, 17-21 ; 38, 16-20 ; 91, 19-23 ; 570, 14-18

5, 41 cognitionem *om. A* || 43 ipsum in *A* ; ipsam *V* || 46 subsistit *AV* : substituit *coni. Cousin* (ὡς ὑπέστησεν *Philop.*) || 46-47 secundum unum, sic et cognoscit unumquodque *om. AV et Is., ab Holsten. rest. in cod. R e Philop. loco 6, 21.*

II

6. Poursuivant notre recherche, abordons, si vous le voulez, l'examen de la deuxième question. Nous affirmons que la providence connaît les contingents, et les anciens eux-mêmes ont suffisamment montré l'abîme de difficultés que soulève ce problème. Difficultés qui ont conduit les uns, ceux qui reconnaissent l'universalité de la providence, à retirer du nombre des êtres la nature contingente et les autres, ceux pour lesquels il n'est nullement question de contester l'évidence de l'existence du contingent, à nier que la providence pût s'étendre jusqu'à lui[1] ; mais les uns et les autres acceptent, à juste titre, un principe préalable : à savoir que, puisque la providence exerce une activité providentielle, elle doit nécessairement connaître les objets de sa providence et que, si elle les connaît, elle ne doit pas se trouver réduite, du fait de la nature incertaine du contingent, à les connaître incertainement. Notre propos actuel n'est donc pas de démontrer la vérité des deux thèses que je viens d'énoncer, je veux dire celle qui affirme l'universalité de la providence et celle qui tient le contingent non pas pour un nom seulement, mais pour une certaine nature comptant parmi les êtres ; et en effet, c'est en tenant pour un fait acquis que la providence existe et qu'elle est la providence de tous ceux qu'on appelle des êtres que nous nous sommes proposés de résoudre les multiples et importantes difficultés que soulève le sujet.

7. Ces deux propositions étant admises, mais la providence étant posée par nous comme antérieure aux êtres, disons que sa connaissance (et je précise que toute connaissance est toujours intermédiaire entre un sujet connaissant et un objet connaissable, l'un à partir duquel, l'autre vers lequel, et qu'elle réalise leur jonction) doit nécessairement répondre à l'une des deux conditions suivantes : ou épouser les modifications du

1. Voir *Notes complémentaires*, p. 138.

II

6. *Secundum autem alterum*, si velis, *pertractantes consideremus.* Providentiam cognoscere contingentia dicimus, *et antiquis profunditatem dubitationis ipsius sufficienter statuentibus.* Propter hanc enim *hii quidem* providentiam <omnium> esse concedentes *contingentis naturam ab entibus exciderunt; alii autem ad evidentiam subsistentie contingentis nullatenus contradicere habentes* providentiam usque ad hec pertingere abnegarunt ; *utrique autem* recte preaccipientes quod *utique et providentem ipsam necesse cognoscere ea que providentur* et cognoscentem non dubie cognoscere propter dubiam contingentis naturam. Ostendere quidem igitur horum utrumque — dico autem et quod providentia omnium est, et quod contingens non nomen solum est, sed natura quedam in entibus —, non est presentis sermonis : et enim tanquam providentia ente et tanquam omnium que dicuntur esse entia eas que circa hec multas et magnas dubitationes solvere proposuimus.

7. Hiis autem propositis, esse autem illa ante hec nobis supposita, dicamus quod cognitionem — et *omnem* dico *cognitionem necessarium semper mediam entem cognoscibilisque alicuius et cognitivi, huius quidem a quo, illius autem circa quod, et copulantem ambo — duorum alterum: aut cum cognoscente*

6, 4 ipsius *AV* : huius *exspectes* (ταύτης *Is.*) || 5 omnium *addidi* (*cf. infra l. 15 ; 26, 4-8; de prouid. 63, 1-3*) || 10 et *A* : in *V*.

connaissant et être pareille à lui, ou être semblable au connaissable ; ou bien ni l'une ni l'autre de ces conditions n'est à retenir parce que la connaissance ne répond pas plus à l'une qu'à l'autre. Mais si elle avait son existence fondée sur le connaissable, il faudrait qu'elle ne se détermine elle-même que selon le connaissable, alors que si elle l'avait dans les deux termes ou à l'exclusion des deux, il faudrait qu'elle ne dépende en rien plus de l'un que de l'autre. Or puisque, étant dans le connaissant, elle tend vers le connaissable[1], il est évident que, étant accomplissement de l'un et aspirant à l'autre, c'est selon la nature du connaissant qu'elle devrait normalement se déterminer, n'ayant du connaissable que ce qui peut la distinguer parfaitement des connaissances des autres connaissables ; car il faut bien que la connaissance ait quelque chose aussi du connaissable qui est sa fin. Cela étant démontré, je dis que la connaissance qui siège dans le connaissant se caractérise quant à son être à partir de l'existence de ce connaissant ; dès lors, il est clair que les connaissances des êtres immuables sont, elles aussi, immuables sous tous les rapports, que celles des êtres changeants sont le contraire ; et que les êtres dont l'essence est irrationnelle ont une connaissance également irrationnelle, mais que ceux dont l'essence est raison et intelligence ont une connaissance qui, elle aussi, est raison et intelligence ; enfin que les êtres dont l'existence est supérieure ont une connaissance qui, elle aussi, est supérieure. De sorte que si l'existence de la providence se trouvait en quoi que ce soit distante de l'Un, il s'ensuivrait nécessairement que sa connaissance aussi déserterait en quelque sorte l'Un ; si, au contraire, elle n'est rien autre qu'unité, en connaissant elle demeure dans l'Un et, en y demeurant, c'est selon sa propre nature qu'elle connaît toutes choses. Et de même qu'elle connaît les connaissables sous le mode de l'unité même s'ils sont multiples, de même elle

1. Cf. *El. Th.* 124. Tout ce développement sur la structure de la connaissance (de *quoniam autem* à *finis existentis*) a été inséré par Isaac dans son traité *Sur la providence et la nécessité physique*.

alterari et esse talem quale cognoscens, aut cognito similem esse; aut horum neutrum, nichil autem magis altero quam reliquo convenientem. Sed si quidem erat in cognoscibili ypostasim habens, secundum cognoscibile ipsam oportebat solummodo determinari; si autem in ambobus aut extra ambo, nichil magis esse alterius extremorum. Quoniam autem in cognoscente ens ad cognoscibile applicatur, palam utique quod, huius quidem perfectio existens, hoc autem appetens, secundum cognoscentis utique naturam merito determinabitur, tantum habens cognoscibilis solum quantum ipsam perfecte utique distinguet ab aliis cognitionibus; oportet enim cognitionem habere aliquid et cognoscibilis, finis existentis. Hoc autem *ostenso*, dico utique *quod cognitio in cognoscente subsistens ab existentia caracterizatur secundum id quod sui ipsius esse cognoscentis, manifestum iam et quod intransmutabilium quidem secundum omnia et cognitiones tales, transmutabilium autem contrarie; et quorum quidem irrationalis substantia, et cognitio irrationalis; quorum autem ratio et intellectus, et cognitio ratio quedam et intellectus; quorum autem melior existentia, melior et cognitio. Quare si quidem providentie ypostasis et qualitercumque extrastans esset ab uno, necessarium erat et cognitionem ipsius quasi fugere unum; si autem nichil aliud est quam unum, et cognoscens manebit utique in uno, et manens secundum sui ipsius proprietatem cognoscet omnia. Et sicut unialiter cognoscit, quamvis sint plurificata*

7, 7 alterari *A* : -rati *V* || 9 conuenientem *ego* (προσήκουσαν *Is.*) : conuenire *AV* || 19 cognitionem *ego* (τὴν γνῶσιν *Is.*) : cognoscibile *AV*

les connaît sous le mode de la nécessité même s'ils sont contingents ; en somme, elle connaît toutes choses selon sa propre existence et non pas selon celle des objets connus. Aucun élément propre aux connaissables n'influe donc sur elle, ni le divisé, ni le temporellement engendré, ni le corporel, ni l'instable, mais un seul principe la spécifie quant à la connaissance de ces connaissables, principe incorporel, intemporel, indivisé, transcendant tous les contraires, s'il est bien vrai, comme on l'a montré, que la connaissance se détermine d'après la spécificité du connaissant et si le connaissant est unitaire, immuable, s'appuyant sur un terme unique.

8. Si donc quelqu'un cherchait à savoir comment la providence connaît les contingents, nous lui dirions : elle ne les connaît pas selon leur être de contingents (c'est cela, en effet, qui nous gênait), mais selon son être de providence[1], c'est-à-dire selon un mode supérieur à l'être des contingents. Nous affirmons, en effet, que ce n'est pas en tournant ses regards vers eux, afin d'épouser les passions des êtres instables, qu'elle les connaît, mais que c'est en existant en dehors d'eux et avant toute la durée des temps qu'elle a acquis la connaissance des êtres qui changent dans le temps, puisque connaître chaque chose par sa cause a plus de prix que de la connaître par elle-même et que connaître selon un mode supérieur a plus de prix que de connaître selon un mode égal. Connaissant donc l'indéterminé d'une manière déterminée, elle connaît et qu'il est indéterminé et que chez elle il est déterminé ; et non pas seulement que chez elle il est déterminé — ce ne

1. Voir *Notes complémentaires*, p. 139.

cognoscibilia, sic et necessarie, quamvis sint contingentia, cognoscet utique illa; et totaliter omnia secundum sui ipsius existentiam, non cognitorum. Nichil igitur ad ipsam non quod partibile cognoscibilium, non quod secundum tempus generabile, non quod corporeum, non quod instabile, sed unus terminus incorporeus, intemporalis, indivisibilis, exaltatus a contrariis omnibus, ipsam specificat secundum illorum cognitionem, siquidem — ut ostensum est — secundum cognoscentis proprietatem et cognitio determinata est, cognoscens autem uniale intransmutabile secundum unum terminum firmatum.

8. *Si igitur aliquis inquirat qualiter providentia cognoscit contingentia, ad inquirentem hoc dicemus: non ut sunt contingentia — hoc enim erat gravans nos —, sed ut est providentia, hoc autem est meliori modo quam contingentia sint. Non enim ad hec respicientem cognoscere hec* dicimus, *ut compatiatur instabilibus, sed extra hec existentem et ante tempus omne eorum que secundum tempus transmutantur accepisse cognitionem, quoniam et cognoscere a causa unumquodque honorabilius eo quod a se ipso, et eo quod coelementaliter id quod meliori modo. Determinate igitur quod indeterminatum cognoscens, et quod indeterminatum illud cognoscit et quod apud ipsam determinatum est; neque enim quod apud ipsam solum determinatum est — hoc enim non erat*

7, 36 sic *V* : sicut *A* || sint *A* : sine *V* || 47 terminum : πέρας *v*.
8, 1 prouidentia *V* : prudentia *A* || 3 hoc os : hec *AV* || grauans *A* : generans *V* (θραττον *v*) || 4 hoc *A* : hec *V* || 5 Non *A* : sicut *V* || 6 dicimus *A* : -cemus *V* || 9 a *A* : et *V* || 11-12 determinate *A* : -nare *V*.

serait pas le connaître — ni seulement qu'il est indéterminé — ce ne serait pas le connaître selon son existence à elle. Aussi sa connaissance englobe-t-elle les deux : le déterminé par le connaissant, l'être de l'indéterminé par la nature de ce dernier. Et elle connaît cet ensemble parce qu'elle a une connaissance déterminée de l'indéterminé, puisque l'indétermination est promesse d'être mais non pas être, et que sa connaissance appréhende par anticipation la cause de l'indéterminé. Car elle sait qu'un indéterminé va exister et, voyant sa cause, elle le connaît lui aussi ; et c'est sous le mode selon lequel elle lui donne l'existence qu'elle connaît l'indéterminé ; et ce n'est pas sous un mode indéterminé mais sous un mode déterminé qu'elle l'appelle à l'existence ; de sorte qu'elle connaît aussi l'indéterminé sous un mode déterminé comme elle connaît sous un mode incorporel et inétendu ce qui, venant après elle, aura été fait étendu et corporel. C'est comme si la raison incluse dans la semence, étant une et totale dans chaque partie de la semence et possédant la cause par laquelle tout ce qui va sortir d'elle sera divisé en parties, savait que, pour ce qui vient après elle, elle est responsable de la division bien qu'elle-même soit indivisée[1], et si, en somme, elle disait : « je contiens sous un mode indivisible le divisé, ne me distinguant ni de l'un ni de l'autre mais englobant le moins bon dans le meilleur, afin que la division ne soit ni sans cause ni anticipée dans la cause, mais qu'elle soit selon sa cause là-haut et selon leur existence chez ceux qui l'ont reçue » ; et si cette raison cherchait la cause qui est en elle de la

1. La raison séminale est présentée ici comme une figure de la raison providentielle se manifestant dans sa projection (προβολή) sur les êtres particuliers ; elle est la semence des êtres divisés tout en étant par essence indivisée ; et la puissance de division de cette raison lui permet de se diviser sous forme de raisons partielles (cf. Porphyre, *Sent.* 29, p. 13, 10 τὸν λόγον τὸν μερικὸν προβεβλημένον et Cléanthe *SVF* II 497, p. 111), de telle façon que ces raisons ne soient pas partout présentes sans localisation particulière, mais que, en tant que raisons partielles, elles échappent à l'ubiquité inhérente à l'unité première. Cf. aussi *Enn.* 3, 2, 2, 18-23 et 6, 4, 3.

illud cognoscere —, neque quod solum indeterminatum illud — hoc enim non erat secundum sui ipsius existentiam cognoscere. Ambo itaque cognitio habet et le determinatum propter cognoscens et le indeterminatum esse propter illius naturam; et totum hoc indeterminati cognitionem determinatam habens cognoscit, indeterminatione quidem futura sed non ente, cognitione autem causam indeterminati preaccipiente. Novit enim quod et indeterminatum aliquid fiet, et huius causam aspiciens cognoscit et illud; et sicut substituit, sic et cognoscit indeterminatum; non indeterminate autem, *sed determinate indeterminatum substituit: quare et cognoscit indeterminatum determinate, sicut et incorporaliter et indistanter distensum post ipsam et corporatum. Ac si utique et que in spermate ratio, una ens et tota in unaquaque parte spermatis et habens causam hanc ab ipsa iam fore partitam, cognosceret causam quidem partitionis entem ei quod post ipsam, impartibilem autem se ipsam entem, et totum hoc diceret: impartibiliter partibilitatem habeo; a neutro quidem separatim existens, in meliori autem quod deterius continens, ut et partitio neque sine causa sit neque in causa precurrens, sed secundum causam quidem ens ibi, secundum existentiam autem in suscipientibus ipsam; et siquidem quereret partitionis eam que in se ipsa causam illa, utique inveniret, quia et ipsa, et si impartibilis sit, sed in alio posita subiecto; esse*

8, 19-20 indeterminatum *V* : deter- *A* || 22 indeterminatione *A* : in deter- *V* || 26-28 non — indeterminatum *om. A* || 27 indeterminate *Boese* : in determinato *V* || determinate *A* : -nato *V* || 36 separatim *A* : seperatim *V* || 41 *post* eam *habent* ratione *AB* || 42 *post* illa *habet* ratione scilicet *O* || *pr.* et *A* : in *V* || *alt.* et *om. A* || 43 impartibilis *V* : impassibilis *A*

division, elle découvrirait qu'elle-même, tout indivisée qu'elle soit, siège pourtant en un sujet autre, et que sa présence effective en un autre et non plus en elle-même a donné à ces raisons partielles d'être divisées, de se trouver en d'autres et de ne pas être chacune partout[1]. C'est dans ce sens que nous disons de la providence qu'elle est cause de tous les êtres qu'elle connaît et qu'elle connaît les êtres dont elle est cause, les déterminés et les indéterminés sous un mode déterminé et la génération des indéterminés comme à venir, et la cause pour laquelle cette génération, parce que déterminée, va ouvrir aux indéterminés le passage vers l'être ; et le fait que l'indétermination existe dans les êtres qui viennent après la providence n'entraîne aucune impossibilité, puisqu'elle est, elle aussi, préconçue par la connaissance providentielle, selon ce qui convient aux causes. Mais voilà qui est maintenant suffisamment clair.

III

9. Le problème suivant, le troisième, mérite d'être examiné avec la plus grande attention : si la providence est la cause des déterminés et des indéterminés, l'est-elle selon l'identité de ces deux groupes d'êtres ou selon leur altérité ? Si, en effet, c'est selon l'identité, comment, dans l'acte de connaissance, pourra-t-elle discerner que l'un des êtres issus d'elle sera déterminé, l'autre indéterminé ? Et si c'est selon l'altérité, comment, dans son être, l'un peut-il subsister encore si elle a une substance dont un mode est d'une sorte, un autre d'une autre ?

10. Ainsi donc, invoquant ici encore le dieu chargé de mener à son terme le travail d'enfantement[2] qui se fait en notre âme à ce sujet, en le priant de nous éclairer dans notre réflexion, rappelons nous ce qu'on dit chez nous : « La providence est fondée sur l'un. » ; or, au

1. Voir *Notes complémentaires*, p. 139.

2. Sur l'invocation des dieux au début d'une recherche difficile. voir *Théol. Plat.* I, p. 131 n. 4 ; sur l'enfantement comme terme métaphorique, voir *ibid.*, p. 8, 15 et n. 3 ; cf. aussi Platon, *Lettres* 2, 313 a.

quidem igitur ipsam in alio et non in se ipsa dedit illis partiri et aliis infieri et non ubique unumquodque esse. Hoc igitur modo et providentiam dicimus causam entem omnium que cognoscit ; et cognoscit ea quorum est causa, et determinatorum et indeterminatorum determinate, et indeterminatorum generationem ut futuram, et causam eius qualiter determinata dabit indeterminatis exitum in esse ; et nullum impossibile accidit propter hec, indeterminatione in hiis que post ipsam existente, et si ab ipsa cognitione preaccepta est, ut congruit causis. Sed hoc quidem iam manifestum.

III

9. *Tertium autem consequens huic considerare dignum, multa et hoc indigens attentione : si et determinatorum et indeterminatorum est causa providentia, utrum secundum idem amborum aut secundum alterum? Si enim secundum idem, quomodo discerneret in cognitione hoc quidem fore determinatum eorum que ab ipsa, hoc autem indeterminatum? Si autem secundum alterum, qualiter adhuc manet unum in existentia, si hoc quidem ipsius aliud, hoc autem aliud?*

10. *Deum itaque et hic invocantes nobis illuminare rationem, perficientem conceptum anime quem de hiis habemus, dicamus ad nos ipsos* quod *providentiam quidem locari in uno* ait qui apud nos sermo ;

8, 46 *post* et *habet* esse *V* || 50 eius *V* (τοῦ *Is.*) : ipsius *A* || 53 ipsa *AV* : ipsius (providentiam... causam *l. 46*) *exspectes* (αὐτῆς *Is.*) || 54 est *ego* : et *codd.*

10, 2 conceptum : τὴν ὠδῖνα *v* || 4 quidem locari *A* : locari quidem *V* || ait *A* : ut *V*

dire des notions communes, tout être exerçant la providence communique toujours à ceux qui en sont l'objet un bien réel ou apparent et exercer la providence n'est rien autre que faire du bien, quels que soient les sujets concernés. Mais le don du bien c'est, dans tous les cas, le don de l'un, nous le disons et nous l'avons déjà dit plus haut[1], cela parce que l'un se définit comme bien et le bien comme un[2] ; et c'est ce qui a été dit et redit mille fois.

Nous soutenons donc que dire de la providence ou qu'elle est marquée du signe de l'un ou qu'elle est marquée du signe du bien, c'est dire la même chose ; mais, comme nous l'avons montré aussi plus haut, l'un de la providence n'est pas comme l'un de la matière : car ce dernier est impuissant et stérile puisqu'il n'y a rien après la matière, tandis que le premier est fécond et efficace au plus haut point puisque, après la providence, il y a tous les êtres ; il n'est pas non plus pareil à l'un individué[3] : celui-ci, en effet, est parvenu à l'ultime échelon de la division et se définit comme un en tant qu'il n'est aucun des autres, celui-là, au contraire, en tant qu'il enveloppe tous les êtres, qu'il est présent à tous les êtres dont il est cause et qu'il est leur sauveur. Il n'est pas non plus pareil, ce qui peut sembler inattendu, à l'un que certains appellent universel : car l'un universel, même s'il enveloppe les choses qui sont au-dessous de lui et donne à chacune son essence, a cependant saisi par anticipation le divers des choses qu'il enveloppe et il est, quant à son essence, un un multiple[4] ; tandis que l'un de la providence transcende tout ce qu'il a la faculté de produire et de parachever et ne peut assumer aucune diversité. N'étant, par conséquent, aucun de ces uns, mais siégeant au-dessus de toute essence spécifique, engendrant pourtant tous les êtres sous le signe de l'unité, il possède une puissance unique, incirconscrite, que nul ne peut embrasser, de

1. Cf. *supra*, § 4, 17-19.
2. Cf. *ibid.* et *Théol. Plat.* II, p. 40 et 102 (n. 1 à p. 40).
3. Voir *Notes complémentaires*, p. 139.
4. Cf. *Sophiste* 251 b ; *Enn.* 3, 9, 4 et ci-dessus § 5.

et enim omne providens aut bonum aliquod aut apparens semper bonum tradere aiunt communes conceptiones hiis quibus providetur, et neque esse aliquid aliud providere quam benefacere, de quibuscumque utique dicatur. Boni autem dationem quod *unius ubique dationem esse* dicimus, dictum est et prius, *propterea quod et unum bonum, et bonum unum;* hoc itaque myries dictum.

Uno quidem igitur, *idem autem dicere et bono, providentiam* dicimus *caracterizari* ; sed *esse te unum ipsius* — velut insinuavimus et prius — *neque ut materiale unum : hoc enim* inefficax et *infecundum*, quia nichil post materiam, *illud autem* fecundum et *efficacissimum*, quia omnia post providentiam ; *neque ut quod individuum unum : hoc enim in ultimam occurrit partitionem et sic unum est tanquam nullum aliorum, illud autem ut omnia continens et omnibus presens quorum est causa et omnium salvativum; neque* — quod et inopinabile dicere — *ut universale quidam aiunt unum : hoc quidem enim, et si contineat que sub ipso et essentiam det singulis, tamen differentias eorum que continet preaccepit et est unum multa secundum essentiam, illud autem exemptum est ab omnibus, quorum est productivum* et perfectivum, *et omnis varietatis insusceptivum. Nullum igitur horum existens, sed super omnem specionalem essentiam locatum, generans attamen omnia secundum unionem, unam virtutem incircumscriptibilem habet et incomprehen-*

10, 6 tradere aiunt *A* : credere autem *V* ‖ 9 utique *V* : autem *A* ‖ 9-10 quod — dationem *om. V* ‖ 10 *post* dicimus *habet* ratio *A* ‖ 16 enim *V* : autem *A* ‖ inefficax : ἀδρανές *v* ‖ 23 et *om. V* ‖ 31 super *A* : supra *V*.

sorte que, pour ceux qui subsistent par la providence, que ce soit pour un seul ou pour tous pris un par un ou ensemble, il n'est pas possible de dérouler la puissance qui préexiste en elle, de l'amener à eux, de la ramasser en leur sein et de l'assumer ; mais leurs puissances à tous, s'abreuvant en quelque sorte à sa source, participent à elle d'une manière ou d'une autre, chacune dans la mesure où elle est faite pour l'aimer.

11. L'un de la providence est donc plus un que toute unité incorporelle et corporelle, sa puissance infinie plus infinie que toute puissance infinie et finie ; rien d'étonnant, en effet, à ce que, dans des puissances infinies, un être soit plus infini qu'un autre ; car, en ce domaine, ce n'est pas l'infinité quantitative qu'on doit poser, chez laquelle l'infini n'a pas de plus infini[1]. Cependant tout infini ne saurait être tel que pour les êtres qui sont au-dessous de lui et il est infini quant à la puissance, mais pour ceux qui sont au-dessus de lui il ne saurait être que fini, puisque limité par eux ; ou, s'il n'était pas enveloppé par les meilleurs que lui, il ne pourrait leur être soumis ni être compris en eux s'il ne leur était soumis ; si donc il est compris en eux, même en étant infini il leur est soumis, et s'il est soumis et circonscrit par eux, il n'est pas infini pour eux. Mais alors, pour lui-même non plus il n'est pas infini, car ce qui est infini pour soi ne peut être enveloppé par soi, de sorte qu'il ne peut ni se contenir ni se sauver lui-même ; or chaque être est sauveur de lui-même selon sa puissance. Reste, en définitive, que chacun des êtres infinis n'est infini que pour ceux seulement qui viennent après lui[2].

1. Voir *Notes complémentaires*, p. 139.

2. Tout cet exposé sur la relativité de l'infini de puissance et sa finitude ou finition pour lui-même reprend, à peu de choses près, l'argumentation développée dans la proposition 93 des *Éléments de Théologie*. S. Breton souligne avec raison la distinction qu'il importe toujours d'établir, bien qu'elle ne soit pas explicitée, entre l'aspect « modalité » et l'aspect « principe » sous lesquels sont tour à tour envisagés la limite et l'illimité (*op. cit.*, p. 98 n. 8.).

sibilem omnibus, ita ut neque unum aliquid subsistentium ab ipsa neque omnia secundum unumquodque neque simul omnia eam que in illa preexistentem virtutem explicare neque in se ipsa capere et in sinum reponere et comprehendere possibilia sint; omnium autem virtutes ab illa velut absortas participare aliqualiter ipsa, secundum quod unaqueque nata est diligere.

11. *Unum quidem igitur providentie omni unione incorporea et corporea est unitius, apirodynamum* (id est infinitas virtutis) *autem omni virtute infinita et finita infinitius. Nichil enim mirum in infinitis virtutibus aliud alio esse infinitius: non enim eam que secundum quantum infinitatem ibi aliquis reponet, apud quam infinitum infinitius non habet. Omne attamen infinitum hiis quidem que sub ipso et secundum virtutem infinitum erit utique tale, hiis autem que ante ipsum finitum, determinatum ab ipsis; aut non comprehensum, neque utique obtineri posset a melioribus, neque utique contineri, non obtinibile ens; si igitur continetur, quamvis infinitum sit, obtinetur, et si obtinetur, et comprehenditur ab illis, non infinitum. At vero neque sibi ipsi infinitum: quod enim sibi ipsi infinitum, sibi ipsi incomprehensibile est, quare non utique se ipsum continere poterit et salvare; unumquodque autem entium sui ipsius salvativum est secundum virtutem. Relinquitur ergo hiis que post ipsum infinitorum unumquodque esse solis infinitum.*

10, 36 eam *V* : ea *A* || 41 diligere : ἀγαπᾶν *υ*
11, 7 reponet : ἀποθήσεται *legisse uid. G et Is. pro* ὑποθήσεται ; *cf. gr. app. crit.* || quam *V* : quem *A* || 8-9 hiis — infinitum *om. V* || 15 ipsi *om. A* || 20 ergo *A* : igitur *V*

Nous comprendrons, dans ces conditions, que la puissance infinie de la providence, embrassant toutes les puissances que possèdent tous les bénéficiaires de son action, les produise toutes selon la seule union et les maintienne chacune dans son infini, comme pour mettre en toutes aussi l'union qui correspond pour chacune à son essence ; car l'un n'est pas partout le même, ni, par exemple, dans les incorporels et dans les corps, ni dans les corps durables et dans les éphémères : plus forte est, en effet, l'union des corps durables ; sinon comment pourrait-on expliquer que les uns demeurent sans se désagréger alors que les autres perdent leur unité ? Ajoutons que l'incorporel est plus proche de l'un tandis que le corps, ne serait-ce que par sa division à l'infini, est très éloigné de l'un : qu'une chose soit donc plus une qu'une autre ne pose pas de problème, puisque nous voyons bien que, de toutes, chacune devient toujours autre par diminution par rapport à celle qui la précède, jusqu'à ce qu'elle parvienne au dernier degré de sa série.

12. La providence étant donc congénère à l'un et d'une puissance infinie, les êtres qu'elle produit et qui bénéficient de son action, même si tous prennent leur part de ce double don, subsistent soit selon l'un lorsque c'est le déterminé qui leur est connaturel, soit selon l'infini lorsque c'est l'indéterminé. En effet, les êtres d'ici-bas imitent l'infini de là-haut au moyen de l'indétermination et l'un au moyen de la détermination. C'est aussi pourquoi les êtres premiers de cet univers sont ce qu'ils sont selon un principe déterminant un et invariable ; mais ceux qui viennent après eux tendent à l'indétermination parce qu'ils occupent la seconde place. Et puisque toute infinité subsiste selon l'infinité providentielle et tout déterminé selon l'union, et que là-haut l'infinité est dominée par l'un et appartient à l'un, ici-bas aussi les indéterminés par nature sont asservis

Infinitam igitur providentie virtutem, omnium virtutum comprehensivam entem earum quas habent ea omnia quibus providetur, omnes secundum unam unionem generareque et perstringere unamquamque in sui ipsius infinito intelligemus, sicut et unionem omnibus imponere commensuratam ad singulorum essentiam. Non enim est neque le unum ubique idem, puta in incorporeis et corporibus neque in corporibus eternis et corruptibilibus: maior enim que perpetuorum unio; aut qualiter hec quidem indissolubilia manent, ab hiis autem perit le unum? Adhuc autem quod quidem incorporeum propinquius uni; corpus autem et propter ad infinitum partitionem deficit valde multum ab uno, et non dubitandum, si uno est magis unum, videntes unumquodque omnium per submissionem semper factum aliud preter id quod ante ipsum, quousque ad ultimum pertingat sui ipsius seire (id est ordinis).

12. *Providentia itaque et uniali existente et infinite virtutis, hec quidem eorum que ab ipsa producta sunt et provisa, et si omnia transortita sint utrisque, secundum le unum subsistunt, quibus determinatio connaturalis, hec autem secundum le infinitum, quibus secundum indeterminationem. Imitationes enim eius quidem quod ibi infiniti que hic per indeterminationem, ipsius autem unius per determinationem, propter quod et prima quidem eorum que in hoc universo secundum unum terminum sunt que sunt impermutabilem; que autem deinceps illis aoristainei* (id est tendunt ad indeterminationem),

11, 22 infinitam *V* : -tum *A* || 24 omnes *V* : omnis *A* || 30 que *V* : est *A* || 31 indissolubilia : ἀσκέδαστα *v* || 34 deficit : ἀποδεῖ *v* || 38 *post* ipsum *habet* et *A* || 39 seire *V* : scire *A* || **12,** 11 illis *om. A.*

aux déterminés, tandis que les déterminés règlent les mutations de tous ordres des êtres qui ont un état indéterminé ; et comme les causes premières de ces êtres sont disposées selon un ordre fixant leurs places respectives, de même aussi les êtres seconds reçoivent une disposition analogue à la leur pour réaliser avec elles la plénitude du monde, les moins bons dépendant des meilleurs.

13. Mais notre exposé sera plus clair pour ceux qui auront compris que l'intelligence produit ce qu'elle produit sous une double forme, je veux dire le corps et l'incorporel, et qu'elle connaît et produit chacun d'eux incorporellement selon sa propre nature ; et de même que la raison de l'incorporel dans l'intelligence est incorporelle et cause des incorporels, la raison du corps, même si elle est incorporelle, est cause des corps, l'une rendant ses produits semblables à elle-même, l'autre, en raison de son rang inférieur, les produisant plus étrangers à la forme incorporelle. L'âme aussi engendre des raisons[1] qui vivent et se meuvent en d'autres âmes, et d'autres qui tombent dans le domaine de la matière, celles-là porteuses du savoir scientifique, celles-ci mères des arts manuels, et toutes selon le mode de la vie, mais les unes allant par la vie vers la vie, les autres par la vie vers ce qui n'a point vie. Pour nous résumer, tout ce qui engendre et connaît en même temps les êtres qu'il engendre les engendre par des

1. Il s'agit, comme la plupart du temps, des raisons séminales (λόγοι σπερματικοί) cf. *infra*, § 37 n. 2.

secundum ordinem habentia. Omni autem infinitate subsistente secundum provisivam infinitatem et omni determinato secundum unionem, et ea que ibi infinitate obtenta per unum et unius ente: et hic que quidem indeterminata natura serviunt determinatis, ordinant autem determinata eorum que indeterminate feruntur omnimodam transmutationem; et sicut habent proturga (id est prima agentia) *horum cause secundum eum qui ad invicem ordinem, sic et ipsa proportionalem illis suscipientia habitudinem complent mundum, dependentibus deterioribus a melioribus.*

13. Planior autem erit sermo sumentibus quod et intellectus *producit quidem que producit duplicia, corpus dico et incorporeum, utrumque autem incorporee et cognoscit et producit* secundum sui ipsius naturam ; et *sicut que quidem incorporei ratio in ipso et incorporea et incorporeorum causa, que autem corporis*, quamvis *incorporea* sit, *corporum est causa*, hec quidem et *ea que producuntur ad se ipsam assimilans, hec autem* propter submissionem eam que ad illum *alieniora producens ad incorpoream speciem.* Et etiam *anima generat eas quidem que in aliis animabus rationes viventes et motas, eas autem que in materiam excidunt, scientionales quidem illas, artificiales autem has; et omnes quidem vitaliter, sed has quidem per vitam in vitam procedentes, has autem per vitam in non vivens. Et ut summatim dicatur: omne generans simul et que generat cognos-*

12, 20 *neut.* prima agentia *uitiose de graeco* πρωτουργὰ αἴτια (*cf. Is.*) *conuersum esse uid. pro* prime agentes (cause)

13, 13 materiam *A* : -rias *V*.

causes différentes et les connaît selon la cause supérieure ; aussi les êtres engendrés par cette dernière le sont-ils les uns selon elle, les autres selon la cause inférieure. De sorte que si l'on disait que la providence, elle aussi, en possession par l'Un de la cause des déterminés et par l'infinité de celle des indéterminés, connaît et produit ces deux catégories d'êtres toutes deux sous le même mode, c'est-à-dire sous un mode déterminé (exactement comme l'intelligence connaît et produit incorporellement selon la raison de l'incorporel et selon celle du corps), mais que, parmi les êtres qu'elle produit, les uns sont déterminés en fonction de l'Un, les autres indéterminés en fonction de l'infinité, on dirait là quelque chose de tout à fait juste ; sans que, d'ailleurs, les êtres nécessaires soient sevrés d'infinité ni les contingents de limite ; et en effet, ces derniers s'achèvent dans tous les cas à la frontière du nécessaire tandis que les premiers, qui sont éternels grâce à leur nature nécessaire, participent à la puissance infinie (sinon, d'où viendrait qu'ils soient toujours identiques à eux-mêmes et jamais autres ?), mais tantôt c'est l'Un qui l'emporte et qui, par là, fait de l'être né selon lui un être nécessaire en attachant en quelque sorte l'illimité à la limite, tantôt c'est l'infini et, par la fuite de cet être hors de l'Un qui le poursuit et l'enveloppe, il en fait un être amoindri ;

cens differentibus causis generat quidem ipsa, et cognoscit secundum meliorem; generantur autem ab ipsa hec quidem secundum ipsam, hec autem secundum submissam. Quare si et *prouidentiam* dicas *habentem uno quidem determinatorum causam, infinitate autem indeterminatorum, ambo quidem determinate nosse et generare* etiam *secundum ambo eodem modo*, sicut et intellectum secundum eam que incorporei rationem et secundum eam que corporis incorporee, eorum autem que substituuntur hec quidem determinari propter *unum, hec autem indeterminari propter infinitatem*, recte utique dices ; *neque necessariis entibus expertibus infinitate neque contingentibus termino;* et enim hec penitus *in eum qui necessarii terminum terminare* et illa *propter ipsam necessariam naturam eterna entia participare infinita uirtute — aut unde ipsis le semper hoc* et le nunquam aliter? — ; *obtinente autem hic quidem uno et faciente, propter hoc, quod secundum <ipsum> generatur necessarium* velut *colligante fini infinitum, hic autem infinito et le unum minoratum faciente eo quod effugiat supercurrens ipsum et comprehendens; ambo autem*

13, 35-40 obtinente — comprehendens : *patet impropr. hic uerborum collocat. esse aut propter scribae imperitiam aut eo quod interpres graec. sententiam male intellexit; fortasse lat. uersio sic prope restitui potest* : obtinente autem hic quidem uno et faciente, propter hoc, quod secundum ipsum generatur necessarium..., hic autem infinito et faciente, eo quod le unum effugiat supercurrens ipsum et comprehendens, minoratum *(cf. Is.)*.

13, 18 ipsa *ego* : ipsum *AV* || 19-20 secundum — ipsa *om. A* || 19 secundum *om. V* || 25 et *om. A* || 26 incorporei *A* : in corporea *V* || 29 indeterminari *V* : determ- *A* || 37 ipsum *recte add. Boese* (τὸ κατ' αὐτό *Is.*) || 38 fini *V* : finiti *A* || 39 minoratum : ἐξίτηλον *υ* || faciente *V* : -tem *AV*.

mais la providence connaît les deux, même si, comme il a été dit, elle les connaît selon le mode supérieur, et elle appréhende par anticipation la manière particulière d'engendrer de chacun d'eux, connaissant, si je puis m'exprimer ainsi, l'un comme faiseur de limite, l'autre comme faiseur d'infini.

14. Toute limite et tout infini viennent donc de là-haut, soit dans les incorporels, soit dans les corps[1] ; et ce qui est composé des deux en vient également ; et c'est pourquoi la connaissance des simples et des composés se situe là-haut comme aussi vient de là-haut la génération des simples et des composés. En effet, parce que l'Un est là-haut ainsi que la puissance infinie de l'Un, de là-haut viennent séparément les finis et tout infini quelqu'il soit ; mais parce que l'un des termes appartient à l'autre (la puissance infinie à l'Un), ici-bas aussi les éléments qui sont appariés par eux font un seul être au total[2] ; et si c'est l'Un qui est l'assembleur, l'être engendré est nécessaire ; si c'est l'infinité qui a pris les devants, il est contingent. Mais puisque, même ici-bas, il est exclu que l'infini soit privé de l'Un, le contingent lui aussi s'achève en nécessaire[3], comme nous l'avons dit plus haut ; et alors ou ce contingent est dominé davantage par l'Un et c'est depuis plus longtemps qu'a eu lieu l'échéance et qu'il a basculé dans le camp du nécessaire et s'est déterminé, ou il participe moins étroitement à l'Un et c'est depuis un temps moins long que, soumis au même processus et s'étant déterminé, il s'est stabilisé par éloignement de

1. Cf. *El. Th.* 90. Πέρας, limite, terme, est ce qui consacre l'achèvement et l'unité d'un être, ou plus exactement d'un étant, de ce qui est. L'étant (τὸ ὄν), composé de πέρας et d'ἄπειρον, subit l'influence de l'un ou de l'autre proportionnellement à son degré de proximité de l'un ou de l'autre.

2. Cf. *infra* § 22, l. 8-9 et *De mal. subs.* § 35. Le meilleur exemple de l'unité de l'être composé est l'homme, formé d'âme et de corps.

3. Voir *Notes complémentaires*, p. 140.

providentia cognoscente, et si secundum melius, ut dictum est, et preaccipiente in cognitione utriusque proprietatem secundum generare, et ut hoc quidem peratopoion (id est terminale faciens), si velis, dicere, *hoc autem apeiropoion* (id est infinitum faciens).

14. *Omnis igitur terminus inde et omne infinitum inde est sive in incorporeis sive in corporibus, et quod ex ambobus similiter inde; et propter hec et simplicium cognitio ibi et compositorum, sicut et simplicium generationes inde et compositorum. Quia quidem le unum erat ibi et infinita virtus unius, inde et termini seorsum et omne quod qualitercumque infinitum; quia autem et alterius alterum erat — infinita virtus unius — et hic combinata que ab ipsis unum facit synolon* (id est simul totum) ; *et aut figente uno necessarium* quod fit, aut *precurrente infinitate contingens. Quoniam autem non erat neque hic licitum desertari uno le infinitum et contingens in necessarii naturam terminat, ut dictum est, et hoc aut magis tenetur uno et ante maius tempus eventus in necessarium transcidens determinatum est, aut, propter participare uno debilius, ante minus quidem, idem* autem attamen *patiens et determinatum,*

14, 8-9 *uerba* infinita uirtus unius *ut* alterius alterum *enodantia distinxi, in hoc Dornseiff sequens qui* ἡ ἄπειρος δύναμις τοῦ ἑνός *(ab* ἡ ἄπειρος τοῦ ἑνὸς δύναμις *l. 4 diuersum) parenthesim statuit* || 9 facit *mendum pro* faciunt *e gr. sg.* ποιεῖ *ortum post plur. neut. subj.*

13, 44 peratopoion *Cousin* (περατοποιόν *Is.*) para- *A* pantoion *V* || 45 apeiropoion *Cousin* (ἀπειροποιόν *Is.*) : apeiropeion *A* aporgoroion *V*.

14, 2 incorporeis *V* : corporeis *A* || 5 *post* quidem *habet* est *V* || 6 ibi *A* : enim *V* || 6 termini *A* : fines termini *V (lect. dupl.)* || 15 tenetur uno *A* : uno tenetur *V* || 18 determinatum *A* : terminatum *V*.

sa nature fugace et qu'il est devenu tel que le précédent ; et ce qu'il a imité c'est la puissance infinie existant comme puissance de l'Un mais non d'elle-même[1] ; car toute puissance l'est d'un autre, à savoir de celui qui la possède, mais non d'elle-même. Que tout indéterminé quelqu'il soit tient donc son indétermination de ce qu'il n'est pas encore (et c'est là ce qu'on appelle être contingent) et qu'il aboutit finalement à l'alternative nécessaire : être ou ne pas être, et ceci à un moment qui se situe plus ou moins avant dans le temps, les présages aussi le montrent bien puisqu'ils se vérifient mieux lorsque le temps qui les sépare des événements à venir est plus court que lorsqu'il est plus long, comme si l'indéterminé avait déjà changé de camp.

15. Qu'il importe qu'il y ait, chez les êtres qui nous sont supérieurs, une connaissance atteignant aussi l'indéterminé, si celui-ci doit, lui aussi, participer à l'ordre universel et ne pas être une sorte d'élément surajouté au Tout, voilà qui a été fort bien démontré ailleurs ; encore restait-il à savoir le comment de la chose ; eh bien ! faisons en sorte que cela aussi nous apparaisse clairement. L'univers, en effet, ne serait ni un ni gouverné selon l'intelligence[2] s'il n'y avait quelque lien l'unissant aux déterminés et aux êtres du même ordre ; mais cette connaissance de l'indéterminé, c'est soit aux seuls démons qu'il faut l'attribuer puisque, étant ceux qui sont les plus proches des créatures de ce monde, il est visible qu'ils les connaissent et les gouvernent, soit, au-dessus d'eux, aux dieux également, qui ont réparti leur providence entre les démons qui sont tous leurs sujets. Mais si nous laissons aux seuls démons la connaissance providentielle des indéterminés, nous dirons qu'ils connaissent les êtres objets de leur providence et ceux qui sont au-dessus d'eux ou bien

1. La puissance n'est jamais que puissance d'actualisation de son sujet et non d'actualisation d'elle-même. Dans le cas de la puissance infinie de l'un, c'est donc l'un qui domine l'infinité de sa puissance.

2. Cf. *Enn.* 3, 2, 1, 21-22.

stetitque a labente natura et factum est velut quod prius et imitatur eam que unius entem infinitam virtutem, sed non sui ipsius; et enim omnis virtus est alterius habentis ipsam, sed non sui ipsius. Quod quidem omne qualitercumque indeterminatum in nondum esse indeterminationem habet et hoc quod aiunt contingere, consummat autem in ex necessitate aut esse aut non esse et aut ante maius tempus aut ante minus, et coniecturative divinationes manifestant: verificantur enim magis ante minus tempus eventurorum quam ante maius, tanquam utique iam indeterminatione transcidente.

15. *Quod autem oportet esse et indeterminati cognitionem in* melioribus nobis, *si debeat et hoc ordine sortiri et non velut superadventitium esse universo, supponatur quidem tanquam alibi ostensum, querebatur autem solum qualiter; fiat autem et hoc manifestum. Non enim unum erit omne neque gubernatio secundum intellectum si non et huius ad determinata et quorum ordo isdem fiat aliqua colligatio. Hanc autem cognitionem necessarium* aut demonibus solis *attribuere* : videntur enim isti, proximi entes hiis que hic, et cognoscere ipsa et dispensare ; aut et ante hos diis, *qui* et demonibus *partiverunt providentiam aliorum aliis, quorum omnium ipsi sunt continentes. Sed si* demonibus *solis relinquemus indeterminatorum cognitionemque*

14, 19 stetitque *ego* (ἔστη τε *Is.*) : estque *AV* ‖ labente *A* (ὀλισθαινούσης *Is.*) : latente *V* ‖ 23 in *A* : et *V*.

15, 4 tanquam alibi : *mendose hic* καὶ ὡς *pro* καλῶς *(cf. Is.) legisse uid. G* ‖ 9 colligatio : εἱρμός *υ* ‖ aut *A* : sit aut *V* ‖ 12 diis *A* : deus *V* ‖ 13 partiuerunt *A* : pertinuerunt *V* ‖ 14 ipsi *A* : ipso *V*.

en les appréhendant tour à tour, comme nous, ou bien en les appréhendant les uns et les autres simultanément. Et s'ils appréhendent tour à tour, en quoi diffèrent-ils de nos âmes à nous ? Elles aussi, en effet, sont trop faibles pour à la fois exercer la providence, s'occuper de leurs propres affaires et regarder vers celles d'en-haut ; alors comment ne pas reconnaître que les démons, en orientant leurs efforts vers un domaine extérieur, vont marcher dans le sillage des êtres sujets au devenir, réagissant, face à l'indéterminé, sous le mode de l'indétermination ? Mais si leur appréhension est simultanée, on est tenu, nouvelle alternative, soit de leur donner une connaissance discursive des êtres qu'ils gouvernent et de laisser subsister en eux des raisons et des modèles[1] des indéterminés (car la connaissance des indéterminés, c'est la pensée discursive), soit, si on soutient que cette connaissance est antérieure à l'opération discursive et qu'elle est le propre des sujets agissant divinement, de la rapporter bien plutôt aux dieux auxquels les démons eux aussi doivent leur divine inspiration et leur faculté de préconnaître l'indéterminé sous un mode déterminé. C'est qu'en effet s'ils appréhendent les non-déterminés sous un mode indéterminé, nous allons les priver de l'impassibilité qui convient aux ordres immuables ; car tout connaissant de ce genre a besoin d'imagination et de sensibilité pour pouvoir, en gardant le souvenir des choses qui ne sont plus, relier l'image des futures aux présentes et aux passées. Si, au contraire, c'est sous un mode déterminé, pourquoi donc, si nous donnons ce pouvoir aux démons, ne l'attribuerions-nous pas plus encore aux dieux eux-mêmes pour que, de même qu'ils connaissent intemporellement les temporels, ils connaissent sous un mode déterminé les indéterminés, et pour qu'ils exercent leur providence sur les indéterminés selon leur mode de connaissance ? Si, en effet, ils ne pouvaient connaître les indéterminés sous un mode déterminé, on arriverait à cette conclusion absurde

1. Cf. Platon, *Rép.* 484 c 7-8 ; Psellos, *op. cit.*, 83.

et providentiam, aut seorsum ipsos, sicut nos, cognoscere et ea quibus providetur et ea que ante ipsos dicemus, aut simul ambo. Et si quidem seorsum, quid different a nostris animabus? Et enim hee providere simul et sui ipsarum esse et ad ea que sursum respicere impotentes sunt. Qualiter autem non, extendentes se ipsos ad ea que extra et fientibus assequi confitebimur, aoristenontas (id est ad indeterminationem tendentes) *circa indeterminatum? Si autem simul, iterum necessarium aut secundum ratiocinationem ipsis dari cognitionem eorum que gubernant, et rationes relinquere in ipsis et exempla indeterminatorum: dianoia* (id est ratiocinatio) *enim est horum cognitio; aut ante ratiocinationem hanc et dealiter operantium stare dicentes, multo magis ipsam remittere in deos, a quibus* et demonibus *inerit indivinari et posse etiam indeterminatum determinate precognoscere. Et enim si quidem indeterminate <non> determinata percipiunt, ipsos excludemus a conveniente immutabilibus generibus impassibilitate: opus est enim et fantasia et sensu tali omni, ut non presentium memorans copulet assimilationem futurorum presentibusque et preteritis; si autem determinate, quid utique* demonibus *hoc dantes non etiam diis maiori modo attribuemus* ipsum, *ut intemporaliter que secundum tempus, sic et determinate indeterminata cognoscere et providere indeterminatis secundum cognitionis modum? Si quidem enim non possunt indeterminata cognoscere determinate,*

15, 16 seorsum : ποιρὰ *(sic)* μέρος *v* || 18 seorsum : ποιρὴ *(sic)* μέρος *v* || 19 hee *A* : hec *V* || 30 dicentes *A* : dicantes *V* || 34 non *recte add. Boese* (μὴ ὡρισμένων *Is.*) || determinata *A* : terminata *V* || excludemus *ego* (ἀποστερήσομεν *Is.*) : excusabimus *AV*.

que les démons seraient capables d'une telle connaissance alors que les dieux en seraient, par nous, privés par impuissance ; et si les dieux ne voulaient pas, ce serait plus absurde encore que leur non-pouvoir : créateurs, ils ne voudraient pas dispenser leur providence aux êtres qu'ils auraient créés ! Ou bien nierions-nous que l'ensemble des êtres mortels et chacun en particulier sont l'œuvre des dieux et qu'il en est ainsi de tout ce que contient le monde ? En vérité, ces créatures doivent leur existence les unes au père unique, les autres aux dieux du monde, mais dans ce dernier cas c'est sur l'ordre du père que les dieux font leur œuvre et c'est lui encore qui, par leur intermédiaire, est leur créateur. Mais il n'a jamais été et ne sera jamais permis que les dieux puissent, étant dieux, se désintéresser des créatures qu'ils ont produites immédiatement ou par êtres interposés.

16. Si donc ils veulent exercer leur providence sur les indéterminés sous un mode déterminé et s'ils le peuvent, c'est assurément d'une manière totale qu'ils l'exercent et que, l'exerçant, ils connaissent la valeur des êtres qui en sont l'objet : et tandis que les dieux étendent d'une manière transcendante et sur tous les êtres leurs providence, les démons se répartissent leur autorité souveraine, recevant respectivement la charge de tel ou tel troupeau[1], comme dit Platon, « poussant la division des tâches jusqu'à l'extrême »[2], en sorte que les uns soient protecteurs des hommes, les autres des lions, d'autres encore d'autres animaux et plantes et, en allant toujours plus loin dans la division, les uns de l'œil, les autres du cœur, d'autres du foie ; « et toutes choses sont pleines de dieux »[3], les uns exerçant leur providence sur elles immédiatement, les autres par l'intermédiaire de démons, comme nous l'avons dit ; ce n'est pas que les dieux n'aient pas le pouvoir d'être présents immédiatement à tous les êtres, mais c'est que les derniers des êtres n'ont pas la force de participer

1-3. Voir *Notes complémentaires*, p. 140.

inconveniens, demonibus *hoc potentibus*, *privare* deos *propter impotentiam tali cognitione. Si autem non velint, maiori modo est hoc inconveniens quam non posse, cum sint institutores horum et non velint providere hiis que instituerunt; aut non etiam mortalia omnia et particularia condita deorum sunt et omnia quecumque continet mundus?* Et hec quidem ex uno condita sunt patre, hec autem ex mundialibus quidem diis, sed secundum illius iussionem et hiis facientibus, et illo per hos etiam hec producente ; *licitum autem neque erat neque est ea que producunt aut immediate aut per media alia deos entes negligere.*

16. *Si itaque et volunt providere determinate indeterminatis et possunt, omnino utique et provident et providentes cognoscunt provisorum dignitatem : et dii quidem exaltatim et ad omnia sui ipsorum extendentes providentiam*, demones *autem partientes illorum superexistentiam*, hii quidem aliorum gregalitatem receperunt, *hii autem aliorum*, ut ait ille, *in ultimam consummantes* partitionem, *ut hii quidem* hominum sint, *hii autem* leonum, *alii autem aliorum* animalium aut plantarum *presides*, et adhuc partialius hii quidem oculi, hii autem cordis, hii vero epatis : *omnia autem sint plena diis*, *hiis quidem* et hiis *immediate* providentibus, *hiis autem per medios* demones, *ut dictum est*, *non* illis *omnibus adesse non potentibus*, *sed ultimis per se participare*

15, 45 demonibus hoc *A* : hoc demonibus *V* || potentibus *V* : petentibus *A* || 54 hos *om. A* || 54-55 etiam hec *V* : hec etiam *A*.

16, 4 exaltatim *V* : -tati *A* || 6-7 gregalitatem : ἀγελαιχομίωρ *(sic) v* || 8 ultimam *V* : ultima *A* || 10 plantarum *A* : publicarum *V* || 14 non *AV* : non ut *Cousin*.

d'eux-mêmes aux premiers. On voit par là[1] qu'un participant est inapte à jouir de l'action des dieux lorsque la seule influence providentielle dont il ait conscience est celle des démons, mais que celui qui est devenu apte à jouir de l'influence divine ressent aussitôt la présence des dieux, se rend compte, alors, qu'il est connu d'eux et reçoit leur providence qui descend sur lui, providence dont il bénéficiait et à laquelle il participait obscurément sans le savoir. C'est comme si un homme dormant au soleil ignorait, parce qu'il dort, qu'il est éclairé, puis voyait en se réveillant qu'il est exposé de tous côtés au soleil et comprenait alors que la lumière était présente, présente à lui dès le début, même si lui, dans son ignorance, n'était pas présent à la lumière. Ainsi en est-il aussi de l'indéterminé : il se détermine par conversion vers le divin auprès duquel l'indéterminé lui-même existe sous un mode déterminé ; et, tenant de là-haut sa participation au déterminé, il est, grâce à elle, promu à l'existence, parce que, avant sa conversion, pour lui-même il était indéterminé tandis que pour le divin il existait non pas tel qu'il était mais comme il convenait au divin, c'est-à-dire que d'une part il existait sous un mode déterminé, d'autre part il était connu comme s'étant détaché de ce divin à cause de son indétermination ; il ne s'en était point détaché au point d'échapper entièrement à la détermination (car il aurait glissé, sans s'en rendre compte, dans l'abîme du non-être), mais de façon à n'être ni privé de toute participation au déterminé, ni établi parfaitement en lui. Mais lorsque, après sa conversion, il s'y est trouvé établi, il a eu connaissance, une fois là-haut, et de sa propre indétermination et de la détermination préexistante ordonnant son indétermination.

17. Allons plus loin : si nous convenons que pour tous les êtres le bien ne peut venir que de la providence, comme c'est de l'intelligence que vient l'intellection et

1. Le thème des degrés de participation correspondant aux degrés de réceptivité ou de conscience des participants reparaît au § 25.

primis impotentibus. Insinuat autem participantium le inydoneum quidem ad fruendum diis aliquando, eius autem que ex demonibus *providentie synaistanomenon* (id est sensu percipiens) ; *quod autem ydoneum factum mox presentes habens deos et tunc cognoscens quod cognoscitur ab ipsis, et suscipiens eam que in ipsum descendentem providentiam, qua sortiens latebat se ipsum et quod participabat immanifeste: ac si quis dormiens in sole et illuminatus ignoraret in dormiendo, excitatus autem se ipsum videat contentum a lumine, et tunc lumen existimet adesse et prius sibi ipsi presens, quamvis ipse propter ignorantiam lumini non aderat. Tunc igitur et indeterminatum determinatur et conversum ad divinum, apud quod et indeterminatum determinate erat, et transumens inde terminum propter participationem existit; quia et ante conversionem sibi ipsi quidem indeterminatum erat, illi autem non quale est tale existebat, sed ut divino congruebat, erat quidem determinate, cognoscebatur autem transcidens ab illo propter sui ipsius indeterminationem, non ita excidens ut omniquaque terminum effugiat — lateret enim utique in non entis abyssum prolapsum —, sed ita ut neque expers sit termino neque in ipso perfecte sit locatum. Post conversionem autem locatum novit ibi et sue indeterminationis cognitionem et terminum preexistentem, ornantem indeterminationem.*

17. *Quin immo et si omnibus bonum non aliunde quam ex providentia supervenire concedimus, sicut ex intellectu intelligentiam et ex anima vivere et*

16, 19 sensu *A* : sensum *V* || 21 quod *ego* (ὅτι *Is.*) : quando *A ut uid. V* || 23 latebat *Boese* (ἐλάνθανεν *Is.*) : latebit *AV* || 36 indeterminationem *V* : deter- *A* || 41 ibi *A* : ueri *V*.

de l'âme que viennent le vivre et le mouvoir inhérent au vivre (tout vivant, quel qu'il soit, vit par l'âme et tout sujet pensant pense par l'intelligence), il est alors évident que le participant au bien possède le bien à cause de la providence, même s'il compte au nombre des êtres particuliers et de ceux qui ne participent que par intermittence ; car il faut mener chaque être jusqu'à sa source spécifique d'où l'existence se propage à travers la série tout entière[1]. Si donc une des créatures de ce monde est bonifiée, c'est à elle qu'elle en doit le bénéfice ; et cela concerne non seulement chacun des éternels, mais aussi chacun des corruptibles, non seulement chacun des déterminés, mais aussi chacun des indéterminés, qu'il reçoive son bien soit directement de la providence soit par la médiation des premiers auxquels elle a, avant lui, accordé ses bienfaits. En effet, les médiations des êtres intermédiaires sont des médiations qui, loin d'effacer les causes antécédentes de l'action qu'ils exercent sur les êtres suivants, mettent les dons des êtres qui les précèdent à la mesure de ceux qui les suivent ; à ceux qui les précèdent, elles participent par communauté de nature, tandis qu'elles agissent sur ceux qui les suivent, affaiblis par leur position d'infériorité, après leur avoir insufflé la puissance nécessaire grâce au rayonnement avant-coureur qui émane d'elles.

Que les êtres qui sont plus près de la providence en jouissent donc plus et qu'ils subissent à un plus grand degré l'influence ordonnatrice d'un tel voisinage — de même que, s'il s'agit du soleil, de l'âme et de l'intelligence, les sujets qui en sont plus près sont respectivement mieux éclairés, plus vivants et plus accomplis dans l'art de penser que ceux qui en sont plus loin — nous en conviendrons, pour notre part, volontiers et c'est le même sentiment qu'expriment aussi les notions communes. Et en effet, le mot « près » que nous avons employé désigne, pourrait-on dire, un apparentement

1. Voir *Notes complémentaires*, p. 140 et 141.

moveri in vivendo, omne autem qualitercumque vivens propter animam vivit et intelligens propter intellectum intelligit, palam utique quod et bono participans propter providentie causam bonum habet, quamvis partialium sit et quandoque participantium: oportet enim unumquodque in suum fontem ducere, a quo in totam seiram venit existentia. Si quid igitur bonificatur eorum que in mundo, propter illam bonificatur; et non eternorum solum, sed et corruptibilium unumquodque, neque determinatorum solum, sed et indeterminatorum unumquodque, sive per se ex providentia suscipiat suum bonum, sive per media prima bonificata ab illa. Nam entium mediationes non eas que ante ipsas causas auferentes effectus eius qui in ea que post hec sunt mediationes, sed hiis que post hec commensuratas facientes eorum que ante ipsa donationes, quibus ipse quidem connaturaliter participant, illa autem impotentia propter submissionem quasi adducunt et ydonea ad participationem efficiunt, confortantes sui ipsarum precursalibus illustrationibus.

Propinquiora quidem igitur providentie frui magis ipsa et ornari magis vicinantia — ac si solis et anime et intellectus proximiora hec quidem illuminabuntur magis quam remotiora, hec autem erunt vitaliora magis, hec autem in intelligendo existent perfectiora —, et nos utique concedemus et communibus conceptibus videtur. Et enim ipsum hoc le prope propter substantie ad illa congeniam quibus est

17, 4 uiuendo *V* : mouendo *A* ‖ 14 ex *om. V* ‖ 16 bonificata *V* : -catur *(sed* a *supra* ur *script.) A* ‖ 19 commensuratas *Boese* : -tis *AV* ‖ 23 ipsarum *V* : ipsorum *A* ‖ 26 ipsa *V* : ipsi *A* ‖ solis *A* : solus *V* ‖ 27 illuminabuntur *V* : illuminantur *A* ‖ 29 in *om. A.*

d'essence avec ceux dont on est proche et le mot « loin », dans tous les cas, un éloignement quant à l'essence. C'est pourquoi, comme ils sont apparentés davantage à ceux qui non seulement peuvent donner mais donnent effectivement ce qu'ils peuvent donner, les êtres en question peuvent participer à eux davantage, de sorte aussi qu'ils y participent davantage.

18. Ainsi, comme la providence n'a pas d'exigence plus impérieuse que celle de faire du bien à tous les êtres, plus ils participent à elle, plus ils subissent son influence bienfaisante et embellissante ; mais il faut alors que ceux qui ne sont pas près d'elle lui soient, eux aussi, rattachés et, si leur rattachement se fait par des intermédiaires, que ces derniers soient à leur tour rattachés à ceux qui sont près d'elle ; ce qui fait que les uns jouissent directement de la providence tandis que les autres ont besoin, en quelque sorte, de tiers pour assurer leur liaison avec elle. S'il n'y avait pas, en effet, coordination de tous les êtres avec l'un, il n'y aurait pas non plus unité du monde ; si, par ailleurs, tous les êtres participaient d'une manière égale au pouvoir qui ordonne le monde, il n'y aurait pas un ordre hiérarchisé de ceux qui bénéficient de son action[1]. Si donc les deux choses existent, l'ordre et la coordination, l'ordre faisant une distinction entre tous les êtres et plaçant respectivement les uns soit avant soit après les autres, la coordination ramenant les divisés à l'unité, c'est-à-dire au bien, il faut nécessairement qu'il y ait une providence et qu'elle ne soit pas la même pour tous : qu'elle s'exerce, d'une part par la coordination, de l'autre, sous une forme différente, par l'ordre ; puisque, si elle est providence des êtres premiers, elle doit nécessairement l'être aussi des êtres seconds et de ceux qui viennent après ; car toute puissance capable de mouvoir le plus grand est à plus forte raison, comme le disent Platon et la droite raison, capable de mouvoir le plus petit et si elle est capable de vaincre le plus fort, à plus forte raison vaincra-t-elle le plus faible[2].

1-2. Voir *Notes complémentaires*, p. 141.

prope esse dicetur utique, et le longe propter eam que secundum esse penitus elongationem. Quare dare potentibus que utique et dant entia magis congenea, magis ipsis possunt participare; quare et participant magis.

18. *Providentia igitur nichil aliud quam bonificare omnia insinuata, que participant magis, bonificantur et ornantur magis. Oportet itaque et quecumque non prope in illam dependere, et si per media dependent, et hec ab hiis que prope, quod et facit hec quidem per se frui, hec autem velut colligationibus aliis indigentia ad ipsam. Sive enim non ad unum omnium coordinatio esset, non utique neque mundus unus esset; sive omnia eodem modo participarent ornante, non utique esset ornatorum ordo. Si igitur sunt utraque, et ordo et coordinatio, hic quidem distinguens omnia et alia faciens ante alia et alia post alia, hec autem divisa ad unum convertens bonum, omniumque necesse providentiam esse et non omnium eandem: esse quidem propter coordinationem, non eandem autem esse propter ordinem, quoniam et primorum quidem entem necesse et secundorum esse et deinceps illis. Virtus enim omnis maiorum ens motiva, ait* et Plato et *verax sermo, et minorum est multo magis; et obtentiva fortiorum existens, et debiliora utique obtinebit magis. Voluntate autem ibi ad virtutem*

17, 35 congenea *BO* : -genta *AV* -genita *Cousin.*
18, 4 *ante* et *habet* sed *A* || 6 indigentia *A* : -tiam *V* || 9 ornante *V* : ornande *A* || 20 fortiorum *V* : fortior *A*.

Et s'il y a, dans le monde d'en-haut, conjugaison de la volonté et du pouvoir, il s'ensuit nécessairement que la providence s'exerce aussi sur les êtres inférieurs : car, là-haut, ceux qui peuvent ne peuvent pas sans vouloir ; et d'ailleurs les bons, même chez nous, lorsqu'ils peuvent quelque chose sont réputés le vouloir ; et il n'y a place chez de tels êtres ni pour une puissance sans volonté ni pour une volonté sans puissance, ce qui, dans le second cas rendrait vain le désir, dans le premier rendrait la puissance incapable de s'accomplir.

19. Et puisqu'il y a une providence des êtres seconds, il est encore plus nécessaire qu'il y en ait une des êtres premiers. Car la providence n'a pas pour mission de veiller sur les moins bons et de les faire bénéficier de son ordre alors qu'elle laisserait les meilleurs en dehors de toute participation à son être : si, en effet, il n'ont aucun besoin, on pourrait dire que c'est à elle, qui donne l'autarcie[1] aux êtres premiers, qu'ils doivent même cette absence de besoin. Dès lors, donc, que nous affirmons que la providence est la cause de tous les biens, ce que, comme nous l'avons dit plus haut, proclament les notions communes qui sont en nous, il nous faut nécessairement admettre également que l'autarcie, chez les êtres qui la possèdent, vient de là-haut et qu'ils la possèdent grâce à elle. Si donc ils ont besoin de quelque chose, c'est par elle qu'ils obtiennent satisfaction, et ils l'obtiennent avant les autres en raison de leur proximité de l'hypostase ; s'ils n'ont pas de besoin, c'est qu'ils sont toujours comblés et qu'ils jouissent de l'autarcie grâce à celle qui les a créés avant les éternels indigents recevant éternellement la plénitude réparatrice.

20. Tous les êtres sont donc, comme je l'ai dit, en relation avec la providence selon leur rang, même ceux qui sont soumis au devenir et n'ont pas une existence éternelle, les uns procédant d'elle directement et existant éternellement, les autres tenant des êtres éternels leur

1. Voir *Notes complémentaires*, p. 141.

concurrente, necesse et minorum esse providentiam: non enim possunt quidem, non volunt autem quecumque possunt, et bonis qui apud nos quecumque possunt tot velle creditis, neque sine voluntate virtute in illis neque impotente voluntate locum habente; hoc quidem enim appetitum facit vanum, hoc autem virtutem imperfectam.

19. *Secundorum autem entem, adhuc maiori modo necesse primorum esse providentiam. Non enim providentie est deterioribus prodesse et illa ornare, meliora autem sinere expertia se ipsa: et enim si nullo sint indigentia, hoc ipsum 'nullo indigere',* dicemus utique, *ab illa habent, que autarkes dat primis entibus. Omnium igitur bonorum causam illam dicentes, sicut et prius dictum est communes nostras conceptiones clamare, necesse et autarkeiam confiteri inde existere quibuscumque insit et propter illam. Sive igitur indigent, ab illa sortiuntur repletione et sortiuntur pre aliis propter vicinantiam ypostaseos; sive non indigent, repleta sunt semper et habent le autarkes propter producentem ipsa talia ante ea que semper quidem indigent, semper autem recipiunt applicabilem repletionem.*

20. *Omnia quidem igitur, ut dixi, cum providentia sunt secundum ipsorum ordinem, et quecumque generantur et sunt non semper, hiis quidem* per se *ab illa* entibus et *semper entibus, hiis autem per semper*

19, 2 esse prouidentiam *V* : prouid- esse *A* || 3 prodesse : προμηθεῖσθαι *v* || 5 indigentia *A* (ἐνδεῇ *Is.*) : intelligentia *V* || 13 habent *V* : hiis *A*.

20, 3 sunt non *V* : non sunt *A*.

naissance ; non pas que la providence ait besoin, pour produire ceux-ci et les parfaire, de faire appel aux êtres qui sont après elle et existent avant eux, mais ce sont eux, ceux qui sont à une grande distance d'elle, qui ont besoin, pour participer à elle, de faire appel à ceux qui sont issus immédiatement de la providence. Et si elle est présente partout et en tous et que le bien n'est pas le même en tous, il ne faut pas s'en étonner ; car la tâche de la très parfaite providence c'est qu'il y ait participation de tous au bien, que cette participation se mesure au mérite des bénéficiaires et que chacun ne prenne que la part qu'il peut assumer : soit que la discrimination se fasse en fonction de l'être des sujets, comme dans le cas des âmes et des corps (car le bien n'est pas le même chez les uns et les autres puisque l'être non plus n'est pas le même), soit que la conduite seule établisse les mérites d'une vie, comme nous disons que c'est le cas pour les âmes qui, lorsqu'elles agissent de diverses façons, reçoivent toujours aussi du ciel des sorts différents ; et toutes, certes, reçoivent leur lot, mais la distribution est accueillie par les unes avec complaisance, par les autres au prix de difficultés sans lesquelles il ne saurait y avoir, pour elles, de conversion à la providence.

Cette question étant mise au point, passons à autre chose. Nous pouvons, en effet, tenir pour acquis que les êtres particuliers doivent, eux aussi, être l'objet de la plus authentique providence, en considérant ce fait que tous viennent à l'être pour contribuer dans une certaine mesure à la plénitude de l'univers et que rien de ce qui se produit dans cet univers n'est accessoire, même si nous sommes absolument incapables d'embrasser d'un coup d'œil l'ensemble des causes ; le fait aussi que si, dans le cas de certains êtres, il est évident, même pour des pierres, que ce qui leur arrive est dû à

entia habentibus generationem, *non providentia ad ista* producere et *perficere indigente hiis que post ipsam quidem entia, ante illa autem subsistentibus, sed hiis multum distantibus ab ipsa indigentibus ad participandum illa hiis que proxime a providentia producta sunt. Si autem, ubique et in omnibus hac presente, non idem est in omnibus bonum, non oportet mirari : et enim hoc providentie optime opus, omnibus quidem boni metousiam* (id est participationem) *esse, mensurari autem suscipientium dignitate huius participationem et tantum unumquodque capere quantum potest recipere, sive substantia differentiam faciente, ut animabus et corporibus — non enim idem utrorumque bonum, quia et esse non idem —, sive operatione sola* vitalem dignitatem constituente, *tanquam animas aliter operantes* aliis et aliis semper sortiri inde dicimus ; et utique sortiri quidem omnes, esse autem *hiis quidem facile patientibus* sortitionem, *hiis autem cum difficultate, quibus non erat sine hac converti ad illam.*

Hoc quidem igitur sic determinantes transferimur. Et enim quod particularium etiam oporteat verissimam esse providentiam sumemus aspicientes et ad hoc, quod hec omnia fiunt facientia aliquid toti et nichil superadventitium omnium eorum que in ipso fiunt, quamvis nos causas non ubique possimus conspicere; et ad hoc quod, in quibusdam, etiam lapidibus est palam ex providentia esse que fiunt;

20, 15 tantum *A* : debitum *V* || 19 uitalem *Boese* : in talem *AV* talem *Westerink* || 21 inde *A* : idem *V* || 25 transferimur *V* : -runtur *A* || 28 hoc *A* : hec *V*.

la providence, il serait ridicule qu'il en soit ainsi pour certains et non pour les autres alors que tous existent pareillement.

Mais en voilà assez sur ce point.

IV

21. Reprenant, pour ainsi dire, haleine[1] au sortir de cet exposé, examinons maintenant à partir d'autres prémisses[2], comme un quatrième problème, la question de savoir comment nous expliquons les participations aux dieux, question qu'ont souvent cherché à élucider, à propos des idées, ceux qui font des idées le thème favori de leurs spéculations. Ou bien, en effet, aux dieux dont l'action est permanente les êtres de ce monde ne participent pas d'une manière permanente : comment ne pas voir l'absurdité d'une telle proposition? A quoi donc, en effet, s'appliquerait l'action des dieux en l'absence d'un participant[3]? Ou bien nous ne leur concédons pas la permanence de l'action, ce qui est plus absurde encore si on doit qualifier d'absurde l'impossible. En effet, tout ce qui existe chez les dieux existe éternellement et avant toute durée, non pas seulement la durée partielle d'ici-bas, mais encore la durée infinie, car le temps, même celui qui est infini, est en-deçà des dieux.

22. Pour nous permettre de procéder, là aussi, à une analyse correcte, introduisons d'abord dans le présent exposé la proposition suivante : toute participation, soit qu'elle concerne les êtres éternels, soit qu'elle concerne les corruptibles, se voit toujours assigner une place intermédiaire entre les participants et les participés ; et comme il importe que toutes les

1. Image déjà utilisée par Platon (*Soph.* 231 c).

2. Cette question a, en effet, déjà été traitée au § 16 (troisième question) sous l'angle de la providence des dieux et des démons à l'égard des indéterminés.

3. Voir *Notes complémentaires*, p. 141.

ridiculum autem esse, hec quidem sic habere, hec autem non, omnibus existentibus similibus. De hiis quidem igitur satis.

IV

21. Velut autem respirantes ab hoc sermone *consideremus quartum* ab alio principio, *qualiter* deorum *participationes fieri dicamus*, quod utique et de ideis querere consueverunt qui idearum speculationem affectant. *Sive* enim *semper diis operantibus que hic non semper participant:* quomodo non *inconveniens? In quid enim operatio, participante non ente? Sive non semper ipsis attribuimus operationem* quam habent, adhuc magis inconveniens, si oportet quod impossibile inconveniens dicere. *Omne enim quodcumque existit diis, semper existit et ante tempus omne; neque igitur in parte temporis solum,* <...> huius *infiniti temporis* omnis : tempus enim et quod infinitum citra deos.

22. *Ut igitur et hec mediocri sortiantur discussione,* ad presentem sermonem inducatur *primo quod omnis participatio, sive eternorum sive corruptibilium existat, sortitur semper medium participantium et participatorum ordinem. Et sicut omnibus convenit*

21, 12-14 neque igitur — temporis omnis : *Procli sententia hic ab interprete uitiata uidetur; re uera pro genitiuis* temporis *(bis) et* omnis *accusatiua ex* ante *depend. exspectes (cf. Is.). Fortasse scribendum:* neque igitur hoc in parte tempus solum sed et infinitum tempus omne.

21, 3 dicamus *A* : dicimus *V* || 7 in quid *A* : inquit *V* || operatio *A* : -rantem *V* || participante *A* : -pantem *V* || 13 *lacunam ind. Boese, cf. supra.*

22, 5 omnibus conuenit *V* : conuenit omnibus *A*.

médiations réalisent la communication entre les extrêmes, il est nécessaire qu'elles la réalisent d'un côté avec le participant, de l'autre avec le participé ; car s'il n'y avait de communication qu'avec l'un des termes, elle ne réunirait pas les deux l'un à l'autre ; mais, étant intermédiaire dans les conditions que nous avons dites, c'est dans les participants qu'elle subsiste, procédant des participés et s'appuyant sur ceux qui sont les réceptacles de leur action, comme il en est de la connaissance dont nous avons dit qu'elle est dans les connaissants et non pas dans les connus ; et en effet, les connaissants n'obtiennent que par rapport aux connus la dignité de participants ; car tout connaissant veut participer au connu. Telle étant donc la place de la participation et étant donné que la providence est participée premièrement par tous les êtres, animés, inanimés, rationnels, irrationnels, éternels, corruptibles, selon la capacité de chacun — car tous sont ses instruments, mais passés de plus ou moins près à sa flamme[1] —, il s'ensuit que cette participation doit non seulement mettre en évidence la cause providentielle dont ils sont issus mais présupposer aussi l'aptitude de celui qui y participe, aptitude qui existe sous un mode intellectif chez les êtres doués d'intelligence, sous un mode rationnel chez les rationnels, sous un mode imaginatif ou sensoriel chez ceux qui vivent selon l'imagination ou la seule sensibilité, sous un mode existentiel et par l'être seulement chez ceux qui ont acquis l'être sans la vie. Et comme tous sont des instruments dont se sert la providence, il faut nécessairement que chacun apporte son concours à la puissance utilisante pour la réalisation de sa tâche particulière, sans dissimuler, dans l'acte, ni

1. Voir *Notes complémentaires*, p. 141-142.

mediationibus communionem ad extrema habere, *et hanc necesse hoc quidem ad participans, hoc autem ad participatum habere : alterius enim ens solum, non utique copularet ambo ad invicem. Media vero ens predicto modo, in participantibus subsistit, procedens quidem ex participatis, firmata autem in suscipientibus illorum operationem, sicut cognitionem* prius diximus *in cognoscentibus esse et non in cognitis ; et enim cognoscentia ad cognita participantium sortiuntur dignitatem : participare enim cognito vult omne cognoscens. Participatione igitur hunc ordinem habente, et providentia prime ab omnibus participata, ab animatis, inanimatis, rationalibus, irrationalibus, eternis, corruptibilibus, secundum ipsorum singulorum virtutem — omnia enim illius organa, hec quidem propinquius producta, hec autem remotius — : necesse metoysiam* (id est postexistentiam vel participationem) *non solum providentie insinuare causam a qua procedunt, sed et participantis ipsa preaccepisse ydoneitatem, rationabiliter quidem in rationabilibus entem, intellectualiter autem in intellectualibus, fantastice autem aut sensibiliter in hiis que secundum fantasiam aut sensum vivunt, essentialiter autem et per esse solum in hiis que sine vita esse obtinent. Omnibus autem entibus organis et omnibus utente providentia, unumquodque necesse tendere ad opus proprium utenti virtuti, neque illius obfuscans propriam existentiam neque sui ipsius*

22, 12 cognitionem *V* : -tione *A* || 17 prouidentia *A* : -tie *V* || 18 animatis *V* : animabus *A* || 21 producta : ἐκπορούμενα *v et Is. cf. gr. app. crit. et adnot. ad gall. transl.* || 26 rationabilibus *V* : -nalibus *A* || in *om. V* || 30 esse obtinent *A* : omne optinent *V* || 32 tendere *A* : respondere *V*.

la réalité propre de cette puissance ni sa nature à lui, mais en faisant apparaître l'unité de l'effet produit par les deux ; ainsi dit-on que la lumière que le soleil diffuse sur la lune s'éloigne d'elle pour aller vers nous ; et qu'en fait cette lumière n'est ici ni chaude et sèche comme celle du soleil ni épaisse et fuligineuse comme celle de la lune mais que, formée du mélange de la puissance du participé et de celle du participant, elle a changé la couleur et modifié l'activité qu'elle avait auparavant ; et on pourrait encore montrer cela par bien d'autres exemples.

23. La providence siégeant donc au-dessus de tous les êtres selon l'union[1] divine elle-même et actualisant une activité unique et appropriée à l'un, tous ceux qui s'approchent d'elle participent à elle pour autant que leur nature les y prédispose ; tel y participe pour l'être seulement, tel autre pour le vivre, tel autre pour le connaître, tel autre enfin y participe pour tout et réalise parfaitement les virtualités de sa nature ; et tel y participe d'une manière permanente grâce à son pouvoir et jouit d'une participation sans défaillance grâce à l'activité infinie de la donatrice, grâce aussi à la constance et à la fermeté de sa propre relation avec elle ; tandis que tel autre n'y participe que par intermittence à cause de l'instabilité de sa nature, intermittence qu'il a communiquée à la participation en raison de sa propre impuissance, afin que la participation tienne de la providence tout son bien et du sujet qui la reçoit son caractère temporaire ; car ce sujet, c'est lui-même qui s'est exclu puisque la providence peut donner et donne continuellement à ceux qui sont capables de recevoir continuellement ce qu'elle donne, de sorte que ce n'est pas à la providence qu'il ajoute l'intermittence, mais à lui seulement qu'il retire la permanence. C'est ainsi que, lorsque le soleil éclaire sans discontinuer un sujet incapable de le regarder continuellement, ce sujet, en ne regardant le soleil que par intermittence, ne rend

1. L'ἕνωσις est la fonction unifiante ou l'activité unificatrice permanente de Dieu.

naturam in operatione, ostendens autem ab ambobus unum quod efficitur; sicut aiunt et sol transmittens ad lunam lumen, cedit quidem ab hac in nos, neque enim quale solare lumen calidum et siccum, neque quale id quod lune grossum et caliginosum alterum, *sed mixtum et ex participati virtute et participantis, et colorem transmutare et operationem quam habebat; et in aliis multis videbis utique hoc.*

23. *Igitur et providentia super omnia entia secundum ipsam divinam unionem locata et operante unam operationem uni convenientem omne accedens participat*, et *ita ut aptum naturam est: hoc quidem ad esse solum, hoc autem ad vivere, hoc autem ad cognoscere, hoc autem ad omnia sortiens illa et perfectum qua aptum natum est; et hoc quidem semper participans propter sui ipsius virtutem et participationem indeficientem habens propter dantis infinitam operationem et propter suam mansivam et firmam ad illud habitudinem, hoc autem quandoque propter non firmam in ipso naturam transortiens et hoc etiam te quandoque participationi dans ex sua debilitate, ut quod quidem bene a providentia habeat, quod autem non semper a suscipiente. Hoc enim erat subextollens se ipsum, providentia semper dare potente et dante quibus est virtus recipiendi semper ab illa ea que dat; quare non illa te quandoque apponit, sed se ipso te semper solum aufert, sicut sole illuminante semper quod non potest semper videre, et quandoque videns*

22, 35 aiunt *A* : autem *V* || 37 enim *A* : autem *V* || 41 aliis *A* : alii *V*.

23, 1 super *A* : supra *V* || omnia entia *A* : entia omnia *V* || 3 accedens *A* : accidens *V* || 7 perfectum *V* : -ta *A* || 16 potente *A* : petente *V*.

pas pour autant la lumière solaire intermittente, mais, en se détournant d'elle, il s'interdit à lui-même de la voir continuellement ; en somme, le soleil, bien qu'il ne soit plus efficient à l'égard de ce sujet incapable de ressentir son action, continue à agir sur ceux qui peuvent saisir sa lumière, mais chez ce sujet il n'y a plus de participation puisqu'il se détourne ; nous voulons dire par là que la participation ne consiste pas dans l'activité elle-même, mais dans la part d'activité qui arrive jusqu'au participant.

24. Puisque la providence agit continuellement, le sujet qui ne participe à elle que par intermittence ne fait donc que réduire sa propre participation sans priver de sa continuité l'activité du participé, car l'activité de la divinité reste éternellement la même[1]. Ainsi, par exemple, en présence d'un certain visage[2], l'être qui se trouve en disposition favorable et se tourne vers lui en est embelli comme si, miroir lisse et clair placé en face de ce visage, il en réfléchissait une certaine image ; mais l'être qui ou bien en reste éloigné par faiblesse ou encore s'en détourne, celui-là amenuise les effets du don céleste, car il est comme rugueux et opaque ; et tel il devient s'il a pris le parti de la matière[3]. Si donc quelqu'un faisait remarquer, à propos des oracles, que tantôt ils participent aux dieux divinateurs, tantôt ils se montrent défaillants, devenus inefficaces et comme momentanément privés de souffle[4], c'est aux oracles eux-mêmes qu'il devrait attribuer la responsabilité de cette inconstance[5], puisque les esprits qui les utilisent ne sont, eux, jamais défaillants et qu'ils agissent en permanence sur ceux qui peuvent participer à eux[6] : et il est de fait que les oracles véridiques sont ceux qu'ont remplis de prémonitions les anges, les démons et les héros, tous êtres sur lesquels répandent leur lumière les dieux et les destinées qui résident éternellement dans l'univers, bien que certaines eaux, certains gouffres de la terre[7] ne soient pas capables d'une parti-

1-7. Voir *Notes complémentaires*, p. 142-143.

non illius lumini le quandoque dat, sed reiectum lumen se ipso semper videre abstulit: illo quidem, quamvis in hoc non agat *propter* huius *ad pati debilitatem*, in potentia capere illustrationem operante, *participatione autem in hoc non ente, cum avertitur;* quam *non ipsam esse operationem, sed quantum ex operatione venit in hoc* dicimus.

24. *Si ergo aliquid, et providentia operante, quandoque participet, solam minorat sui ipsius participationem, non excludens semper illius operationem; operatione autem dei manente semper eadem, velut si facie aliqua stante, quod quidem ydoneum est et conversum ad illam ornatur, ut utique si speculum ex opposito positum faciei suscipiat aliquam ab ipsa emfasim, planum ens et fulgidum; hoc autem aut delonge ens propter debilitatem aut* etiam *aversum attenuat eam que inde dationem, irregulare et tenebrosum existens; fit autem tale materiam assumens.* Sive igitur dicat quis khristeria quandoque quidem divinativis participasse diis, quandoque autem deficere, inefficacia facta et velut apnoa (id est sine spiritu) secundum quoddam tempus, in hec reducendum causas irregularitatis, indeficientibus spiritibus utentibus et operantibus in potentia participare ipsis semper : nam veracia khristeria preapparentibus complent angelique et demones et heroes, in quos illustrant dii et semper entes in universo sortes, quamvis aque alique et hyatus terre non semper participare illis possint

23, 21 lumini *Cousin* : lumine *AV* || 23 *hoc A* : hec *V*

24, 1 *post* aliquid *exspectes* semper *pro* et ; *apud Is.* καὶ *in* ἀεί *recte ut opinor mutauit Boese* || 2 participet *A* : -pat *V* || 9 aut *V* : hoc *A* || 12 khristeria : χρηστήρια *v* || 16 hec *A* : hoc *V*.

cipation continuelle vu l'instabilité de leur nature. Si, d'autre part, les puissances que les pratiques rituelles font parfois pénétrer dans les images divines qu'elles rendent vivantes et qu'elles remplissent d'un souffle divin[1] sont, par moments, déficientes, il convient, à mon sens, de rapporter la responsabilité de cette défaillance aux sujets récepteurs et non à une variation quelconque de l'énergie des dieux animateurs. Nous n'oserions pas non plus dire que la cause d'une éclipse de lune c'est le soleil, mais bien le fait que la lune rencontre la zone d'ombre ; et, d'une manière générale, il n'y a aucune raison de faire supporter à la providence la responsabilité de l'intermittence de ses bénéficiaires intermittents, mais il faut se montrer convaincu que cette intermittence a sa cause dans les sujets chez lesquels est intervenue la participation et non dans l'entité par laquelle il y a participation aussi bien pour eux que pour ceux qui participent en permanence.

25. Entre, d'un côté la providence qui, en vertu de son activité à la fois unitaire et infinie, est présente à tous les êtres, et de l'autre ceux qui participent à elle à des moments et sous des modes différents parce que leur diversité est sans bornes, je suis persuadé, quant à moi, qu'il existe certaines créatures chargées de faire la liaison[2] et qui réalisent la jonction de son unité et de leur multiplicité, de sa fixité et de leur instabilité ; c'est grâce à ces créatures, dont certaines sont plus proches de la providence, comme par exemple certains anges, d'autres plus proches des êtres d'ici-bas, comme ceux qu'on nomme les héros, d'autres enfin remplissant l'espace moyen de la chaîne qui relie les extrêmes et qui va du premier participé au dernier participant, comme ceux qui ont reçu la juste appellation de démons, c'est donc grâce à elles que s'établit le contact[3] entre les êtres instables et la forme de la providence qui persévère éternellement dans son être, entre ceux qui sont multi-

1. Voir l'importante note de Taylor dans *Two Treatises of Proclus*, p. 34 note b.

2-3. Voir *Notes complémentaires*, p. 143.

propter sui ipsorum instabilem naturam. Sive rituum virtutes agalmata (id est ymagines) introeuntes quandoque et viventia facientes et replentes divina aspiratione deficiunt in quibusdam periodis, et horum defectum estimo remittere convenit ad suscipientia et non ad variationem operationis deorum inspirantium ipsa. *Neque enim lune deficientis solem causare audemus, sed incidentiam ipsius in conum; neque totaliter eorum que quandoque providentur le quandoque providentie attribuendum, sed estimandum in hiis ipsis causam habere in quibus participatio erat, sed non in illo a quo et hiis participatio et semper participantibus.*

25. *Providentia autem secundum unialem sui ipsius operationem simul et infinitam* omnibus *presente, et hiis que alias aliter ipsa participant varietatem incomprehensibilem habentibus, esse quosdam, utrorumque colligationes, coaptantes le unum illius et horum multitudinem, et le mansivum illius et horum instabilitatem, et ipse credo;* per quos — *horum quidem propinquius providentie entium,* puta angelorum aliquorum, horum autem propinquius hiis <que hic> sicut vocatorum heroum, horum autem *ipsam mediationem complentium colligationis extremorum ad prime participatum et ad ultime participans* sicut proprie nominatorum demonum — *coaptatio fit instabiliumque ad manentem semper providentie speciem et multiplicatorum ad unum*

24, 26 aspiratione *V* : conspi- *A* || 27 et *A* : in *V* || 31 totaliter *A* : realiter *V*.

25, 4-5 quosdam *ego* : quasdam *AV* || 7 quos *ego* : quas *AV* || 8 puta *A* : pura *V* || 10 que hic *add. Boese ad priorem locum (15, 8) respiciens* || uocatorum *A* : uocarem *V*.

tude et le principe à la fois un et infini[1]. Et tantôt la lumière émane de ces créatures pour atteindre les suivantes, tantôt elle passe par elles ; il y a, en effet, une grande différence entre une illumination émanant des races supérieures et une illumination opérant par l'intermédiaire des races supérieures[2], cette dernière aboutissant à une transmutation des lumières : dans un cas, les sujets éclairés, en raison de l'infériorité de leur aptitude, participent de justesse aux êtres occupant un rang immédiatement supérieur au leur ; dans l'autre, grâce à l'intensité de leur effort, les sujets s'élèvent jusqu'à la participation aux êtres plus haut placés ; chez eux, l'illumination venue de leurs voisins immédiats tient lieu en quelque sorte de matière[3] pour recevoir le don qui vient d'en-haut ; c'est comme si un homme pouvait participer à la seule géométrie tandis qu'un autre pourrait participer et à la géométrie et à une spéculation d'un niveau plus élevé sans pour autant être en mesure, pour accéder à cette dernière, de se passer de la géométrie qui lui permet de se familiariser avec la nature incorporelle ; alors que le premier, se plaisant à méditer sur les matières dont traite la géométrie, n'aurait pas les capacités nécessaires pour hausser la vision de son âme[4] jusqu'aux réalités qu'aperçoit l'intelligence ; là encore, il est évident que pour l'un de ces hommes la connaissance parfaite s'obtient par la géométrie et que son ascension s'arrête à elle, tandis que pour l'autre la géométrie est une étape avant d'aller vers une connaissance supérieure. Si donc il en est ainsi, chez les êtres supérieurs à nous, aussi, autre chose est le fait d'être illuminé par l'intermédiaire des races qui viennent après les dieux, autre chose le fait de l'être par ces races elles-mêmes[5] ; dans le second cas c'est aux suivants, dans le premier aux chefs de file qu'il faut faire remonter la cause ; sauf que, même si les lumières, ou plutôt certaines lumières, émanent des suivants, elles procèdent elles aussi, sous un autre mode, de la providence, puisque c'est auprès d'elle

1-5. Voir *Notes complémentaires*, p. 143.

simul et infinitum. Et quandoque quidem ab hiis illustrationes sunt in ea que post ipsos, quandoque autem per hos; multum enim differt aliquod meliorum generum illustrare aut per meliora genera, quod et illustrationes facit transmutari : *hiis quidem propter inferioritatem eius que in ipsis ydoneitatis vix participantibus hiis que supra ipsa proxime ordinata sunt, hiis autem propter eminentiam sursum tendentibus ad participationes superiorum, in quibus que a proximis illustratio quasi materie obtinet rationem ad eam que desuper donationem;* sicut si quis posset geometria sola participare, alter autem et hac et superiori theoria, non tamen sine geometria neque ipse ad illam sursumduci posset, assuefactionem ad incorpoream naturam sumens ab ipsa, alius autem diligens meditari in hiis que geometria dicit, sed oculum anime sursum tendere in ea que intellectus aspicit non sufficiens existens ; palam enim rursum quod et hiis, huic quidem a geometria perfectio et usque ad hanc ascensus, huic autem per geometriam et in ea que ante hanc transitio. *Si igitur sic, et in melioribus nobis aliud quidem est per genera que post deos illustrari, aliud autem ab ipsis* [*diis*] *et hoc quidem in sequentes, illud autem in presides refert causam; nisi quod, et si ab hiis illustrationes sint, magis autem quedam illustrationes, modo altero a providentia sunt et hee, a qua et hiis est virtus*

25, 39 autem *A* : aut *V* || ipsis *V* : hiis *A* || diis *seclusi,* ipsis *ad* genera *referens* (τὸ ἀπ' αὐτῶν [γενῶν] *Is.*) || 41 hiis *V* : illis *A.*

qu'eux aussi ont trouvé le pouvoir d'en éclairer d'autres. Et en effet, c'est d'elle que ces êtres tirent leur pouvoir providentiel, imitant, en fonction de leur rang, sa bonté spécifique ; puisqu'il est nécessaire aussi, comme on l'a souvent rappelé, que certains sujets participent directement aux êtres premiers, les autres par des intermédiaires : et que ceux qui passent par des intermédiaires le fassent soit comme si ces médiateurs étaient pour eux les auteurs des biens qu'ils leur procurent soit comme s'ils devaient remonter, pour ces biens qui leur ont été donnés, jusqu'à ceux dont les donateurs tiennent leur pouvoir et jusqu'aux suivants dans l'ordre ascendant.

Telles sont, à mon sens, les réponses à donner à cette question ; nous pourrons ainsi élever les esprits les mieux doués jusqu'à une conception parfaite de la providence.

V

26. Après quoi, si vous voulez, examinons une autre question, la cinquième, question qui, en vérité, jette le trouble en maints esprits : pourquoi donc, étant donné l'existence de la providence, le mal trouve-t-il totalement place parmi les êtres ? Ce qui a conduit bien des gens soit, parce qu'ils ont admis le mal à cause de son évidence, à contester l'idée que la providence s'étende à toutes choses, soit, parce qu'ils reconnaissent que la providence englobe toutes choses dans son ordre, à exclure le mal et à soutenir que toutes les choses ne peuvent être que bonnes[1], même si certains s'obstinent à qualifier de mauvais les biens qui sont les plus éloignés des êtres premiers ; car n'est pas mal ce qui est moins bien.

27. Si donc nous sommes nous aussi d'accord avec ces derniers, il est parfaitement inutile que nous entreprenions des recherches sur le sujet que nous nous proposions d'examiner ; car, comme nous l'avons dit, il n'existerait alors rien qui soit mal et qui puisse entraver l'action de la providence. Mais si nous affir-

1. Voir *Notes complémentaires*, p. 144.

illustrandi in alia. Et enim hiis le providere ab illa, imitantibus illius boniformitatem secundum ipsorum ordinem, quoniam et hec quidem immediate participare, hec autem per media necesse primis, sicut memoratum est sepe; et per media aut tanquam a facientibus ea *que inde habent*, aut tanquam *per que habent ad illa a quibus habent virtutes et que deinceps sursumducentia.*

Talia michi et ad hanc questionem responsa sint. Bene aptos remittere possumus ad perfectam providentie speculationem.

V

26. *Post hoc autem quintum*, si videtur, *consideremus* aliud — et enim hoc multorum turbat fantasias — : *cur utique malum totaliter habet intra entia locum, providentia ente? Quod et multos persuasit, aut malum propter evidentiam suscipientes ad per omnia pertingentem providentiam contradicere, aut confitentes providentiam omnia ornare malum excludere et omnia solummodo bona dicere, quamvis bona remotissima a primis quidam nominare velint mala: non enim esse aliquid malum, quod [non] est minus bonum.*

27. *Si quidem igitur et nos hiis consentiamus, nichil adhuc oportet querere quod considerare proponebamus: nichil enim erit malum quod utique providentiam molestabit, sicut diximus. Si autem*

25, 44 hiis le *V* : le hiis *A* || 46 hec *V* : hee *A*.
26, 10 non *seclusi (cf.* ὅπερ ἐστίν *Is.)*

mons qu'il existe une chose, quel que soit son mode d'existence, qui soit un mal[1], il faut absolument expliquer d'où elle vient. Est-ce de la providence? Ce serait absurde puisque c'est par elle qu'existe tout ce qui est bien ; est-ce d'une autre cause? Si cette cause est de celles qui procèdent de la providence, le raisonnement risque de nouveau de faire remonter la cause jusqu'à elle, car ce qui vient de causes procédant d'elle procède d'elle aussi ; s'il s'agit d'une cause qui n'a absolument rien de commun avec elle, nous créerons deux principes, l'un du bien, l'autre du mal ; et alors nous ne pourrons plus conserver à la providence sa sérénité puisqu'elle aura en face d'elle un élément qui lui sera contraire.

Considérant donc l'existence du mal comme une donnée, voyons comment il peut exister sans perturber le règne de la providence. Et, puisqu'il est double, puisqu'il y a un mal des corps contraire à la nature, un mal des âmes contraire à la raison et qu'ils ne sont ni dans tous les corps ni dans la totalité des âmes, recherchons d'abord comment le mal contraire à la nature existe, et dans quels corps, conformément au plan de la providence.

28. Que ce qui est contraire à la nature n'existe que dans les seuls corps corruptibles, voilà qui est évident, car ce qui exclut le contre-nature est éternel, s'il est vrai que le contre-nature est la voie qui conduit au non-être. Mais tout ce qui est sujet à la corruption a place parmi les êtres, ne serait-ce, entre autres raisons, que pour celle que donne le Timée[2] : afin que l'univers ne soit pas imparfait et que, dans la totalité des êtres, les premiers ne soient pas les derniers. Les premiers, en effet, ce sont les éternels, liés congénitalement à leur cause. Si donc le mal existe pour qu'existe le

1. L'existence phénoménale du mal est tenue par Proclus, comme à l'alinéa suivant, pour une donnée, une vérité qui a été démontrée et qu'il n'y a plus lieu de contester ; ce qui prépare l'entrée en scène de la parhypostase au § 30 et les développements sur le problème du mal qui constituent la substance du troisième opuscule.

2. *Timée* 41 b 7-8.

aliquid et qualitercumque esse dicimus malum, unde venit hoc omnino oportet explicare. *Et enim, sive a providentia, inconveniens, a qua omne quod bonum; sive ab alia causa, si quidem earum que ab ipsa, periclitatur rursum sermo ad ipsam referre causam: que enim ex hiis que ab ipsa, et ab ipsa; si autem ex non communicante totaliter ipsi, duo faciemus principia, aliud quidem bonorum, aliud autem malorum, et neque providentiam innegotiosam servabimus, habentem aliquid contrarium.*

Dantes igitur esse malum, qualiter est consideremus non molestans providentie regnum. Et primo — quoniam duplex hoc, et hoc quidem in corporibus et preter naturam, hoc autem in animabus et preter rationem, et neque *in corporibus* omnibus neque in animabus totis —, *qualiter subsistit quod preter naturam consideremus* et in quibus corporibus *secundum providentie rationem.*

28. Quod quidem igitur hoc quod preter naturam est in solis corruptibilibus corporibus, palam (quod enim non susceptibile eius quod preter naturam, eternum), siquidem via ad non esse quod preter naturam. Omne autem quod corrumpitur habet inter entia locum ; ergo propter aliam causam, aut propter hanc quam Timeus dixit : ut non imperfectum sit omne neque ultima sint totorum que prima ? Prima enim que eterna et congenea cause. Si igitur est malum ut corruptibile sit, hoc autem

28, 9-16 = *Pselli de omn. doctr. 96, 8-12*

27, 9 periclitatur *V* : -tantur *A* || 10-11 ex non *A* : non ex *V* || 11 communicante *V* : et uincente *A* || ipsi *A* (αὐτῇ *Is.*) : ipsa *V* || 17 *alt.* et *om.* *V* || 21 quibus *om.* *A*.
28, 6 inter *A* : intra *V*.

corruptible, et cela pour que n'existe pas seulement l'éternel, cela encore pour que l'univers soit parfait, et si cela est, enfin, en raison de l'action de la providence sur le monde, il est démontré de la façon la plus évidente que c'est grâce à la providence que le mal existe, pour qu'il y ait une providence agissant parfaitement et rendant manifeste le parfait achèvement du monde. C'est pourquoi ce mal, lui aussi, a pour fin le bien, s'il est vrai que, introduit lui aussi parmi les êtres en vue du bien, il apporte sa contribution au Tout. Et en effet toute corruption n'existe qu'en vue de la génération d'autre chose et tout ce qui est contraire à la nature pour que vienne à l'être quelque chose de conforme à la nature, mais non l'inverse.

29. On ne peut donc dire qu'une chose qui existe en vue du bien soit entièrement mauvaise ni qu'elle ne comporte aucune trace de bien ; mais si elle est un mal pour l'un, à savoir pour ce qui subit la corruption, elle est un bien pour un autre, pour ce qui naît de la corruption du précédent ; ce qui fait que pour le Tout aussi elle est un bien[1] ; elle est un bien pour lui et en tant que cause de corruption et en tant que cause de génération d'un autre ; il faut, en effet, qu'il y ait génération et corruption ; le Tout a besoin des deux pour être ce qu'on n'a cessé de désigner comme le tout ; et si l'agent corrupteur agit selon la nature alors que le patient pâtit contrairement à la nature, peut-être le patient aussi pâtit-il selon la nature : car il était conforme à sa nature de pâtir, étant contraire, d'un contraire. Dès lors, une conclusion évidente s'impose : grâce à l'excellence de la providence veillant sur l'univers, le contraire à la nature vient lui aussi prendre place parmi les êtres et, loin d'être simplement contraire à la nature, il est plus encore conforme à la nature que contraire à la nature ; car c'est une chose conforme à la nature que le corruptible soit corrompu et que le corrupteur corrompe. Et s'il y a des contraires, il faut

1. Cf. *Enn*, 3, 2, 17, 84 : τὸ παρὰ φύσιν τῷ παντὶ κατὰ φύσιν.

ut non solum sit quod eternum, hoc autem ut perfectum sit omne, hoc autem propter eam que circa mundum providentiam : manifestissime utique ostenditur propter providentiam esse malum, ut perfecte sit providentia, perfectum declarans mundum. Quare et malo huic finis bonum, siquidem propter bonum et hoc interiectum inter entia facit ad universum. Et enim omnis corruptio propter generationem alterius est, et omne quod preter naturam, ut aliquid fiat eorum que secundum naturam, sed non e contrario.

29. *Non ergo omniquaque malum est quod boni gratia est neque impermixtum ad bonum, sed malum alicui ens, scilicet ei quod corrumpitur, alicui est bonum, ei quod propter illius corruptionem fit;* propter quod et omni bonum : huic quidem igitur et ut corruptionis causa et ut generationis alterius — oportet enim esse et generationem et corruptionem et indiget ambabus omne, ut hoc utique multotiens dictum sit omne ; et si corrumpens quidem agit secundum naturam, patiens autem patitur preter naturam, forte autem et hoc patitur secundum naturam : erat enim ipsi secundum naturam contrario enti pati a contrario. Per que iam *evidens nobis factum est, quod utique propter providentiam optimam* universi *et inter entia devenit quod preter naturam*, et non simpliciter est preter naturam, sed magis secundum naturam quam preter naturam : nam corruptibili corrumpi secundum naturam et corruptivo corrumpere. Si autem

28, 14 utique ostenditur *V* : ostend- utique *A* || 18 inter *A* : intra *V*.

29, 3 scilicet *A* : si *V* || 15 inter *A* : intra *V*.

qu'il y ait un corruptible et un corrupteur ; et s'il doit y avoir génération, il y aura toujours aussi des contraires puisque la génération naît des contraires[1]. Si donc la génération est conforme à la providence et si ce qui la précède est aussi conforme à la providence, le contraire à la nature également, en tant qu'élément antithétique pour les générations qui naissent de l'alternance des termes, est l'instrument de la cause des générations, car ce qu'il est constitue le complément du conforme à la nature. Mais comme ceci n'a pas besoin d'une longue explication, restons-en là.

30. Passant maintenant au problème du mal contraire à la raison, au mal des âmes, essayons de comprendre comment ce mal est, lui aussi, conforme à la providence. N'est-ce donc pas, ici aussi, la conjonction de certains contraires, je veux dire de l'âme immortelle et de la mortelle, qui donne une place au contraire-à-la-raison? Car c'est bien lorsque l'élément mortel en nous l'emporte sur le divin que se produit la génération du mal en nous, par exemple le triomphe de la colère ou du désir ; pour ces passions, en effet, l'état passionnel qu'elles subissent est conforme à la nature, c'est-à-dire pour l'une de s'irriter, pour l'autre de désirer ; car chacune ne fait là que subir ce pour quoi elle est faite. Mais, d'autre part, en raison de l'hétérogénéité du divin et des passions mortelles quant à l'essence, ce qui est conforme à la nature chez les êtres doués d'une telle nature irrationnelle est contraire à la nature pour le divin[2]. Puisque c'est la raison qui est, en nous, l'élément auquel on donne le nom de divin, on appelle « contraire à la raison » au lieu de « contraire à la nature » la

1. Le thème de l'interdépendance et de l'exclusion des contraires et de leur mutuelle génération auquel se rattache celui de la palingénésie est si ancien et a connu une telle fortune qu'il est bien difficile d'en situer l'origine. Chez Proclus, il apparaît comme l'armature de sa métaphysique, aussi bien dans les triades que dans les oppositions affirmation-négation, un-multiple, bien-mal. Voir aussi *Hermès Trismégiste* I, § 10 : ἐξ ἀντιθέσεως γὰρ καὶ ἐναντιότητος δεῖ τὰ πάντα συνεστάναι.

2. Cf. *in Remp.* 2, 90, 26-28 ; 91, 11-14.

sunt contraria, oportet hoc quidem esse corruptibile, hoc autem corruptivum ; si autem erit generatio, semper et contraria esse : ex contrariis enim generatio. Si igitur secundum providentiam generatio et que ante hec secundum providentiam, et quod preter naturam, secus-subsistens hiis que ex invicem generationibus, organum est cause generationum cum hoc quod est complementum eius quod secundum naturam. *Sed hoc quidem non multo aliquo sermone indigens habeat finem.*

30. *Transeuntes autem ad id quod preter rationem et in animabus malum, qualiter et hoc secundum providentiam intelligemus? Igitur contrariorum quidem quorundam et hic conventus*, immortalis dico anime et mortalis, *ei quod preter rationem dat locum?* Quando enim prevaluerit ei quod in nobis divinum quod mortale, *tunc malitie est eius que in nobis generatio*, puta furore obtinente aut concupiscentia. *Et hiis quidem ipsis pati que patiuntur secundum naturam, huic quidem irasci, huic autem concupiscere: quod enim utrumque eorum natum est pati, hoc et patitur; propter extraneitatem* autem *secundum substantiam* divini ad mortales passiones, quod in hiis que talem sortiuntur naturam irrationalem secundum naturam, illi fit preter naturam. Quoniam ratio erat quod in nobis divinum nomen habuit, hoc preter rationem pro eo quod preter

29, 22 semper *pro* oportet *ab interprete mend. posit. uidetur qui, ut notauit Boese,* ἀεί *pro* δεῖ *legit.* || 24 hec *AV* : hanc *recte quamuis dubitanter coniecisse uid. Boese* || 25 secus *om. A*

30, 6 preualuerit *V* : -luit *A* || 11 eorum *A* : horum *V* || 14 quod *Boese* : et *AV* || talem *ego* : talia *AV* || 17 hoc *A* : hic *V*.

prédominance de l'élément mortel ; de même, lorsque c'est la raison qui l'emporte, c'est l'existence du bien qui s'affirme dans les âmes et le nom qui convient alors à ce bien est « conforme à la raison » au lieu de « conforme à la nature ». Cependant chacun de ces deux éléments est animé du désir d'agir selon sa nature, de vivre l'un passionnellement, l'autre impassiblement, et l'un rationnellement, l'autre irrationnellement ; et, dans le mélange des deux et dans leur mutuelle relation, l'élément mauvais assume une existence qui n'est pas, même ici-bas, principale et qu'on appelle, à juste titre, parhypostase[1] ; dans ces conditions, il est évident pour tout le monde que ce qu'on appelle « contraire à la raison » et « non contraire à l'irrationnel » est non seulement mauvais mais aussi non mauvais : car pour celui pour lequel il est contraire à la raison, il est mauvais, mais pour celui pour lequel il est conforme à la nature[2], il n'est pas mauvais. Il est évident que là où la raison n'existe pas, aucun être n'est mauvais, comme c'est le cas chez les bêtes brutes. Et de ce que, pour la passion, l'état passionnel est naturel, il ne s'ensuit pas que sa domination par la raison soit contraire à la nature ; car ce dernier état est encore plus conforme à la nature que celui qui lui appartient de par sa nature propre. En effet, lorsque, de deux choses opposées, l'une est meilleure, l'autre plus mauvaise, la plus mauvaise, même si c'est en faisant ce pour quoi elle est faite qu'elle subit son état, opère, en se soumettant à la meilleure, un déplacement vers la partie supérieure de sa nature. C'est aussi ce qui se passe pour la raison : en agissant comme raison, elle repousse le

1. La παρυπόστασις sera définie dans la troisième Étude, en un sens différent de celui que lui donne Porphyre, comme opposition et relation, c'est-à-dire comme une contre existence féconde, s'agissant du mal, puisqu'elle implique l'existence du corruptible, élément de toute génération, mais comme existence secondaire et non principale puisqu'elle n'existe qu'en tant que contraire.

2. Voir *Notes complémentaires*, p. 144.

naturam nominari, *sicut etiam et ratione movente bonique ypostasim in animabus et nomen bono quod secundum rationem pro eo quod secundum naturam. Utroque attamen propter desiderium eius quod secundum naturam agere volente, hoc quidem passionaliter vivere, hoc autem impassionaliter, et hoc quidem rationabiliter, hoc autem irrationabiliter, in mixtura autem amborum et ea que ad invicem habitudine malo parypostasim* (id est secus-subsistentiam) *non principalem neque hic appellatam autem merito sumente, omni utique palam quod dictum preter rationem — non preter irrationale — non malum est solum, sed et non malum : cui quidem est preter rationem malum, cui autem secundum naturam non malum. Palam autem, ubi ratio non est, nichil talium malum, velut in brutis animalibus. Et non, quoniam passioni pati secundum naturam, ratione vinci preter naturam : et enim hoc secundum naturam maiori modo eo quod inest sibi a sua natura. Ubi enim hoc quidem melius est, hoc autem deterius oppositorum, deterius, quamvis operans ut natum est que sui ipsius patiatur, meliori serviens transfertur ad id quod supra ipsius naturam. Quoniam et ratio operans ut ratio expellit quod in nobis* divinum *ratione melius, quamvis operationis*

30, 26-28 malo — sumente : *male, ut uid, intellexit G Procli sententiam quae, si Isaacium sequimur, sic legenda est:* malo <hypostasim> non principalem neque hic, appellatam autem parhypostasim merito, sumente.

30, 18 mouente *improp. pro* νικήσαντος *(cf. Is.); fort.* preualente ? *cf. infra l. 44* preualente — illo || 24 rationabiliter *A* : -naliter *V* || irrationabiliter *A* : -naliter *V* || 32 palam autem. Ubi enim *V* : palam. ubi autem *A* || 33 animalibus *V* : animabus *A*.

divin qui est en nous et qui est meilleur qu'elle ; en quoi elle ne fait, certes, qu'actualiser la forme d'activité qui lui appartient par nature ; si, pourtant, le divin l'emporte, la raison voit sa part de bien accrue ; car chaque être a le bien correspondant à ce qu'il est, mais tout accroissement de bien lui vient de meilleur que lui ; c'est ainsi que l'intelligence acquiert le don d'agir divinement, l'âme celui d'agir intellectivement, le corps celui d'agir spontanément ; et donc l'irrationnel en tant que tel se meut selon la nature lorsqu'il s'irrite et convoite, et cela d'autant plus qu'il fait plus l'un et l'autre : car chez tout être le naturel suscite des mouvements naturels ; mais, en tant qu'il coexiste avec le divin en nous, qu'il l'empêche de faire son œuvre, qu'il a la possibilité, par lui, de participer à un bien autre et plus grand que le sien dont il se prive aussi longtemps qu'il ne veut être mû que par le mouvement de sa nature[1], cet irrationnel donne à ce qu'on appelle le mal contraire à la raison un accès aux âmes particulières[2].

31. Si ce que nous avons dit est vrai, ceux qui estiment que tous ces faits ne sont pas conformes à la providence sont nécessairement amenés à mettre en cause soit la descente de l'âme divine dans le devenir soit la présence de l'âme mortelle dans le corps[3]. Si l'on tient, en effet, pour acquis que ces deux faits se produisent conformément à la providence, on est absolument obligé d'élever la naissance du contraire à la raison au rang d'un bien digne en tout point de cette providence dont l'influence pénètre le monde. C'est de toute évidence un bien que la descente de l'âme seconde

1. Il ne saurait s'agir ici de l'αὐτοκίνησις, c.-à-d. du mouvement dérivant de l'autonomie de la volonté, mais du mouvement instinctif propre à l'irrationnel. Isaac dit, peut-être plus justement : « jusqu'au moment où il consent à ce que son mouvement propre soit mû », c.-à-d. jusqu'au moment où il accepte que ses mouvements irréfléchis soient contrôlés par un élément moteur supérieur.

2-3. Voir *Notes complémentaires*, p. 144-145.

speciem ipsi secundum naturam existentem agat; prevalente attamen illo, maiori modo ratio habet bonum — unumquodque enim entium hoc quidem <habet> coniugum sibi bonum, hoc autem maius a meliori, sicut intellectus divine operari, sicut anima intellectualiter, sicut corpus autokinetos (id est per se mobiliter) — : *igitur et quod irrationale, ut quidem tale ens et irascens et concupiscens, movetur secundum naturam et tanto magis quanto magis utrumque: omni enim eum qui secundum naturam motum intendit quod secundum naturam; ut autem ei quod in nobis* divino *coexistens et impediens illud ad agendum que ipsius et potens participare ab illo alio maiori bono, quo privatur quamdiu vult sui ipsius motu moveri, dicto preter rationem malo eum qui in partiales animas dat ingressum.*

31. *Si autem hec vera dicimus, necesse opinantes non secundum providentiam esse ista* aut divine anime eum qui in generationem descensum accusare, aut mortalis eum qui in generationem <...>. *Ambo enim dantes fieri secundum providentiam, omnino necesse et generationem eius quod preter rationem in bonum remittere condignum penetranti in mundum providentie.* Sed quod quidem bonum et usque ad ultimam mundi partem descendere alteram animam palam, ut et hic perfec-

31, 4 *post* generationem *unum uerbum deesse censuit Boese; ego uero* eum qui in generationem *per errorem iteratum esse aestimo e superiore linea; leg. igitur* eam que in corpore subsistentiam, *cf. adnot. ad gall. transl.*

30, 43 ipsi *A* : ipsa *V* || 46 habet *addidi* (ἔχει *Is.*) || 52 enim eum *A* : eius *V* || 54 coexistens *V* : -tentes *A*.
31, 8 penetranti *A* : petenti *V*.

jusqu'à l'ultime partie du monde, si l'on veut que, même ici-bas, l'univers soit parfait[1], qu'il ne soit pas seulement rempli de vivants doués de raison et immortels, puis, à leur tour, de vivants dénués de raison et mortels, mais aussi, situés entre eux, de vivants à la fois doués de raison et mortels (ajoutons : d'autres encore, immortels et dénués de raison, car il existe une race de ce genre dans l'univers[2] ; si, en effet, de tels êtres lui faisaient défaut, il serait, à n'en pas douter, imparfait.) Que, par ailleurs, si l'âme divine accède au devenir, il fallait qu'avant elle une âme mortelle fût présente dans les corps et que ce ne fût pas la divine qui habitât ces organes faits de chair et d'os et entièrement terrestres, voilà qui est évident pour tout un chacun. Comment, en effet, le corps, dénué de vie et fait du mélange de multiples éléments, pourrait-il par lui-même participer à l'âme incorporelle et immortelle? Et comment, en outre, cette âme, une fois plongée dans les épaisseurs de la matière, pourrait-elle, en vérité, ne pas aveugler sa propre raison en éprouvant elle-même tout ce qu'éprouve l'âme mortelle, en ressentant les impressions du corps (ce qui est le propre de la sensation), en retenant les images de ces impressions (ce qui est le propre de l'imagination), en convoitant ce qui satisfait le corps (ce qui est le propre de la concupiscence), en voulant enfin se défendre contre ce qui nuit à l'animal mortel (ce qui est le propre de la colère)[3]. Ayant, en effet, à l'égard de toutes ces affections un comportement non pas d'agent mais plutôt de patient, c'est elle qui maintenant corromprait le corps et sa descente en lui s'avérerait vaine puisqu'elle apporterait à ceux qui la recevrait non plus l'assistance mais la corruption. Il n'est

1. Le thème de la descente de l'âme dans la génésis s'inscrivant dans le cadre de la perfection de l'univers est amplement traité dans le *Commentaire sur le Timée*, ch. III. Voir à ce sujet, dans la traduction annotée qu'en a donnée le P. Festugière, la huitième section du livre V, « *Troubles de l'âme du fait de l'incorporation* » et *in Alc.* 63, 2-4. Voir aussi *Enn.* 4, 3.

2. Cf. *in Tim.* 3, 157, 27 sqq.

3. Cf. *Timée* 70 b-d, *Rép.* IV, 440 b.

tum sit omne, et non solum sit rationalibus animalibus et immortalibus et iterum irrationalibus et mortalibus plenum, sed et intermediis horum rationalibus simul et mortalibus ; apponatur autem quod et immortalibus et irrationalibus aliis : est enim aliquid etiam tale in hoc omni, et enim deficiens hiis imperfectum utique vere esset. Quod autem, divina in generationem accedente, oportebat mortalem ante hanc adesse corporibus et non hanc ipsam inhabitare in carneis hiis et osseis et totaliter terrenis organis, omni utique manifestum. Quomodo enim utique non vivens et multe mixture corpus participaret per se anima incorporea et immortali ? Quomodo etiam non in veritate immersa materialibus molibus sui ipsius excecaret rationem, ipsa omnia patiens que mortalis anime ? sentiens quidem eas que circa corpus passiones que sensus, figuras autem detinens passionum que fantasie, concupiscens autem opportuna corpori que concupiscentie, refellere autem volens ledentia mortale animal que ire. *Nichil enim horum operans, magis autem patiens, corrumperet utique mox magis corpus, et frustra utique* descensus esset, *non iam* adiutis ab ipsa suscipientibus ipsam, sed

31, 14-15 apponatur — aliis : *uerba* immortalibus et irrationalibus *interpretis aut scribae errori deberi statuit Boese pro* immortale et irrationale ; *textum autem pro sano habeo cum* quod *ut* ὅτι *intellegere expediat; leg.* : apponatur autem quod [sit plenum] et immortalibus et irrationalibus aliis.

31, 11-12 rationalibus animalibus et immortalibus *A* : rationalium animalium et immortalium *V* || 15 immortalibus *Boese* : mortalibus *AV* || 16 *ad* tale, *ut scholion habet* φύλον (*pro* φῦλον) *v cf. Opusc. III, 14, 24* : fylon id est tribus || 18 generationem *V* : -tione *A* || 24 *post* immortali *habet* et *A* || 25 molibus *A* : motibus *V* || 32-33 mox magis = αὐτίκα μάλα || 34 ipsa *A* : ipsis *V* || ipsam *A* : ipsum *V*.

pas possible, en effet, de connaître les agents externes de corruption sans la sensation puisque c'est elle qui connaît les choses dans leur singularité, ni de rechercher boissons et nourritures sans désir, ni de gouverner l'élément mortel sans mémoire de ce qui est susceptible de lui être utile ou de lui nuire. Autant donc il est préférable que l'âme, plutôt que d'être elle-même la patiente, ressente éventuellement un trouble du fait du pâtir d'un autre, et ceci par intermittence et non pas continuellement, autant il vaut mieux pour elle endurer l'irrationalité que devenir elle-même irrationnelle en en assumant les servitudes.

Puisqu'il fallait donc que l'âme immortelle descendît ici-bas et qu'à cause d'elle la mortelle y fût présente, les deux choses sont conformes à la providence ; et ce fameux « contraire à la raison » il faut le faire remonter lui aussi au même principe, celui de la providence ; et de même, que dans le domaine des corps, le contraire à la nature n'existe qu'en vue du conforme à la nature, de même, dans celui des âmes, le contraire à la raison n'existe qu'en vue du conforme à la raison, en ce sens que celui qui agit contre la raison contribue, ce faisant, à faire agir conformément à la raison la raison qui est en nous. Mais en voilà assez sur ce problème ; ce que nous en avons dit suffit, en effet, pour le moment.

VI

32. Après cette question, examinons maintenant la sixième : puisqu'il y a une providence, et l'existence d'une providence implique nécessairement une prise en considération du mérite, comment peut-il y avoir une pareille inégalité des vies humaines dans l'univers?

corruptis. *Neque enim corrumpentia ab extrinseco nosse possibile sine sensu cognoscente singularia, neque appetere potum aut edulium sine concupiscentia, neque persequi mortale sine memoria potentium ipsum adiuvare aut ledere. Quanto igitur melius quam ipsam esse patientem hoc quod, alio patiente, molestetur forte ab illo et hoc quandoque et non sempiterno tempore, tanto utique anime maius bonum erat applicari irrationali quam ipsam utique irrationalem fieri que illius sustinentem.*

Si igitur et huc descendere *oportebat immortalem animam et propter ipsam substitui* mortalem, et ambo hec *secundum providentiam:* deinde utique *et hoc le preter rationem referri ad eundem providentie terminum; et sicut in corporibus quod preter naturam gratia eius quod secundum naturam, sic in animabus esse quod preter rationem gratia eius quod secundum rationem, operante preter rationem subsistente gratia agendi secundum rationem eam que in nobis rationem. Sed huius quidem problematis* sit satis ; *dictum est enim ut ad presens sufficienter.*

VI

32. *Consequenter autem huic considerabimus sextum : si providentia est — et providentia ente, necesse quod secundum dignitatem esse — qualiter vitarum in universo humanarum tanta inequalitas, hiis*

31, 36 noscere *A ut uid.* : nosce *VB* || 39 aut ledere *om. V* || 40 ipsam *A* : ipsum *V* || 41 quandoque *V* : quando *A* || 41-42 et non — utique *om. A* || 43 applicari *A* : -care *V* || 44 sustinentem *V* : -te *A* || 47 hec *A* : hoc *V* || *post* utique *uerba* et hoc le preter naturam *deesse mihi uidentur* ; *cf. gr. app. crit.*

Comment expliquer que les méchants exercent un pouvoir tyrannique alors que les bons leur sont asservis, que les mêmes hommes jouissent d'une bonne santé, des ressources de la fortune et de toutes sortes de biens analogues alors que pour d'autres c'est tout le contraire puisque, en dépit de vies plus méritantes, ils sont affrontés à des épreuves plus cruelles? Toutes ces situations semblent, en effet, infliger un démenti au plan de la providence[1] puisqu'on voit non seulement des sujets d'inégal mérite recevoir ici-bas des lots égaux, ce qui, assurément, est déjà en soi contraire à la raison, mais inversement des lots inégaux répartis de telle façon que les meilleurs reçoivent les plus mauvais et les plus mauvais les meilleurs, bien qu'en pareille matière on estime que ce n'est pas la moyenne[2] arithmétique qui convienne mais la géométrique, celle que Platon a cru devoir, pour cette raison, appeler jugement de Zeus[3].

33. Disons en premier lieu que, du moment que la providence donne à chacun, comme on le dit, ce qui lui convient et lui fournit les moyens de réaliser les fins qui correspondent à son état, il n'y a rien de surprenant à ce qu'elle donne aux bons tout ce qui peut accroître leur vertu, aux mauvais tout ce que brûlent d'obtenir des gens pour qui la vertu n'a pas d'intérêt : la santé à ceux qui se préoccupent des choses du corps, les richesses et les dominations à ceux qui en ont le goût, toutes choses dont les bons n'ont nullement cure. De même, donc, que les gens dont les biens apparents sont la seule ambition ne regrettent pas de ne pas être des sages, de ne pas être des contemplateurs de la vérité, de n'avoir pas des âmes sans tache, de même les bons sujets ne sont pas contrariés de ne posséder ni richesse ni pouvoir puisqu'ils ne se préoccupent nullement de ces sortes de choses et ne pratiquent qu'un seul art, celui de la vertu, qu'ils possèdent. On ne voit, d'ailleurs, pas davantage les paysans s'indigner de ne

1-3. Voir *Notes complémentaires*, p. 145.

quidem tyrannizantibus cum sint pravi, hiis autem servituti additis quamvis boni sint, et hiis quidem bene habentibus in corporum euexiis, in fortune *largitionibus, in similibus omnibus, hiis autem totum contrarium, in melioribus vitis circumstantiis deterioribus occupatis? Omnia enim talia mordere videntur providentie rationem, non equalibus solum inequalibus hic distributis — quod et ipsum irrationabile est —, sed e contrario inequalium melioribus quidem deterioribus, deterioribus autem melioribus,* quamvis neque arismetica medietate in talibus congruere putata, sed geometrica, quam propter hoc et Iovis iudicium ille dignificavit appellare.

33. *Primo igitur dicamus quod, providentia singulis* — sicut dicitur — *congruentia distribuente et fines convenientes habitibus largiente, nichil mirum ipsam bonis quidem quecumque coaugent virtutem dare, non bonis autem hec circa que virtutem relinquentes student, intendentibus circa corpus quidem sanitatem, circa pecunias autem et potentatus sollicitis pecunias et potentatus, de quibus boni nichil curant. Sicut igitur qui circa apparentia bona intenti solummodo non egre ferunt quod non temperati sunt, quod non speculatores entium, quod non imminorati animabus, sic neque boni contristantur quod non ditescunt aut nichil possunt ad hec negotiantes, solius autem virtutis sectatores entes quam habent. Neque enim agricole indignantur non*

32, 6 additis *A* : addictis *V* || 7 euexiis *Boese* : euechiis *AV* εὐεξίαις *Cousin* || 9 uitis *A* : uiris *V* || 15 neque *A* : in *V* || 16 geometrica *V* : -tria *A* || 17 hoc *A* : hec *V*.

33, 8 sollicitis *A* : -citans *V* || 9 bona *V* : bonis *A* || 12 imminorati : ἀλώβητοι *v (id. Is.)*.

pas obtenir ce qui est donné aux marins, ni ces derniers se plaindre de ne pas faire de récoltes, les uns et les autres se vouant, au contraire, à la poursuite de leurs fins particulières et, lorsqu'ils les réalisent, se réjouissant de ces bienfaits de la providence. Disons donc que la façon de donner de la providence s'inspire d'un principe non seulement géométrique, mais encore essentiellement préharmonique[1] puisque, dispensatrice de biens pour tous, elle donne à chacun les biens qu'il ambitionne et ceux dont il s'est montré digne, qu'ils soient véritables ou apparents. Car voilà encore une vérité évidente : c'est que l'homme qui recherche la vertu obtient toujours ce à quoi il aspire et qu'il vit selon la vertu, tandis que celui qui cherche son bien à l'extérieur ne rencontre pas toujours les objets correspondant à son désir, car la providence, là aussi, ne dispense aux différentes natures que ce qui leur convient, donnant aux unes la fermeté et la faculté de se suffire à soi-même, aux autres l'incertitude et un excès de besoins.

34. Voilà donc ce qu'il fallait dire d'abord. A quoi on doit ajouter ceci : la privation de biens apparents est une contribution au zèle des vertueux en ce sens qu'elle incite leurs âmes à faire peu de cas de ces biens, qu'elle les entraîne à affronter les vicissitudes de la vie, qu'elle les habitue à mépriser le corps, qu'elle les détourne de la passion des biens apparents ; par ailleurs, elle met davantage en relief pour eux ce qu'est la grandeur de la vertu, en les dépouillant de tout attachement à des biens qui ne sont tels qu'aux yeux de la multitude, en permettant à ceux qui peuvent la voir de contempler la beauté authentique en soi et par soi, beauté vénérable et bien supérieure à tout ce qui fait l'admiration des foules. Car ce n'est pas lorsque la mer est calme et l'air immobile que nous admirons l'art du pilote[2], mais dans la tempête et le déferlement des vagues ; de même pour la vertu : ce n'est pas lorsque le cours des affaires humaines s'écoule sans histoire que nous l'admirons, mais lorsqu'elle demeure inébranlable face aux coups du sort.

1-2. Voir *Notes complémentaires*, p. 145-146.

obtinentes ea que navigantes, neque isti non metentes, *sed utrique propriis finibus intenti, si hos obtineant a providentia, se frui hiis gaudent. Non igitur dicamus quod* ingeometrizata sit providentie donatio, sed omnium maxime premusicalis, *omnibus quidem ens bonorum largitiva, singulis autem eorum que student et eorum quibus dignos se ipsos ostendunt, aut verorum aut apparentium. Et enim hoc palam, quomodo virtutem quidem persequens semper obtinet desideratum et vivit secundum virtutem, qui autem extrinseca appetit non semper obtinens coniugata suo appetitui, et hic providentia convenientia habitibus attribuente, hiis quidem quod mansivum et autarkes, hiis autem quod dubium et indigentia plenum.*

34. Primo quidem igitur *hoc dicendum. Post hec autem : quod et apparentium bonorum defectus confert studiosis ad virtutem, horum quidem movens animas ad horum contemptum, exercitans conditionibus, assuefaciens corpora contempnere, abducens a sollicitudine circa apparentia, horum autem maiori modo insinuans virtutis magnitudinem quanta sit ; denudans quidem hiis que apud multos sunt credita bona, ipsum autem per se venerabile et supereminens illis, per que multi sunt admirationi, exhibens speculari, potentibus aspicere veram pulcritudinem. Neque enim gubernativam artem in tranquillitate maris et aeris admiramur, sed in tempestate et turbationibus ; neque virtutem in affluentia humanorum, sed in hiis que* a fortuna *plagis inconcussam manentem.*

34, 4 contemptum *A* (ὑπεροψίαν *Is.*) : conceptum *V* || 11 potentibus *S* (δυναμένοις *Is.*) : patentibus *A* petentibus *V* || 13 tempestate et turbationibus : ζάλῃ τρίτυμιαις *v (sic)* (ζάλῃ καὶ τρικυμίαις *Is.*)

35. Troisième remarque encore : en affirmant que, dans une telle répartition des biens, la providence joue un rôle d'éducatrice même à l'égard des gens qui ne vivent pas selon la providence, nous ne frapperions pas bien loin de la vérité. Car si c'était toujours aux bons sujets qu'elle donnait richesse, beauté du corps, pouvoir et aux mauvais laideur, discrédit, pauvreté et tous maux analogues, on aurait vraiment l'impression que a vertu, en réunissant tous les avantages, possède ce qu'on prise, le vice ce qu'on doit fuir. Mais en montrant la vertu ne valant que par elle seule et le vice avec ses nombreux avantages, la première plus admirée encore dans l'adversité, le second plus réprouvé encore dans la prospérité, la providence éveille dans les âmes bien nées l'amour de la vertu et le désir de fuir le vice ; car les hommes de bien constatent que le vice, par son action spécifique, déshonore le succès tandis que la vertu embellit, en vérité, les épreuves, quelque forme qu'elles revêtent ; et aussi que la vertu utilise l'ordre et la beauté qui lui sont propres tandis que le vice, même mis en présence de ce qui lui est étranger, ne le laisse pas échapper à son action dégradante mais le remplit de son désordre ; ou alors ne serait-il pas vrai que la richesse est souillée par l'injustice, la santé par l'intempérance, le pouvoir par la mesquinerie, et que la pauvreté est embellie par la grandeur d'âme, la maladie par le courage, l'impuissance par la magnanimité? Par conséquent, en affirmant que les lots de la providence ainsi répartis sont des leçons qu'elle nous donne, nous ne faillirions pas à la vérité.

36. Et il nous faut encore ajouter ceci, semble-t-il : que l'homme est une âme[1], et cela a été bien démontré, mais une âme utilisant un corps et une forme de vie

1. Cf. *in Alc.* 18, 4-5. Voir l'article de J. Pépin, « *Que l'homme n'est rien d'autre que son âme* ». *Observations sur la tradition du Premier Alcibiade*, dans *Rev. Ét. Gr.* n° 82, 1969, pp. 56-70.

35. Tertio igitur *providentiam esse eruditivam dicentes et eorum qui non secundum providentiam vivunt in talibus distributionibus, non utique longe a vero coniciemus. Si quidem enim esset bonis semper dans divitias et pulcritudines corporum et potentias, malis autem turpitudines et ingloriationes et penurias et omne quod tale, videretur utique enter virtus quidem omnia comprehendens honorabilitatem habere, malitia autem quod fugibile. Nunc autem et secundum se ipsam solam ostendens virtutem et malitiam cum suis habundantiis, et hanc quidem maiori modo admiratam etiam in deteriori fortuna, hanc autem* maiori modo fugiendam *etiam in meliori, ad amoremque virtutis excitat* bene natos *et ad fugam malitie, videntes hanc quidem propter se ipsam vituperantem fortunam, hanc autem omnimodam conditionem ut vere ornantem, et hanc quidem proprio ornatu utentem, hanc autem* neque alienum sinentem imminoratum, *sed hunc deturpatione replentem : aut non vituperat divitias quidem iniustitia, sanitatem autem intemperantia, potentiam autem parvificentia anime, et ornat paupertatem quidem magnanimitas, egritudinem autem virilitas, impotentiam autem megalofrosyni* (id est magnisapientia) ? *Hec igitur sic distributa eruditiones providentie dicentes, non utique peccabimus a veritate.*

36. *Et etiam* illud nobis *dicendum*, ut videtur, *quod homo quidem anima* — et ostensum est hoc bene —, *sed anima corpore et specie vite mortali*

35, 1 prouidentiam *V* : -tia *A* || 14 excitat *A* : -tare *V* || 17 ornantem *A* : amantem *V* || 18 neque *A* : in *V* || 19 imminoratum : ἀλώβητον *v* || 20 diuitias quidem *A* : quidem diuitias *V* || 25 eruditiones *V* : -nem *A*.

du genre mortel[1] ; et ces derniers, souvent, contrarient les activités amoureuses que l'âme immortelle consacre au vrai bien ; il faut alors qu'il existe des éléments capables de les en empêcher : comme, par exemple, la maladie, pour que le corps, lorsque sa vigueur est excessive, n'en vienne à distraire notre esprit de sa tâche, comme la pauvreté, pour empêcher qu'un tempérament porté aux excès puisse assouvir ses désirs grâce à l'argent, comme l'impuissance pour éviter qu'on ne cède à l'amour des honneurs. C'est aussi pourquoi beaucoup d'hommes, parmi les plus méritants, ont choisi d'habiter des lieux malsains au lieu de vivre dans des régions salubres : ils voulaient ainsi punir l'exubérance de leur corps et préféraient promener un organisme malade plutôt que d'avoir, à cause de sa vigueur, à mépriser celui qui en faisait usage[2] ; c'est aussi pourquoi d'autres ont renoncé à leur fortune, voulant voir leur âme libérée des passions qu'elle y développait. Bien des exemples encore viennent à l'esprit pour qui traite de ces choses : c'est Platon s'installant dans une région insalubre pour brider les élans immodérés du corps[3], c'est Cratès renonçant à ses richesses et proclamant publiquement : « Cratès brise les chaînes de l'argent », et bien d'autres anecdotes du même genre.

37. Si donc les épreuves que la providence dispense aux vertueux sont celles-là même qu'ils se forgent à eux-mêmes sans elle par amour de la vertu, comment lui ferait-on grief de ses largesses à leur égard? Et comment n'appellerait-on pas plutôt châtiments les dons des mêmes épreuves faits aux méchants puisque, au moyen des instruments qui sont le support du vice, ils révèlent à ces individus une nature mauvaise dont ils n'avaient peut-être pas conscience et puisqu'ils font peser sur eux la crainte d'une sanction plus sévère des actes dont ils se rendent coupables par suite d'un mauvais usage de ces instruments? Et la providence,

1-3. Voir *Notes complémentaires*, p. 146.

utens; et hec sepe contrariantur immortalis *anime amativis operationibus circa id quod vere bonum, et indiget potentibus ipsa prohibere: ut egritudine quidem, ut non lasciviens corpus distrahat eum qui in nobis intellectum; paupertate autem, ut non intemperata vite species habeat repleri per pecumias; impotentia autem, ut non <sit> filotimon* (id est amativum honoris). *Propter que et multi studiosorum* infirma loca pro sanis *voluerunt* habitare, *male pullulans corporis punientes*, et *eligentes languens organum circumferre quam per robur utens despicere; alii autem et divitias quas habebant abiecerunt, volentes animam habere liberam ab hiis que propter divitias pullulant passionibus.* Et multa occurrent tractantibus hec : Plato quidem infirmum locum occupans, ut removeret corporis supergressionem ; Krates autem abiciens pecunias et illud vulgatum proclamans : Krates tenacula pecuniarum liberat ; et alius talium hystoriarum numerus.

37. *Si igitur providentia dat ista bonis quecumque et ipsi sine illa sibi ipsis affectant propter amorem virtutis, quomodo utique illam querelabit aliquis pro ea que in bonos largitione? Quomodo autem utique non punitiones aliquis magis appellabit donationes talium in malos, arguentes quidem ipsorum per organorum subministrationem malitiam quam latebant utique forte habentes, maiorem autem exigentes vindictam eorum que agunt utentes prave organis?*

36, 4 immortalis *V* : -li *A* || 6 indiget *A* : indigere *V* || 7 lasciuiens: σφριγῶν *υ* || 8 paupertate *A* : -tem *V* || 9 species *A* : specie *V* || 10 sit *add. Boese, cf. Is.* || 14 utens : *mendose* τοῦ χρωμένου *ut neut. pro* utentem *transt. G* || 16 animam habere *V* : habere animam *A* || 17 occurrent *A* : occurrerent *V*.

37, 2 affectant : 'βαικλώθουσι *(sic) υ* (ἐπικλώθουσι *Is.*).

en les dotant de ces instruments, ne les rend pas plus mauvais ; car nombreux sont les états qui, aussi longtemps qu'ils ne s'actualisent pas, restent incurables[1], et ceux-là aussi il faut bien que, de temps à autre, ils reçoivent quelques soins. Ajoutons encore ceci : comme la vertu n'est pas une et indivisible mais multiforme, on doit penser que la providence l'incite à des émissions de raisons séminales[2] tantôt d'une sorte tantôt d'une autre afin que, aux yeux des athlothètes chargés de juger les concours de vertu, seul apparaisse comme athlète qualifié celui qui pratique la vertu sous toutes ses formes[3]. C'est pourquoi souvent aussi il arrive que la providence transforme les hommes d'action en leur imposant le repos, de sorte qu'elle oblige leur esprit à se retourner vers lui-même ; et ceux qui sont portés uniquement à la réflexion intérieure, elle les oriente vers l'action, apprenant aux uns et aux autres ce qu'est la forme de la vertu et comment elle a un double visage. C'est donc bien aussi dans le même dessein qu'elle fournit les instruments et les retire à ceux à qui elle les a donnés et que, en diversifiant les genres de vie, elle appelle les gens vertueux à orienter leurs dispositions naturelles vers toute activité consistant à pratiquer en liaison avec les dieux la gestion de cet univers[4]. Voilà aussi pourquoi tantôt elle éloigne un homme de sa patrie, de ses parents, de ses amis pour que, après avoir été partout et chez tous et être resté toujours le même, il en vienne à regarder la terre comme une bien petite chose, tantôt elle en retient un autre au milieu de ses proches pour être le serviteur attentif du dieu de ses pères et l'auxiliaire de la providence auprès des gens de sa famille ; de sorte que c'est l'homme vertueux et non pas seulement l'ingénieur qui pourrait dire : « par la puissance qui m'a été donnée, je puis modifier tout état de choses ; car, en vérité, la vertu est une puissance que les événements ne peuvent en

1. Cf. *in Remp.* 1, 105, 29-30.
2-4. Voir *Notes complémentaires,* p. 146.

Et neque hos providentia deteriores facit largitione organorum: multi enim habituum insanabiles manent, sine operatione interim entes; oportet autem quandoque *sortiri* et hos *curatione* aliqua. *Ad hoc autem iterum et virtutem, non unam entem et hanc individuam, sed multiformem, quandoque quidem in alias, quandoque autem in alias prouolas* (id est proiectiones) *rationum providentiam excitare putandum, ut secundum omnem operans qui virtutem habet sincerus ipsius decertator appareat certatoribus eorum qui secundum ipsam agonum. Propter quod et practicos in quietem sepe transfert, eum qui in ipsis intellectum convertens in se ipsum; et contemplantes interius solum ad praxim movet, virtutis speciem qualis erat et quomodo multarum viarum docens. Ad hec itaque et dat organa et quibus dedit aufert, et varians vitas provocat bonorum habitum ad omnem operationem, qui* (habitus scilicet) *est meditatio eius qui cum diis huius universi dispensationis. Propter quod et a patria expellit aliquem et a patribus et amicis, ut ubique et in omnibus factus et manens isdem semper modicum respiciat terram; et alium in suis conservet paternalibus diis servitorem* et cognoscens cooperatorem in eam que congeneorum providentiam. *Quare et dicet utique studiosus*, et non qui mechanopoius (id est mechanica faciens) solus : *data michi potentia omnem moveo circumstantiam; potentia enim ut vere virtus ad nichil deficiens*

37, 10 largitione *V* : -tio *A* || 12 oportet *A* : propter *V* || 16 autem *V* : quidem *A* || 17 proiectiones *A* : preiec- *V* || 19 decertator *A* : detestator *V* || 27 qui (habitus scilicet) *Boese* : habitus scilicet qui *A* habitus qui *V* ; *sed potius* que (= operatio) *pro* qui *legendum est (cf. Is.)* || 36 omnem *A* : omnium *V*.

aucun cas tenir en échec » ; il pourrait dire aussi : « puisque la providence me donne l'occasion d'exercer les raisons que je porte en moi, il faut que j'en use en homme de bonne race pour qu'aucun coup du sort ne me fasse fléchir » ; car ce n'est pas au premier venu qu'il est donné de supporter avec sagesse le plus grand bonheur ou avec grandeur d'âme la pire infortune.

38. Redisons-le encore sous une autre forme : la tâche de la providence ne consiste pas à réserver à une seule catégorie les biens de toutes sortes dont elle est la dispensatrice ; de même que Platon non plus, lorsqu'il jette les bases de la cité idéale, n'est pas d'avis qu'une seule classe de citoyens doive bénéficier de tous les biens ; il estime, au contraire, qu'il convient d'en effectuer une répartition variant selon les sujets : car c'est là le devoir de celui qui a à faire le bonheur d'une cité et non pas seulement d'une partie de ses habitants[1]. Mais puisque les âmes sont descendues jusque dans le monde du devenir, il faut qu'elles aient en elles une certaine expérience aussi des maux d'ici-bas, maux dont les atteintes aiguisent leur désir de quitter ce monde pour le lieu qui est au-delà de tous maux[2]. Si donc la providence s'est, dans ce dessein, arrangée pour faire à ceux qui sont bons par eux-mêmes le don d'épreuves qui sont en apparence douloureuses, il fallait que, du côté des méchants, on eût sa part de bien, mais ce n'est, là aussi, qu'à un simulacre de bien qu'ils participent ; et les châtiments qui leur sont justement infligés leur ouvrent, à eux aussi, la voie vers l'évasion hors de ce monde.

39. En outre, tout ce que nous avons, nous l'avons soit par le libre choix de notre âme, soit du fait que nous subissons l'action des autres, soit par la seule cause du Tout ; par conséquent, ce dont nous sommes

1. Cf. *Rép.* IV 420 b 6-8, VII 519 e-520 a.
2. Cf. Synesius, *De insomniis* 141, 35 (Terzaghi).

circumstantium; et quia exercitia hec earum que in me rationum providentia dat, quibus oportet utentem tanquam generosum flecti ad nichil concidentium: neque enim contingentis est aut summam bonam fortunam temperate aut ultimum infortunium megalofronos (id est magnisapienter) *ferre.*

38. *Rursum igitur dicamus secundum alium modum, quod providentie opus non in unum solum concludere* omnimodorum bonorum *dationes*, sicut neque Plato, optimam civitatem instituens, putat oportere genus unum omnibus adornari bonis, *sed distribuere hiis quidem alia, hiis autem alia:* hoc enim erat civitatem felicem facientis, sed non partem unam. Sed quoniam in generationem anime provenerunt, *oportet quandam experientiam etiam malorum eorum que hic ipsis inesse, a quibus provocatas* faciet *appetere* eam que hinc translationem *ad illum qui extra mala locum. Bonis quidem igitur* a se ipsis entibus *apparentium tristium donatio ad hoc ingeniata est a providentia, malis autem* bono quidem oportebat participare, et ydolo aliquo hoc et participant; *que autem ex vindicta punitiones dirigunt et hos ad eam que hinc fugam.*

39. *Et etiam omnium eorum que habemus hec quidem habemus propter autexusion* (id est libertatem arbitrii) *nostre anime, hec autem propter pati*

37, 39 prouidentia dat *V* : dat prouidentia *A* || oportet *A* : operet *V* || 40 generosum : γεννάδαν *v* || 43 magnisapienter *A* : magni sapientis *V*

38, 1 rursum (bis) *A* : rursus *V* || 8 generationem *V* : -ne *A* || 10-11 prouocatas *V* (νυττομένας *v*) : -tis *A* || 15 hoc *AV* : huius *Boese* ; *sana lectio* hoc *mihi uid. quae sic probari potest* : et si bono participant, ut ydolo aliquo hoc et participant || 16 participant *Cousin* : -pat *AV*.

maîtres quand nous le faisons pour nous-mêmes, c'est à nous d'en assumer la responsabilité puisqu'on dit que la responsabilité d'un acte incombe à celui qui l'a voulu[1], même s'il a, par sa faute, récolté maladie ou misère, et non à la providence ; nous affirmons, en effet, que celle qui a introduit le libre-arbitre dans l'univers ne règne pas pour la suppression du libre-arbitre, mais bien plutôt pour la sauvegarde de la créature. Quant à ce que nous subissons du fait des autres, même si nous le subissons injustement, ce n'est pas eux qu'il faut en rendre responsables mais la loi du Tout qui donne aux différentes parties d'agir les unes sur les autres selon leur impulsion ; telles sont, en effet, toutes les parties qui conspirent à l'unité, les unes agissant et pâtissant par nature, les autres par choix ; il s'ensuit une justice valable pour tous, pour ceux qui agissent bien comme pour ceux qui agissent mal ; et pour le patient le pâtir est fonction du mérite, tandis que l'agent n'est pas négligé par la loi. Et en effet, de même que, dans le cas des êtres agissant par instinct, on ne dit pas que n'importe lequel agit sur n'importe quel autre ni que n'importe lequel pâtit de n'importe quel autre, de même il est visible que, dans le cas des êtres agissant en vertu d'un choix, ce n'est pas non plus n'importe lequel qui pâtit de n'importe quel autre, mais celui qui pâtit subit en réalité l'action d'un sujet mis à une certaine place dans l'univers à cet effet ; mais le sujet agissant n'abdique pas pour autant sa spontanéité[2] même s'il est devenu un instrument du Tout ; car c'est sur la qualité de son impulsion qu'on juge l'auteur d'un acte[3] ; il n'a pas, en effet, agi comme un instrument sans âme mais comme un instrument qui s'adapte lui-même à celui qui l'utilise. Quant aux effets que nous subissons du seul fait du Tout, qu'ils soient bons ou mauvais, c'est notre seul mérite qui les justifie, et ce

1. Cf. *Rép.* X 617 e 4 : Αἰτία ἑλομένου · θεὸς ἀναίτιος.
2. Voir *Notes complémentaires*, p. 146.
3. Cf. *in Tim.* 1, 377, 9-12.

ab aliis, hec autem propter solam universi causam. Quorum quidem igitur nos sumus domini, agentes in se ipsos, horum nos ipsos accusandum: causa enim, aiunt, *volentis, si egrotet quis propter se ipsum sive penuriam habeat; et non providentiam: non enim pro interemptione libertatis arbitrii deducentem hoc etiam autexusium in universo dicimus obtinere, sed salvantem genitum. Pro hiis autem que ab aliis patimur, quamvis iniuste patiamur,* <...>, *sed universi lex dat quidem partibus in invicem agere secundum suum impetum: talia enim omnia que in unum tendunt, hec quidem naturaliter facientia et patientia, hec autem electionaliter; assequitur autem vindicta omnibus et bene agentibus et male, et patienti secundum dignitatem existit pati et quod fecit non negligitur a lege. Et enim sicut in naturaliter agentibus non contingens* in contingens *aiunt facere neque pati a contingente contingens, sic et in hiis que electionaliter operantur non quicumque a quocumque pati videtur, sed ab ordinato in universo ad huius opportunitatem; sed neque faciens relinquit id quod est sortiri autokineseos* (id est proprio motu), *quamvis fiat organum universi: nam qualitas impetus ad vindictam ducit id quod egit; non enim ut inanimatum organum erat, sed ut se ipsum utenti coaptans. Eorum autem que ex solo universo patimur, sive*

39, 12 *lacunam ind. Boese (neque enim in latina uers. neque in Isaacii report. sententiae finis est) quam fere sic supplendam esse censui:* nichil magis hos solum accusandum ; *nam universi lex omnia uel facientia uel facta regit, in quibus et quae ab electione, cf. infra l. 28:* ut se ipsum utenti coaptans.

39, 5 nos *om. A* || 7 *post* siue *habet* et *V* || 11 saluantem *V* : -te *A* || 12 *lacunam ind. Boese, uide adnot. superscriptam* || 17 uindicta *V* : -tam *A* || 18 pati *om. A.*

mérite doit être apprécié par référence soit à notre vie présente — par exemple si nous avons besoin d'un certain frein, car ce sont les épreuves qui rendent meilleurs bien des gens — soit à notre vie passée — car on n'est pas vertueux tout de suite : il y faut une purification des mœurs qui précède l'état de vertu —, soit à notre vie future, la providence nous entraînant loin des préoccupations humaines afin que, ayant pour seule richesse la vertu, nous donnions en nous la première place à la perfection de l'amour qui nous porte vers elle, après nous être persuadés qu'elle seule est le bien.

40. Autre chose encore : si quelqu'un s'avisait, de la même façon, de chercher pour quelle raison, même lorsqu'il s'agit d'êtres inégaux, les lots attribués par la providence sont égaux selon l'égalité arithmétique — c'est, en effet, le point qui restait à éclaircir —, par exemple lorsque des villes entières périssent et qu'une seule et même destruction atteint les bons et les méchants, c'est-à-dire que des gens dont les comportements sont dissemblables se trouvent soumis, semble-t-il, à des vicissitudes semblables, on pourrait, je pense, répondre à celui qui pose la question : premièrement, que ce n'est pas pour autant qu'ils sont dissemblables qu'ils subissent un sort semblable mais pour autant qu'ils sont semblables, puisqu'il se trouve qu'ils ont choisi d'habiter la même ville, d'embarquer sur le même navire, de prendre part les uns et les autres aux mêmes campagnes ou d'effectuer toute autre action présentant identité de forme comme celles-ci ; et ainsi c'est bien pour avoir fait la même chose qu'ils subissent le même sort ; mais selon qu'ils sont plus ou moins bons, ils ont une manière différente de subir la souffrance commune, s'il est vrai que les uns meurent en gémissant[1], que les autres supportent avec calme ce qui leur arrive et qu'après la séparation les uns sont reçus au séjour des bons, les autres au séjour des mauvais ; deuxièmement, qu'il existe dans l'univers un certain

1. Le texte de Moerbeke porte *impatientes*, la glose marginale du ms. V οἰμώζοντες ; j'ai donné la préférence au second.

meliora, sive deteriora, nostram dignitatem causandum, et hanc aut ad presentem vitam referendum — puta si indigeamus freno aliquo; multi enim et propter circumstantias meliores facti sunt —, aut ad eam que ante — non enim a principio fuerunt studiosi, et opus est purificatione earum que ante virtutem preparationum —, aut ad futuram, providentia abducente nos ab humanis, ut solam habentes virtutem perfectum ipsius in nobis statuamus amorem, solam bonum esse persuasi.

40. *Adhuc autem, si quis eodem modo querat cur et inequalibus equalia a providentia existunt* secundum arismeticam equalitatem — *hoc enim reliquum —, velut civitates totas perire et unum esse in ipsa interitum bonorumque et malorum, dissimilium in habitibus similem, ut videtur, circumstantiam, dicet utique quis, estimo, et ad inquirentem ista: primo quidem, quod non secundum quod dissimiles sunt hac simile patiuntur, sed secundum quod similes civitatem eandem si forte inhabitare volentes et navem eandem intrare et commilitare cum invicem et si quid aliud eiusdem cum hiis speciei; et sic secundum ipsius actionem idem aliquid passi sunt. Sed secundum quod meliores et deteriores diversam habent communis passionis illationem: siquidem hii impatientes, hii autem mansuete ferentes perierunt, et post separationem hos quidem meliorum locus suscipit, hos autem qui deteriorum. Secundo autem: quod et*

40, 2 inequalibus *A* : equalibus *V* || 4 ciuitates totas *AV* (πόλεις ὅλας *Is.*) : ciuitatem totam *Cousin cum infra* in ipsa *legas* (ἐν αὐτῇ *Is.*) || 13 ipsius *AV* : eiusdem *exspectes* ; *uerisimil.* τοῦ αὐτοῦ (*cf. Is.*) *ut* αὐτοῦ *legit G* || 15-16 impatientes : οἰμώζοντες *v et Is.*

ordre liant ensemble les coordinations de ce genre en vertu desquelles les êtres sont sauvés ou perdus en même temps, qu'il y a aussi une période commune du destin menant les êtres au même terme à partir de commencements différents, qu'il y a enfin coïncidence des processus qui les mènent tous à leur salut ou à leur perte ; et il faut que les parties qui suivent les ensembles agissent ou pâtissent les unes avec certains éléments, les autres avec d'autres. C'est d'ailleurs ce qui se passe ici-bas pour les parties d'un cœur se trouvant en mauvais état puisque c'est tantôt une partie qui est affectée avec lui, tantôt plusieurs[1] ; et dans cet univers il en est de même : les parties plus faibles sont affectées tantôt séparément tantôt en commun par les plus importantes ; d'autres encore, et on ne saurait s'en étonner, ne sont en rien affectées : celles par qui les autres ont été affectées. D'où il ressort que si les mouvements des parties maîtresses sont conformes à la providence, le sont aussi, de toute nécessité, les affections qui en sont la conséquence ; mais si nulle raison ne permettait de dire que les affections dépendant de ces mouvements sont conformes à la providence, alors on ne pourrait dire non plus que ces mouvements sont conformes à la providence[2].

41. A ce que nous avons dit ajoutons encore, en réponse d'abord à ceux qui dénoncent l'égalité qu'on rencontre chez les êtres inégaux, que ce qui leur a échappé c'est qu'il y a une égalité des âmes bien que, en fonction de causes multiples, celle-ci prenne des formes différentes chez les unes et chez les autres. Et en effet, de même que, lorsqu'elles accomplissent leur carrière sous l'autorité du même dieu, par exemple du soleil ou de la lune[3], elles se ressemblent davantage entre elles, de même aussi lorsqu'elles ont, au cours de périodes antérieures, effectué ensemble les mêmes actions, il n'y a rien d'étonnant non plus à ce qu'elles subissent, maintenant aussi, les mêmes épreuves et paient de communes souffrances le prix d'actions

1-3. Voir *Notes complémentaires*, p. 146-147.

tales coordinationes simul salvatorum aut pereuntium colligans in universo est quidam ordo et fati communis periodus a diversis principiis in eundem finem obvians, et concursus processuum aut salvantium omnes aut perdentium, et oportet partes totis assequentes has quidem cum aliis aliquid facere aut pati, has autem cum aliis. Quoniam et in hiis que hic, <male> *disposito corde, si contingat, aliquando quidem compatitur una aliqua pars, aliquando autem plures, et in hoc omni imprincipaliores partes hee quidem sigillatim patiuntur, hee autem communiter a principalioribus; has autem pati nichil, a quibus alie patiuntur, non mirum. Quare si quidem horum motus secundum providentiam, et que ab hiis ex necessitate assequentes passiones; si autem nulla ratio permittat* has *esse* secundum providentiam que ab illis dependent, neque illos dicet secundum providentiam esse.

41. *Adiciatur etiam dictis a nobis accusantibus quidem equalitatem in inequalibus, quod latuit ipsos secundum multas causas animarum equalitas, in aliis et aliis ens diversa. Et enim* sicut *sub eodem deo perficientes,* velut sol et luna, *alie quidem aliorum ad invicem assimilantur; et sicut in prioribus* periodis *eadem ad invicem operate,* et nichil mirum *et nunc eadem pati, retributionem sustinentes eorum que egerunt communiter commu-*

40, 25 in *om. V* || 26 male *addidi* (κακῶς *apud Is. add. Dornseiff*) || si *om. A* || 35 illos *ego* (illos — *scil.* motus — *expl. Dornseiff*) : illas *AV*.

41, 2 in *om. A* || 7 operate *ABO* : -rante *S* -rare *V*.

effectuées en commun. Et plus sont nombreux les éléments qu'elles ont en commun, plus tend à se produire une similitude des épreuves qu'elles vont subir ensemble.

42. A ceux, ensuite, qui dénoncent l'inégalité des offrandes de la providence par rapport aux manières d'être de ceux qui en bénéficient, nous répondrons que, sans compter le fait que les bons l'emportent pour ce qui est des biens réels, les mauvais, au contraire, pour ce qui est des biens apparents, ce qui est, à n'en pas douter, un partage fondé sur le mérite, dans le cas des biens apparents aussi ce sont les plus grands que la providence offre de préférence aux hommes de bien, même s'ils ne font rien pour les obtenir ; ou alors serait-ce que nous ne mettrions pas au-dessus du plaisir, de la richesse, de la santé le bon renom qui n'appartient qu'aux hommes de bien, comme la mauvaise réputation et le déshonneur sont le lot de tous les méchants ? Si, en effet, des flatteurs s'empressent par milliers autour de ces derniers, à peine sont-ils morts que ceux qui les portaient aux nues de leur vivant les couvrent de sarcasmes, tandis que les hommes de bien gagnent l'admiration de ceux-là même qui, durant leur vie, les méprisaient. Si donc, même lorsqu'il s'agit des biens extérieurs, c'est le plus grand qui revient aux meilleurs, comment ne dirions-nous pas que la providence, en ce domaine aussi, se donne pour fin la rétribution du mérite, procurant aux uns des biens qui durent ce que dure ici-bas la vie, comme à du bétail avide de s'engraisser et de s'encorner, mais aux autres donnant tous ceux qu'ils peuvent emporter dans la vie suivante ? C'est qu'en effet les uns vivent selon l'élément mortel de l'âme, les autres selon l'immortel. A ceux donc qui chérissent particulièrement les biens externes et ce qui est périssable dans les biens internes conviennent les biens plus périssables, mais à ceux qui attachent plus de prix à l'immortel les biens plus immortels. Ainsi dans les deux cas la prise en compte du mérite se trouve sauvegardée par la ressemblance des biens

nibus passionibus: quanto amplior communicatio aliarum ad alias, tanto et incidentium ipsis similitudo accidere amat.

42. *Ad eos autem qui pro inequalitate ea que ad habitus accusant ea que ex providentia: quod preter hoc quod veris bonis superferuntur meliores*, apparentibus autem deteriores — *quod utique distributionis secundum dignitatem erat* —, *et apparentium bonorum maxima bonis providentia etiam nichil negotiantibus preparat differenter; an non bonam gloriam delectatione et divitiis et corporis sanitate preponemus, que solis bonis datur, sicut inglorii mali omnes et inhonorati, quamvis mirii adulatores ipsos circumstent? Mortuos* enim *subsannant qui viventes extollebant; bonos autem maiori modo mirantur et qui viventes despiciebant. Si igitur et exterius positorum bonorum maximum existit melioribus, quomodo non providentiam et in hiis dicemus coniecturare id quod secundum dignitatem, hiis quidem largientem que usque ad vitam que hic tanquam quibusdam pascuis impinguari et efferri desiderantibus, aliis autem quecumque possunt transmittere ad eam que post hec vitam? Et enim hii quidem vivunt secundum mortale anime, hii autem secundum immortale. Conveniunt igitur preferentibus quidem mortale eorum que intra et eorum que extra que magis mortalia, augentibus autem quod immortale que magis immortalia; et salvatur quod secundum dignitatem utrisque in datorum similitudine ad*

41, 11 *post* incidentium *habet* ab *A*

42, 7 differenter *mend. e* διαφερόντως *conuers.* || an *V* : ante *A* || 8 delectatione *A* : -nem *V* || 11-12 qui... extollebant : τεθηπότες *v et Is.* || 18 impinguari *V* : impugnari *A.*

dispensés avec la vie de ceux qui les reçoivent. Et si la sérénité est toujours présente en celui qui possède la vertu, ce qui est aussi le privilège des dieux, si la vie du scélérat, au contraire, se passe tout entière dans les tracas et les agitations, dans des plaisirs qui sont des plaisirs bestiaux, dans une cruauté qui est la cruauté amère des bêtes venimeuses, et cela sans le moindre répit car les maux n'ont jamais de fin, comment ne serait-il pas clair aux yeux de tous que la providence proclame le premier de ces personnages l'égal des meilleurs tandis qu'elle range au nombre des pires exemplaires de la nature humaine celui qui assouvit les passions dont il a été largement pourvu.

VII

43. Eh bien donc ! renonçant à de plus longs développements sur ce sujet, passons à ces questions dont on a pris l'habitude de débattre indéfiniment et qui concernent les animaux dénués de raison ; elles sont l'objet du septième problème que nous allons examiner et que voici : étant donné que la providence s'étend jusqu'à ces êtres, qu'est-ce que cette inégalité qu'on remarque chez eux, par exemple que les uns ont d'heureuses dispositions, les autres non, que certains vivent dans un état morbide alors que d'autres sont doués d'une bonne constitution, et qu'ils se distinguent les uns des autres par d'autres différences analogues ? Mais, en revanche, qu'est-ce que cette égalité qu'on constate chez eux malgré leurs différences ? Puisque nous voyons qu'il leur arrive, à eux comme aux hommes,

suscipientium vitam. Si autem et habenti quidem virtutem semper quod propitium adest, quod utique et ipsis existit diis, pestilenti autem tota vita in inquietudinibus et turbationibus et delectato bestiarum delectationibus et silvestricato veneno punctorum amaricationes et requies horum nulla, malis inexplicabilibus entibus : quomodo non omni palam, qualiter providentia hunc quidem pronuntiat dignificatum melioribus, hunc autem amplectentem passiones per sibi largita connumerat deterioribus nature hominis?

VII

43. *Age itaque, relinquentes eas que de hoc speculamine adiectiones*, ad illas transeamus continuas entes *de brutis* consuetas moveri questiones, *et consideremus septimum hoc problema: providentia etiam ad illa progrediente, que in illis inequalitas?* puta *hiis quidem bene patientibus, hiis autem non*, et hiis quidem in egritudinibus entibus, hiis autem in euexiis, et secundum alias tales differentias ab invicem separatis. Que autem rursum et in hiis equalitas, *dissimilibus entibus*, quoniam et *horum communes* quasdam videmus factas *corruptiones* sicut hominum et oportet etiam in hiis causam eventuum speculari persuasum providentiam usque ad ultima protendi? Et etiam de *sui mutua*

42, 28 quod propitium : τὸ ἵλεων *υ* τὸ ἵλεον *Is.* ‖ 29 in *om. V* ‖ 30 delectato *A* : -tio *V* ‖ 32 malis *V* : in aliis *A* ‖ 32-33 inexplicabilibus *V* (ἀνηνύτων *υ*) : explic- *A* ‖ 35 amplectentem : ἀποπιπλύντα *(sic) υ* (ἐμπιπλάντα *Is.*)

43, 3 *post* et *habet* si *A* ‖ 12 etiam *om. V* ‖ 14 ultima *V* : -mum *A* ‖ mutua *A* : ultima *V*.

d'être victimes de destructions subies en commun, il faut encore, même là, rechercher la cause des événements, dès lors qu'on est bien convaincu que la providence s'étend jusqu'aux extrêmes[1]. Il faut aussi considérer leur habitude de s'entre-dévorer et se demander quelle peut en être la raison. Ce sont là, en effet, les trois choses qui conduisent à mettre en question l'influence de la providence sur eux, à savoir : l'inégalité de leur sort, le fait qu'eux aussi sont soumis à de communes corruptions, leur habitude de s'entre-dévorer.

Disons tout de suite, à ce sujet, qu'il y a d'abord un point à préciser : ou bien, en effet, il existe encore chez eux quelque trace d'une vie automotrice et pouvant se séparer du corps, ou il n'y en a nulle trace et toute espèce d'âme en eux s'éteint avec le corps et doit être assimilée aux qualités et à la chaleur naturelle du corps. Les données de ce problème ainsi posées, nous aurons amplement l'occasion de montrer que, chez eux aussi, on reconnaît le gouvernement de la providence.

44. Si donc les bêtes brutes possèdent, elles aussi, comme nous l'avons dit, quelque trace d'une vie automotrice et peuvent par elles-mêmes agir mieux ou plus mal (et nous disons que c'est cela qui qualifie l'être automoteur au regard de l'opinion comme à celui de la vérité)[2], alors le fait qu'elles soient faciles à apprivoiser, le fait qu'elles se dévorent entre elles, le fait qu'elles aussi subissent des destructions en commun, tout cela c'est à la providence que nous le rapporterons, comme chez les hommes, puisqu'elle s'occupe en détail de tout ce qui les affecte, l'ordonnant et le disposant selon la justice, en assurant la coordination soit en fonction de la similitude de vie, soit en fonction des cycles mondains, soit en fonction des deux (et ceci est encore plus vrai chez les âmes humaines), les laissant aussi s'entre-dévorer comme elle permet chez nous les assauts qui nous jettent les uns contre les autres[3], selon le même principe de justice, sauf que, étant donné les

1-3. Voir *Notes complémentaires*, p. 147.

devoratione considerare secundum quam fit rationem. Tria enim esse hec que exhibent de ea que in hiis providentia dubitationem, scilicet inequalitatem eorum que circa ipsa eveniunt, communes et horum corruptiones, eam que invicem devorationem.

De quibus iam aliquid dicamus, illud determinantes primo : aut enim est *aliquod etiam in hiis vestigium vite autokinetu* (id est ex se mobilis) et separabile a corpore, aut nullum, sed *omnis que in ipsis anime species coextinguitur cum corpore et qualitatibus assimilatur et innato calido.* Hiis enim determinatis, habundabimus iam et in hiis ostendere eam que secundum providentiam dispensationem.

44. Si quidem igitur habent aliquod et horum, ut diximus, vestigium vite autokinetu et deterius se ipso possunt aliquid facere et melius, quale esse le autokinitum dicimus, sive secundum opinionem sive secundum veritatem, et bonam domesticationem et invicem devorationem et communem etiam horum corruptionem in providentiam, sicut in hominibus, referemus, singula suarum passionum curantem et ornantem et temperantem secundum vindictam et coordinantem aut secundum similitudinem vite aut secundum mundiales periodos aut secundum utraque — hoc enim et in humanis animabus verius —, *invicemque devorationes ipsis sinentem, sicut et in nobis eos qui contra invicem impetus*, secundum eundem dikis terminum.

43, 15 deuoratione considerare *V* : considerare deuoratione *A* || 22 etiam *om. V*
44, 4 autokinitum *A* : -tu *V*.

mœurs des bêtes, leur châtiment mutuel aboutit à ce qu'elles se repaissent les unes des autres puisqu'il n'y a pour elles ni argent ni biens qui leur permettent de s'assurer la suprématie ; pour les corps, en effet, il ne reste, pour purifier le mal par lui-même, que le seul moyen de l'attaque contre des corps. Cela aussi, c'est une très grande œuvre de la providence : utiliser, même chez les bêtes, la laideur comme instrument de purification du semblable et le principe « injustement pour qui commet, justement pour qui subit »[1], ce qui montre bien aussi qu'il existe un tiers, celui-là même qui se sert d'eux, et que, par lui, la souffrance devient juste. Tels sont les faits, et tous autres analogues, qui trouvent place dans le monde des animaux dès lors que leur a été reconnue la possibilité d'avoir par eux-mêmes, grâce à un fantôme de mouvoir autonome, de meilleures ou moins bonnes dispositions. D'une manière générale, ils deviennent, en effet, ou plus injustes ou plus justes, ou plus doux ou plus violents, ou plus apprivoisés ou plus sauvages. Les justes effets de l'action de la providence sur eux sont donc divers ; ils consistent à ôter aux uns l'amertume de l'épreuve par la patience, à montrer à d'autres l'intérêt d'une vie plus douce, à rechercher enfin dans les souffrances mutuelles qu'ils s'infligent la sanction des actes injustes dont ils se sont rendus coupables les uns envers les autres. Et on pourrait allonger considérablement la liste des cas de ce genre en raison de la similitude de vie qui détermine, chez eux aussi, des situations semblables à celles des humains, puisqu'on peut rapporter la coordination de leurs destins comme leurs corruptions et leurs saluts communs soit à leur communauté d'être, soit au fait que les uns et les autres servent parfois les mêmes démons

1. Voir *Notes complémentaires*, p. 147.

excepto quod bestiarum modum in eam que invicem epulationem que per invicem punitio terminat, *cum non sint ipsis pecunie et possessiones ad occasionem supergressionis;* nichil enim est, *relicta autem sola ea que in corporibus superpositione,* corporibus ad purgare malitiam se ipsa. Opus et hoc valde magnum providentie, etiam *in hiis uti turpi velut organo ad similis purgationem et le iniuste quidem facienti, iuste autem patienti, quod utique ipsum manifestat utens aliud esse* et propter hoc fieri passionem iustam, et hoc etiam et omne quod tale habere etiam in illis locum, dato et hiis competere propter ydolum autokinisias deterius a se ipsis disponi et melius. Omnino enim et iniustiora quidem fiunt et iustiora, et temperatiora et intemperatiora, et magis domestica et silvestriora. Que igitur ex providentia ipsis merito superveniunt diversa, ab hiis quidem auferentia quod amarum per tolerantiam, hiis autem profectum exhibentia temperatioris vite, ad invicem autem factorum iniustorum expetentia penam in hiis que ab invicem passionibus. Et multa utique talia extendere habebit aliquis proprer similitudinem vite determinantis similia humanis etiam in hiis, quoniam et *coordinationes et communes corruptiones vel salvationes* aut in eam que secundum substantiam communionem aut in ydemptitatem utentium ipsis

18 sint *A* : sicut *V* || 19 supergressionis *A* : superegressionis *V* || 20 superpositione *interpretis mend. pro* aggressione *e gr.* ἐπιθέσεως *(cf. Is.)* || 21 se ipsa B *mg* : se ipsam *AVB* || 30 quidem *om. V* || et intemperatiora *om. A* || 32 *post* Que *habet* quidem *V* || 34 tolerantiam : τληπάθειας *v* || profectum *A* : perfectum *V* || 36 iniustorum *Cousin* : iustorum *AV* || 39 etiam *V* : et *A* || 42 ipsis *V* : ipsas *A*.

comme des troupeaux conduits parfois par les mêmes pasteurs[1], soit à l'unité d'une période qui les englobe tous dans le synchronisme de ses moments, soit à un règlement des mêmes dettes en raison de la ressemblance des actes ; car il y aura alors, pour chacun d'eux, une raison apparemment semblable : par exemple, s'ils ont fait preuve d'une même dureté dans leur vie, ils subiront un même sort, et il en sera de même pour ceux qui auront été injustes. Il existe, en outre, une conjonction de destin due à ce que leurs descentes respectives dans le devenir sont en concordance — l'hypothèse, en effet, est que les animaux possèdent une certaine forme de vie séparable du corps et automotrice —, les êtres nantis de leur destin trouvant satisfaction les uns en telles destructions, les autres en telles concessions, d'autres encore en telles ou telles autres actions, ou bien, si l'on se place du point de vue de l'essence, tels êtres étant proches les uns des autres, tels autres différents de nature et, pour cette raison, les uns se trouvant soumis à un pâtir semblable, les autres à un pâtir contraire, ou encore tous concourant les uns avec les autres selon un principe unique, celui de la providence, selon lequel sont tissés ensemble les ouvrages du destin et ceux du libre-arbitre ainsi que le sort de ceux qui marchent devant et celui de ceux qui suivent, et il en résulte un entrelacement unique de tous les êtres, même de ceux qui en paraissent détachés[2]. Car d'où vient cette coordination, d'où vient cette unité, sinon de l'Un dont nous avons dit que c'était lui qui déterminait essentiellement la providence, lui qui révélait aussi la bonté de ce qui est fait[3] puisque le bien marche avec l'un?

45. Mais si, chez les êtres privés de raison, toute forme de vie est mortelle, sise en un corps mortel, n'ayant, à l'instar du corps, rien qui lui appartienne en propre, mais tenant tout de ce corps en lequel elle siège, alors il est absolument certain que la raison de la providence sera, chez eux, une raison semblable et commune, analogue à celle des plantes qui n'ont en

1-3. Voir *Notes complémentaires*, p. 147-148.

demonum velut gregis principum quorundam *possibile reducere aut in omnium periodum unam sibi ipsi consonam* aut in debitorum eorundem solutionem propter idemptitatem operum : singula enim horum habebunt verisimilem rationem, puta usa simili amara vita similia sortiri, aut iniusta facta eodem modo. Et etiam fati esse concursum propter consonos ipsorum ad invicem in generationem descensus — supponuntur enim et separabile aliquid a corporibus habere et autokinetum — sortitis entibus *gaudentibus hiis quidem talibus corruptionibus, hiis autem talibus remissionibus*, et hiis quidem aliis, hiis autem aliis ; *aut secundum substantiam hiis quidem invicem prope entibus, hiis autem alienis, et propter hec hiis quidem factis in similibus passionibus, hiis autem in contrariis ; aut etiam omnibus hiis concurrentibus invicem secundum unum providentie terminum, secundum quem et fatata hiis que in nobis congregantur et que antecedentium assequentibus, et una ex omnibus complicatura evenit et eorum que dependere videntur. Unde enim coordinatio hec et le unum, nisi ex uno, quod utique maxime providentiam determinare dicebamus, quod et factum bonum pronuntiat, uni bono conveniente?*

45. *Si autem tota vite species in brutis sit mortalis in corpore mortali posita, quasi utique corpus et nichil sui ipsius habens, sed illius ens in quo est, omnino utique et providentie ratio in hiis similis erit et communis sicut et in plantis, quibus sine fantasia*

44, 46 solutionem : ἔκτισιν *υ* || 48 usa *V* : ut a *A* || 49 fati *AV p.c.* : facti *V a.c.* || 51 supponuntur *A* : -nitur *V* || 61 congregantur : σιγκλωθεναι *(sic) υ* συγκλώθονται *Is.* || 65 prouidentiam *A* : -tia *V*.

elles qu'une nature sans représentations et ne possèdent rien qui ne fasse corps avec leur racine. Mais que peut donc être une raison providentielle s'exerçant aussi bien sur ces êtres et sur ceux qui ne peuvent éprouver ou avoir éprouvé que ce qui vient des sens que sur ceux qui ont non seulement des sensations mais aussi des représentations[1] ? Ou alors, puisqu'il existe, de tous les êtres de ce monde, une raison unique formée de toutes, mais que ses parties sont les unes plus importantes, analogues au cœur et aux organes qui, chez nous, ont le rôle principal, les autres moins importantes bien que non reléguées toutefois au dernier rang[2], étroitement associées au poumon et aux organes qui coopèrent avec les organes principaux, les autres enfin très distantes des premières, pareilles aux ongles[3] et à tout ce qui en nous garde une trace imperceptible de vie, nous dirons que le monde entier doit ressentir en toutes ses parties deux influences, je veux dire celles de la providence et de la fatalité, comme notre corps tout entier et ses parties ressentent l'influence de la nature et celle de l'âme rationnelle exerçant sur chacune sa providence, mais que les parties maîtresses ressentent davantage l'action de la providence, les dernières davantage celle du destin, celles qui sont intermédiaires ressentant tout autant l'une que l'autre.

46. On trouve donc chez les êtres premiers et recteurs de l'univers des preuves nombreuses et évidentes des dons de la providence, puisqu'ils se meuvent dans un ordre éternel, puisqu'ils imitent l'intelligence et toutes

1. La leçon retenue pour cette phrase est celle d'Isaac, le texte de Moerbeke ne présentant aucun sens satisfaisant.

2. Cf. Aristote, *De gen. anim.* 2 et 3 ; *Enn.* 3, 2, 17, 74-75.

3. Cf. *Enn.* 4, 4, 32, 15.

sola natura iniacet, separabile nichil habens a radice. Que igitur et in hiis et in sentientibus et fantasiantibus si forte sola que ex sensu pati aut passa esse potentibus providentie ratio? Aut, quoniam eorum que in hoc mundo omnium una quidem est que ex omnibus ratio, partes autem alie quidem principaliores, cordi et principalibus in nobis proportionales, alie autem minus principales hiis, non tamen et in ultimum ordinem deducte, pulmoni et cooperantibus illis coniugate, *alie autem multum distantes a principiis, unguibus et habentibus in nobis debile vestigium vite similes: oportere quidem* dicemus *totum mundum ambo* recipere *secundum omnes partes, providentiam* dico et fatum, — *sicut et nostrum corpus totum et partes, que in ipso,* natura et rationali anima singulis providente —, *sed quecumque quidem principaliores providentiam magis, quecumque autem ultime fatum magis, quecumque autem intermedie nichil magis alterum quam reliquum?*

46. *Prima quidem igitur et principalia universi multam evidentiam habent donorum providentie, in ordine semper currentia et* intellectum *imitantia et*

45, 7-9 Que igitur — prouidentie ratio ; ***sententia tota, si modo Isaacius ad Procli opusculi exemplar scripsit, sic reformanda est:*** Que igitur et in hiis et in sola que ex sensu pati aut passa esse potentibus et in sentientibus et fantasiantibus prouidentie ratio ?

45, 8 si *A* : et *V* || 10 que *om. V* || 12 cordi *Cousin* : cor *AV* || 14 deducte : ἀπεριμμένα *υ* (ἀπερριμένα *Is.*) || 17 oportere *A* : operatione *V* || 21 rationali *V* : irratio- A || 22-25 prouidentiam... fatum... alterum... reliquum ***in locum ablatiui subdidi cum haec uerba a*** recipere ***(l. 18) dependeant, ut apud Is. ab*** ἀπολαύειν ***genitiui depend. Vide Boese, p. 72 § 45, 17-8.***

46, 2 donorum *A* : eternorum *V a.c.* tenorum *V p.c.*

les formes du bien, puisqu'ils exercent une action bienfaisante sur les autres parties, action créatrice et vivifiante, et puisqu'ils disposent de toute vertu.

Quant aux êtres intermédiaires, c'est-à-dire tous ceux qui, usant d'une faculté de choix, ont été dotés d'une vie qui s'infléchit jusqu'aux deux termes extrêmes, il apparaît qu'ils ne sont pas moins gouvernés par une puissance que par l'autre. Et en effet, que l'action de la providence est évidente les hommes en ont l'expérience puisqu'ils vont jusqu'à dire qu'ils sentent ce qui vient d'elle et que toute légèreté de parole peut aussitôt entraîner pour chacun d'eux l'action corrective de Némésis[1] ; mais ils ont aussi une expérience de la fatalité telle qu'ils rapportent à elle la plupart des dangers qui les menacent à cause de l'évidence des épreuves qu'elle fait fondre sur eux. De ces deux puissances, en effet, ils reçoivent des dons qui frappent leur attention puisque, pour la première, ils sont mis en présence d'apparitions de dieux ou de démons, de guérisons par les rêves[2] et de tous autres faits du même ordre, tandis que, pour la seconde, ils se trouvent engagés dans des nécessités de toutes sortes et sont sensibles à l'action des astres qui s'étend jusqu'à nous[3]. Il en résulte que les avis à ce sujet sont aussi partagés, les uns attestant que c'est la fatalité qui est maîtresse de toutes choses, les autres étant persuadés que c'est avant tout la providence qui préside aux affaires humaines. Car l'intervention évidente de l'une et de l'autre dans nos affaires conduit les gens à s'en faire une idée imparfaite, comme d'une seule puissance, celle qui les touche par son action personnelle, et qui, en raison

1. Cf. *Lois* 4, 717 c-d ; *in Tim.* 1, 198, 2-3.
2. Cf. Jambl., *op. cit.*, 108, 8-9.
3. Voir *Notes complémentaires*, p. 148.

boniformia omnia et benefactiva aliarum partium entia conditivaque et vivifica et *omnem virtutem habentia promptam.*

Media autem — talia autem sunt quecumque electione utentia eam que ad ambo extrema participantem vitam susceperunt — non preter modicum ex una quam ex altera dispensata videntur. Et enim providentie evidentis homines experientiam habent usque ad dicere quod sentiant ea que ab ipsa et promptum esse omnibus eam que super levitate verbi Nemeseos *correctivam operationem;* et fati *ut plurima et eorum que in ipsis sunt ad illud remittere propter evidentiam eorum que ab ipso eveniunt: et enim amborum habent donationes*, tangentes epistasim (id est attentionem), hanc quidem in khristeriis, *in apparitionibus deorum* aut demonum, *in curis hiis que per sompnia, in omnibus talibus; hoc autem in necessitatibus* facti *omnimodis; et sentientes operationem* astrorum et *usque ad nos procedentem, ita ut etiam gentium sint diverse opiniones, harum quidem attestantium omnium dominum esse* fatum, *harum autem credentium providentiam maxime astare humanis. Nam quod utriusque evidens in nostris* imperfectas adiectiones quomodo solum adducit *propter sui ipsius quidem operationem tangens, propter imperfectam autem tacti intelligentiam solum*

46, 4 boniformia *A* : boni forma *V* || 5 entia *A* : entium *V* || uiuifica *A* : -catiua *V* || 8 electione *A* : -nem *V* || 8-9 participantem : μετοκλάζουσαν *υ* || 14 fati *Boese (cf. Is.)* : fato *AV* || 18 hanc *A* : hac *V* || 19 apparitionibus *V* : appara- *A* || 21 facti *A* : fati *V* || 22 operationem *A* : -nes *V* || astrorum *A* : astruorum *V* amborum *Boese* || 23 sint *A* : sic *V* || 24 dominum *ego* : -nam *AV mend. e. gr.* κυρίαν (εἱμαρμένην) *ortum* || 26 utriusque *V* : uirtusque *A* || 29 tacti *AV p.c.* : rati *V a.c.*

de l'intelligence limitée de celui qui est touché, est tenue par lui pour unique ; mais c'est par les deux qu'est touché celui qui, dans sa nature, dispose de ce qui correspond à la nature de la puissance affectante ; et ce qui correspond par sa nature à la providence c'est l'intelligence qui est en nous, ce qui correspond à la fatalité c'est la nécessité qui est en nous ; et nous vivons ou selon l'intelligence présente en nous sous des modes multiples ou selon la nécessité qui est en nous.

47. Vient ensuite la troisième catégorie des habitants de ce monde, ceux qui n'ont aucune autonomie ; bien qu'ils participent eux aussi à ces deux puissances, c'est presque exclusivement selon la fatalité qu'ils vivent en tant qu'ils sont façonnés par elle et entièrement gouvernés par elle en la totalité de leur être ; car ce sont les corps et les éléments qui y siègent que la fatalité a pour fonction de régir, et elle le fait soit selon la substance soit selon l'activité seule, En conséquence, tout ce qui, chez les créatures vivant de cette façon, vient de la providence est étroitement lié aux accomplissements du destin et varie avec eux à la manière d'un effet du destin. Et c'est pourquoi, puisque la fatalité est à l'origine de leur naissance et informe leur être d'après elle, leur bon comportement, lui aussi, est tributaire de cette origine, lui qui est, en vérité, la dernière trace de l'influence providentielle sur eux ; de sorte que si leur constitution première a telle part dans l'univers, il s'ensuit pour eux une vie et une mort correspondant à cette constitution première ; mais si l'un d'eux reçoit en partage une naissance différente, différents sont aussi les sorts qui, de là-haut, lui échoient. Soit donc qu'ils se détruisent entre eux, soit que ce traitement leur soit infligé par d'autres, que ce soit en commun avec les autres ou isolément, qu'ils en éprouvent du plaisir ou de la douleur, tout cela suit rigoureusement les mouvements premiers auxquels se conforment

esse putatum; tangitur autem ab ambobus quod congeneum tangenti promptum habet; congeneum autem providentie quidem qui in nobis intellectus, fato autem *que in nobis* necessitas ; *vivimus autem aut secundum eum qui in nobis omnimode intellectum aut secundum eam que in nobis* necessitatem.

47. *Tertia autem eorum que in mundo et nichil absolutum habentia, et si utrisque etiam hec participent, secundum* fatum *fere vivunt solum veluti facta inde et tota ab ipso dispensata secundum tota se ipsa: corporum enim* fatum *et in corporibus inhabitantium aut secundum substantiam aut secundum operationem solam dispensativum. Omne igitur quodcumque viventibus isto modo existit ex providentia effectibus* fati *complexum est* et velut fatatum *fit coalteratum cum illis. Et propter hec,* fato *principium generationis hiis exhibente et informante ipsorum esse secundum se, et le bene esse secundum illud principium sequitur quod utique providentie circa ipsa est finale vestigium, ut, si quidem prima horum consistentia habeat talem in universo partem, et vitam esse hiis talem et corruptionem consequentem prime consistentie; si autem alieniorem accipiat aliquid generationem, alienioribus sortiri et hiis que inde in ipsa descendentibus. Sive igitur invicem corrumpant, sive ab aliis hoc patiantur, sive communiter cum aliis, sive seorsum, sive delectentur, sive*

46, 33 *pr.* autem *om. A.*

47, 1 mundo *A* : malo *V* || 2 hec *A* : hoc *V* || participent *V* : -pant *A* || 3 facta *ego* (πλαττόμενα *Is.*) : tacta *AV* || 6 aut *om. A* || 9 fit *A* : sit *V* || 10 hec *A* : hoc *V* || 11 informante *Boese* (μορφούσης Is.) : in formam *AV* || ipsorum *V* : eorum *A* || 16 consequentem *V* : consistentem *A.*

entièrement les parties secondes qui n'ont, conséquence nécessaire, rien qui leur appartienne en propre, mais qui ressemblent, par leur passivité, à une ombre prenant mille formes différentes selon les mouvements du corps dont elle est l'ombre ; et le mérite, chez eux, se détermine en fonction du principe « tel a été fait un être, telle doit être sa vie », puisque nous affirmons que, même chez les êtres ayant l'autonomie de leurs mouvements, c'est la qualité de chacun qui définit son mérite ; mais en soulignant bien que, dans le cas de ces derniers, cette qualité est leur œuvre, tandis que, dans le cas des êtres privés de toute autonomie de mouvement, elle est le fait des autres.

48. Et on ne doit pas chercher une fois de plus pourquoi celui-ci est né dans tel ordre de l'univers, celui-là dans tel autre, pourquoi l'un est gai, l'autre triste en vertu de sa constitution originaire qui entraîne pour l'être constitué selon cette origine un état soit conforme à la nature soit contraire à la nature ; car chercher cela, c'est chercher le principe d'un principe[1]. Or de tels êtres n'ont pour principe que l'ordre de l'univers[2] ; il ne faut donc pas chercher un commencement antérieur à celui-là chez des créatures qui n'ont et, en somme, ne sont rien avant lui, mais il faut bien que ce principe, toujours porteur de quelque être, tantôt d'une sorte tantôt d'une autre, ne produise que des créatures façonnées selon le seul mode de fabrication qui lui soit propre. Mais si un être existant déjà avant l'ordre vient d'ailleurs pour prendre place dans cet ordre, il est nécessaire de chercher ce qui lui vaut cette place[3], ce qui, chez lui, s'accorde avec cet ordre, ce qui les lie tous les deux, pour qu'ils ne se trouvent pas liés pour rien. Par contre, tout objet qui ne vient pas s'insérer dans l'ordre mais qui est né à partir de cet ordre s'harmonise avec lui, même s'il n'y a rien eu

1. Cf. *Enn.* 6, 8, 11, 8-9 : τὸ δὲ διὰ τί ἀρχὴν ἄλλην ζητεῖ · ἀρχῆς δὲ τῆς πάσης οὐκ ἔστιν ἀρχή.
2-3. Voir *Notes complémentaires*, p. 148.

doleant: omnia hec prioribus motibus assequuntur, quibus necesse minus principales partes semper assequentes nichil suum habere, sed idem pati cum umbra omnimode transfigurata secundum corporis motum, cuius est umbra; et quod secundum <dignitatem> in ipsis, quia tale plasmatum, talem oportet vitam habere, quoniam et in autokinetis dignitatem determinare dicimus le quale uniuscuiusque; sed hoc utique le quale illis quidem a se ipsis, non autokinetis autem ab aliis.

48. *Et non querendum iterum propter quid hoc quidem in hoc ordine factum est universi, hoc autem in alio, et hoc quidem delectatur, hoc autem tristatur propter principium sui ipsius consistentie aut id quod preter naturam superducens aut quod secundum naturam consistenti secundum ipsum: nam hoc querere est querere principium principii. Principium enim solummodo talium est universi ordo, quo non oportet prius querere in non habentibus aliquid prius neque totaliter entibus, illativum autem semper alicuius ens, quandoque quidem alterius, quandoque autem alterius, plasmare quod fit secundum sui ipsius solius factionem. Si autem aliquid aliunde et prius ens venit in ordinem, in isto quod secundum dignitatem et quod ad ordinem consonum inquirere necessarium et complicans ambo, non frustra aliud alii complecti. Omne autem quodcumque non in ordinem intrat, sed ab ordine fit, concordat ordini,*

47, 22 prioribus motibus *V* : motibus prioribus *A* || 26-27 dignitatem *add. Boese* (τὸ κατ' ἀξίαν *Is.*)

48, 1 non *V* : si *A* || 7 *pr.* querere *om. A* || *alt.* querere *A* : quare *V* || 9 aliquid *A* : ad *V* || 10 entibus *ego* (ἐχόντων ... ὄντων *Is.*) : entium *AV* || 12 fit *V* : sit *A* || 16 complicans *ego dubit.* (τὸ συμπλέκον *Is.*) : complicare *AV*

pour les réunir ; et le mérite pour lui consiste à se trouver en harmonie avec l'ordre à partir duquel il a été engendré ; mais cette venue à l'être, il n'en porte pas le mérite ; car tout le mérite est donné à l'être préexistant, tandis que lui n'avait, avant sa venue à l'être, aucune existence pouvant nous permettre de rechercher ce qui lui valait cette venue à l'être. Disons donc pour résumer notre opinion : pour ceux qui existent avant l'ordre, l'ordre dans lequel ils vont prendre place est celui qu'ils méritent, mais pour ceux qui n'existent qu'à partir de l'ordre, il n'est pas mérité mais principe de ce qu'ils mériteront. En effet, ce qu'on mérite est second, mais non premier ; les notions communes l'affirment bien, elles aussi, puisqu'elles disent de quelqu'un que sa souffrance est méritée, d'un autre qu'elle n'est pas méritée lorsqu'elles ne voient rien d'antérieur qui justifie ce qui vient après. Voilà ce que nous avions aussi à dire sur ce sujet.

VIII

49. Examinons maintenant la huitième question ; si elle a fait l'objet de maints débats, c'est qu'elle trouble beaucoup d'esprits et les amène à contester l'action de la providence ; elle s'énonce ainsi : les châtiments que la providence inflige aux pécheurs ne suivent pas les fautes immédiatement, mais après un certain délai, lequel est parfois fort long ; pour quelle raison en est-il ainsi[1] ? Ceux qui ont commis une faute tireraient, en effet, plus de profit de leur châtiment s'ils étaient punis immédiatement plutôt qu'après un délai tel qu'ils ne savent même plus pourquoi ils sont punis et qu'ils vont même jusqu'à faire des reproches à la providence : ils se rendent bien compte, en effet, qu'ils sont punis, mais

1. Les réponses à la huitième question ne font, pour l'essentiel, que reprendre, parfois littéralement, celles données par Plutarque dans son traité *de sera numinis vindicta* ; cet ouvrage vient d'être nouvellement édité, traduit et annoté par R. Klaer et Y. Vernière (*Œuvres Morales* VII-*Traités* 37-41, Les Belles-Lettres 1974) ; sur ces emprunts de Proclus au traité de Plutarque, voir E. Klostermann, *op. cit.*

et si nichil sit conducens; et hoc est ipsi le secundum dignitatem: ordini colligari a quo genitum est; ipsius autem quod est factum fuisse dignitatem non suscipit: omne enim le secundum dignitatem attribuitur preexistenti; hoc autem non erat totaliter ante generationem, ut utique et eam que secundum dignitatem quereremus generationem.

Quare, ut summatim dicamus quod videtur, entibus quidem ante *ordinem ordo secundum dignitatem; hiis autem qui ab ordine non secundum dignitatem, sed ordo principium eius quod secundum dignitatem: nam le secundum dignitatem posterius, sed non primum, et communes aiunt conceptiones, hunc quidem secundum dignitatem dicentes pati, hunc autem non secundum dignitatem, quando nichil vident prius, quo dignum id quod posterius. Tanta et de hoc dicere habuimus.*

VIII

49. *Octavum autem* post hoc consideremus. Hoc itaque multum divulgatum, quod et multos movet et facit ad providentiam contravenire, scilicet *punitiones* esse *ex providentia in peccantes non peccatis mox assequentes, sed post tempus, et hoc aliquando valde longum:* secundum quam fit rationem? *Magis enim utique corrigerentur puniti mox delinquentes quam post tantum tempus, ita ut neque cognoscant propter quid puniantur, immo et adversus providentiam moveantur, punitiones quidem*

48, 35 habuimus *A* : debuimus *V*.
49, 4 non *V* : nec *A* || 7 corrigerentur : ἀπώναντο *υ*.

ils ont oublié pour quelles fautes, comme les gens qui subissent des peines pour des actions commises autrefois dans d'autres vies par des pécheurs autres qu'eux ou encore dans les mêmes vies, mais pour des actes commis il y a longtemps. Or la providence agit toujours en vue du bien et les pécheurs retirent plus de bien d'un châtiment qui accompagne immédiatement la faute ; alors comment expliquer que ce n'est pas du tout cela que nous voyons se produire, mais, dans certains cas même, tout le contraire? C'est ainsi que nous voyons de bons sujets ignorer la cause de leurs malheurs parce qu'ils ont perdu tout souvenir des actes auxquels ils doivent les châtiments qui s'abattent aujourd'hui sur eux au moment où leur conduite est bonne ; tandis que les mauvais sujets attribuent les mêmes faits à la malchance lors même qu'ils se produisent à leur intention et, constatant que de telles épreuves ne leur échoient nullement plus souvent qu'à ceux qu'on désigne comme bons, ils ne portent aucune condamnation contre leur propre scélératesse, mais, en revanche, ce qu'ils qualifient de « vain » c'est un zèle non pour le mal mais pour le bien, s'il est vrai que, le ciel dispensant à l'un et à l'autre également ses dons, c'est à la mauvaise conduite qu'il est donné d'avoir la plus grande quantité de biens apparents. Tandis que s'il y avait concordance dans le temps entre la mauvaise action et le châtiment de son auteur, on ne verrait pas le méchant frappé d'un châtiment accuser le hasard, ni le bon ressentir de l'amertume ; ce dernier ne pourrait, en effet, mettre en cause son mode de vie en alléguant que des épreuves viennent le frapper alors qu'il se conduit bien. On l'a dit, d'ailleurs, « aucune dette impayée à l'échéance n'accroît, autant que celle de la justice, l'insolence du débiteur dont le mauvais naturel se donne alors libre cours. »

50. [Première réponse] : en vérité, il est évident pour tous qu'un châtiment lié directement à la faute, et qui

sentientes, obliti autem eorum in quibus peccaverunt, *velut qui* in aliis vitis aliorum preteritorum *sustinentes penas*, aut etiam in eisdem, sed *ante multum tempus peccatorum. Providentia igitur agente boni gratia, et magis utique bono sortientibus punitis simul cum peccatis, quomodo non accidens hoc videmus, sed in aliquibus etiam totum contrarium, ita ut boni quidem non habeant causam eorum que patiuntur propter oblivionem eorum post quos presentes punitiones bonis entibus incidant, mali autem symptomatibus disponantur, quamvis fiant circa ipsos, et nichil magis in ipsis videntes quam in hiis qui dicuntur boni evenientes, nullam sententiam ferant contra sui ipsorum malitiam, sed bonitatis vanam adinventionem nominent, non malitie, siquidem, eisdem influxis desuper utrisque, existat malitie plus habere in apparentibus. Si autem esset simul cum acto negligenter acti punitio, neque utique malus accusaret fortunam punitus, neque utique bonus moteste ferret: non enim, dum bonus est, patiens accusaret utique sui ipsius vitam; nichil enim sic,* ait aliquis, *debitum, ut dikes* (id est vindicte) *supermansuetum factum augebit presumptionem malitie affluentis.*

50. *Quod quidem igitur non ex necessitate punitio, peccatis applicata et manifesta ens peccantibus*

49, 12 uitis *A* : uitiis *V* || 14 peccatorum *ego* : peccantibus *AV. cf. Is.* : τῶν ἐκτιννύντων ποινὰς πρὸ πολλοῦ τινος αὐτοῖς ἡμαρτημένου ; preteritorum *(l. 12) ut adj. ad* peccatorum *referens intelligendum* || 22 ipsos *A* : ipsus *V* || 24 ipsorum *V* : ipsius *A* || malitiam *uel simil. ego* (πονηρίας *Is.*) : prouidentiam *AV* || 25 uanam *V* A[pc] : bonam A[ac] || 28 negligenter *V* : -gent *A* || 30 moleste ferret : ἀπεδυσπέτησεν *υ* || 32 debitum : χρέος *υ* || 33 presumptionem : ιταμόπητα *(sic) υ* (ἰταμότητα *Is.*) || 34 affluentis *A* : affligentis *V*.

rend manifeste aux yeux du coupable la cause dont il dérive, ne coupe pas nécessairement court aux entreprises de la scélératesse et n'oppose pas une barrière à son action ; chacun s'en rend compte en voyant les gens qui chaque jour sont punis pour ce qu'ils ont fait, mais font ce pour quoi ils ont été punis, qui joignent, pourrait-on dire, en les faisant se suivre immédiatement, les châtiments aux actes, puis de nouveau les actes aux châtiments, se livrant à la profanation, au vol, au brigandage, à la débauche, subissant les peines aussi légales et humaines que divines encourues pour ces forfaits, mais ne s'abstenant pas davantage de faire ce pour quoi ils savent qu'ils ont été frappés. Pareille, en effet, à une terre infestée de chardons qui, même si on coupe dix mille fois les rejets, continue à en produire de semblables, la racine du mal, une fois implantée, donne naissance aux mêmes actes sans que l'arrête la perspective des châtiments qu'ils appellent. Aussi l'intervention immédiate du châtiment après la faute n'a-t-elle qu'une incidence faible ou même nulle, peut-on dire, sur le comportement des mauvais sujets, s'il s'agit de les empêcher de commettre des fautes. Dans ces conditions, pourquoi reprocher à la providence ses atermoiements? Et pourquoi dirais-je que la conjonction dans le temps du châtiment et des fautes peut avoir la moindre utilité, alors que ce châtiment a beau être annoncé de la façon la plus claire et avoir été unanimement reconnu, la scélératesse n'en apporte pas pour autant plus de restriction à l'assouvissement de ses penchants? Au contraire, pour elle la satisfaction immédiate des désirs l'emporte sur l'éventualité du malheur prêt à frapper, malheur dont elle a pourtant l'exemple sous les yeux ; c'est dire que, en comparant le « déjà » et le « pas encore », elle fait la distinction entre l'acte et le châtiment attendu.

51. [Deuxième réponse] : par ailleurs, joindre aussitôt la correction à la faute n'est pas non plus une bonne technique ; on en trouve la preuve évidente dans les décisions prises par les médecins dignes de ce nom qui

propter quam causam assequitur, descindit malitiam et obstruit ad operationem, omni utique palam a punitis quidem cotidie in hiis que egerunt, agentibus autem ea pro quibus puniti sunt et coniungentibus mox — ut est dicere — actionibus quidem punitiones, punitionibus autem actiones, sacra violantibus, spoliantibus, latrocinantibus, intemperate viventibus, et vindictas in hiis sustinentibus, has quidem legales et humanas, has autem et demonias, *et nichil magis abstinentibus in quibus plagati cognoscunt. Inserta enim nequitie radix sicut spinas ferens terra, et si millesies excidas nascentes, similium est productiva, easdem reddit operationes non flexa punitionibus que super hiis. Quare et simul cum peccatis punitione assequente ad malos non abstinere a peccatis aut modicum aut nichil, ut est dicere, faciente: quid providentiam accusamus de ditatione propter hec? Sed quid dico presentis punitionis super peccatis proficuum esse modicum? Sed neque promulgata evidentissime et confessa ab omnibus malitia contrahitur ad expletionem suorum motuum, sed mox appetitis sortiri ante prefert ea que sub oculis iacente plaga, distinguens per iam et nondum actionem ab expectata punitione.*

51. *Quod autem neque correctiones peccatorum mox adhibere artificiale, manifestant medicorum iudicia eorum qui ut vere tales et non passiones solum,*

50, 3 descindit malitiam *V* : malitiam descindit *A*.

considèrent non seulement les affections elles-mêmes, mais aussi le moment[1] où chacune demande à être soignée, qui attendent ce moment, même s'il semble encore fort éloigné, et qui ne forcent pas les maladies non encore mûres, comme ils disent, affirmant que le choix du moment est l'âme de toute thérapeutique. Eh bien ! ces moments, la providence les connaît, je veux dire les moments qui conviennent respectivement aux traitements des affections non seulement physiques mais psychiques, elle s'attache à la cure des âmes et, comme elle se donne pour fin l'intérêt du patient, il faut qu'elle attende l'instant favorable pour intervenir. Car, dit Platon lui aussi, ce sont, avec les dieux, le hasard et l'occasion qui gouvernent toutes les affaires humaines[2], qu'il s'agisse soit de donner quelque part de bien, soit d'éliminer quelque part de son contraire. Si donc ce qui partout rend efficace toute action, même l'action corrective à l'encontre de ceux qui se sont écartés du droit chemin, c'est le moment, que ce soit l'action conforme à la nature ou celle qui est conforme à la raison (et on dit que la première est celle qui intéresse les corps, la seconde, peut-on dire, toutes les affaires humaines), alors on se doit d'admettre que la providence de cet univers connaît par anticipation les cas où il faut différer l'intervention et ceux où il faut guérir sans tarder le vice, et qu'elle réfléchit à la manière non de plaire à ces petits hommes que nous sommes, mais d'agir utilement en fonction du moment pour apporter aux mauvais le traitement dont ils ont besoin. En effet, que, de toutes les techniques médicales, l'art de guérir les âmes qu'on appelle « Justice » est réellement la

1. Sur le rôle du καιρός cf. Hippocrate, *Aphor.* 1, 1 (IV 458), *De morbis* 6, 147-148 (Littré) ; Aristote, *Eth. Nic.* 1096 a ; *in Alc.* 120, 14-15.
2. *Lois* 709 b 7-8.

sed et tempora considerantium in quibus singula curari volunt, et expectantium illa, quamvis videantur esse remotiora et non cogentium, *animas*, obviis, ut aiunt, *egritudinibus*, *dicentes curationum esse tempora. Hec igitur et providentiam intelligere*, puta *non corporalium solum, sed et animealium passionum aliarum alia curationis tempora*, animatam curationem observare, et oportere providentiam *finem facientem profectum curandi congruum expectare punitioni tempus :* cum diis enim ait et ille fortunam et tempus humana omnia gubernare, *sive dare aliquid bonorum oporteat, sive purgare contrariorum.* Si igitur efficacem facit *operationem omnem* ubique tempus, *etiam correctivam egressorum, aut id quod secundum naturam aut id quod secundum rationem, et hec* aiunt hoc quidem *in corporibus*, *hoc autem* — ut est dicere — *in omnibus humanis negotiis : oportet itaque ante hec putare eam que in hoc universo providentiam ista cognoscentem, sive differre oporteat, sive mox sanare malitiam, considerare non qualiter utique placeat* homoncionibus, *sed qualiter utique proficiat secundum tempus adducens* malignis *curationem. Quod enim animarum sanatio dika appellata omnium medicinalium artium est enter magis artifi-*

51, 16-20 Si igitur — negotiis : *male uerborum relationem G intellexisse uid.; si enim apud Is.* τὸ κατὰ φύσιν *et* τὸ κατὰ λόγον *ad* τὸ δραστήριον, *ut opinor, referuntur, tunc leg. l. 17-19 :* eam que secundum *(bis)* — et has (*scil.* operationes) aiunt hanc quidem — hanc autem...

51, 5 curari *A* : -re *V* || 6 remotiora *A* : -tiua *V* || obuiis : *uerisim. interpretis mendum e similitudine uerborum* ἀπεναντίοις *et* ἀπεπάντοις *ortum quorum secundum praeferri oportet* || ut *V* : aut *A* || 9a nimealium *O* : anime alium *A* animalium *V* || 12 profectum *A* : perfectum *V* || 16 omnem *A* : omne *V* || 21 itaque *A* : utique *V* || 23 malitiam *ego* (πονηρίαν *Is.*) : prouidentiam *AV* || 27 enter *A* : ente *V*.

meilleure, c'est évident : car ce qu'elle soigne c'est l'âme, objet divin, si l'on peut dire, et dont la malignité est plus complexe que celle des corps. Pour que le traitement soit meilleur, meilleure donc doit être la technique à laquelle recourt la providence ; or une meilleure technique ne consiste pas à enchanter les autres par la rapidité de l'action, mais à faire ce qu'il faut, plus ou moins vite, avec l'aide du temps, dans l'intérêt de ceux qui attendent la guérison. Si donc il n'est pas convenable que les non-musiciens critiquent les musiciens et, d'une façon générale, que les profanes critiquent les spécialistes, qu'on ne vienne pas non plus critiquer la providence alors qu'on ignore et qu'elle sait ce qui, dans tout traitement du corps et de l'âme, est l'essentiel, c'est-à-dire le moment ; qu'on n'aille pas non plus, parce qu'on est tourmenté par des méchants, presser la justice de rendre son arrêt, mais qu'on écoute plutôt la providence dire : « si, pour toi, c'est maintenant l'heure de souffrir, pour ceux qui font le mal viendra aussi, à l'heure qui convient, le temps de la souffrance ». Si, en effet, on veut bien méditer cette parole, on plaindra les méchants pour l'enracinement de leur mal, mais pour soi, voyant qu'on a déjà obtenu ce qu'ils attendent, on sera, j'en suis persuadé, à la fois zélateur et chantre de la providence.

52. Considérez maintenant, si vous le voulez bien, une autre explication encore, plus vraie que toutes les autres, en vous demandant ce que c'est, en fin de compte, qu'être justement puni et quel est le mal pour lequel certaines gens sont justement punis ; ce mal, ne serait-ce pas l'avilissement et la perversion de l'âme, et n'est-ce pas pour cette raison qu'on le dit être et qu'il est effectivement son vrai mal, puisqu'elle souffre là de la pire des maladies[1], maladie non du foie ni du cœur (objets mortels et entièrement corruptibles pour lesquels la conformité à la nature réside dans le fait que sont contraires à la nature les éléments dont ils

1. La pire des maladies de l'âme, selon Platon, est l'ἄνοια, c.-à-d. l'infidélité à l'esprit. Cf. *Timée*, 44 c 1-2 ; *Lois* 691 d 1.

ciosa palam: et enim quod sanatur anima, res divina, ut est dicere, et malitia quam que in corporibus magis varia. Ad maiorem igitur curationem maiori arte indigebit providentia; maioris autem artis non delectari alios velocitate operationis, sed indigentibus curatione profectum facere sive citius, sive tardius, quorum tempus cooperans. *Si itaque non convenit* non musicos musicorum *esse accusatores*, et totaliter *eos qui sine arte artificum, neque providentiam accuset quis ignorans illam cognoscentem hoc utique optimum in omnibus curationibus corporum et animarum, scilicet tempus, neque stimulet dikam efferre sententiam a malitia punctus, sed audiat dicentem: et si tibi patiendi instat tempus, et actoribus decens adveniet patiendi. Si enim hec meditetur aliquis, hos quidem miserebitur pro irradicata malitia; se ipsum autem videns iam sortientem hiis* in quibus illi manent, *erit providentie, ut estimo, zelator simul et laudator.*

52. *Considera autem, si vis, et aliam rationem omnium verissimam: quid quidem est quod puniri intelligis recte et quid malum pro quo punientur quidam recte? Nonne hoc quidem est loue* (id est spoliatio) *anime et perversio, et propter hoc dicitur et est ipsius enter malum languentis maxima egritudine, non epatis neque cordis egritudine, mortalium et corruptibilium rerum, quibus le secundum naturam est in esse preter naturam hec ex quibus*

51, 33 profectum *A* : perfectum *V* || 45 manent *uerisim. transl. e uitiose lectione in interpretis exemplari* μένουσιν *habenti pro* μέλουσιν, *unde* in quibus *scrips. G pro* ὧν.

52, 3 punientur *A* : -niuntur *V* || 6 enter *A* : entis *V*.

sont composés[1]), mais maladie de la vie puisque, divine par essence, elle connaît le malheur d'une chute en un lieu étranger auquel, ignorante et d'elle-même et de ce lieu[2], elle s'attache bien qu'il lui soit étranger ? Eh bien ! la punition normale de cet avilissement, nous dirons que c'est la séparation[3] ; elle apporte avec elle la purification du mal essentiel et de la maladie essentiellement redoutable : car pour l'âme ce n'est pas la maladie du corps qui est dangereuse, puisqu'elle freine le penchant qui l'attire vers lui, mais sa propre maladie[4], celle qui l'enchaîne au corps et l'entraîne entièrement dans le devenir. Par conséquent, en disant que le traitement indiqué pour cette maladie de l'âme c'est le châtiment, nous n'entendons pas dire, en vérité, que pour les sujets qui en sont atteints, la sanction c'est le fait d'être puni, mais exactement le contraire, celui de n'être pas puni[5] : s'ils sont punis, ils en tirent bénéfice ; s'ils sont impunis, ils traînent leur avilissement comme une maladie non soignée. Dans le cas, donc, où les méchants sont immédiatement punis, nous dirons qu'ils expient leurs fautes ; dans le cas où ils ne le sont pas immédiatement, nous dirons qu'ils les expient plus grandement encore puisque leur mal dure plus longtemps, qu'ils ont donc besoin d'un châtiment plus grand et qu'au lieu d'être soignée leur méchanceté se voit privée des soins nécessaires ; pour le corps aussi, d'ailleurs, ce n'est pas seulement le fait d'être amputé ou brûlé qui est un mal, mais aussi celui, étant malade, d'être privé des amputations et cautérisations indispensables.

53. Le fait, par conséquent, de n'être pas encore puni par le juste dispensateur des châtiments n'est pas le signe d'un relâchement, mais celui d'un raidissement de la providence ; et le plus grand châtiment c'est, en vérité, de rester impuni dans son mal. Et si quelqu'un pouvait se voir dans une telle situation, il pleurerait vraiment sur lui-même en constatant qu'on ne l'a même

1-5. Voir *Notes complémentaires*, p. 149.

compacta sunt, sed vite divine quidem secundum substantiam, infortunantis autem penes casum in alienum locum et ignorantis se ipsamque et locum et salutantis alienum entem? *Punitionem vero rectam permutationem minorationis huius esse dicemus, purgationem adducentem enter mali et egritudinis enter dire: non enim dirum anime corporis egritudo, retrahens ab ea que in ipsum latione, sed egritudo ipsius infigens corpori*, et totaliter in generationem trahens. *Huius igitur curationem punitionem dicentes, non puniri egrotantes ipsa punitionem utique dicemus ut vere, sed ipsum contrarium, scilicet non puniri: qui enim puniuntur profectum habent; non puniti autem circumferunt sui ipsorum louem* (id est minorationem) *insanabilem. Sive igitur mox maligni puniuntur, dare dikam ipsos dicemus; sive non mox, maiori modo et tunc dare dikam, magisque mansivam egritudinem habentes et propter hoc indigentes maiori punitione et pro curari habentes suam malitiam incurabilem: neque enim corpori secari solum et uri malum, sed languere sectione et ustione indigens.*

53. *Non ergo providentie remissio est, sed intensio, nondum puniri a puniente recte, et ut vere hec maxima punitio: in malo manere impunitum. Et si quis videre se ipsum posset talem habitum habentem, tunc utique gemeret enter se ipsum tanquam non dignum, ut*

52, 11 infortunantis *A* : -tes *V* || 13 salutantis = ἀσπαζομένης (ἀσπάζεσθαι *Is.*) || 14 minorationis : λώβης *v* || 15 purgationem adducentem *A* : adducentem purgationem *V* || 18 et *om. V* || 19 *post* huius *habet* egritudines *V* || 22 puniuntur *A* : -niat *V* || 24 ipsorum *V* : ipsius *A* || 25 dare *V* : dari *A* || 27 dare *Cousin* : dari *AV*.

pas jugé digne d'être puni de cette punition qui serait sa guérison, mais qu'on l'a laissé, au sein de l'univers, mutilé non pas dans une partie de son corps mais dans ce qu'il a de plus divin, son âme. C'est comme si un homme, physiquement malade au dernier degré, était abandonné à lui-même par Asclèpios le Sauveur et, ainsi abandonné, pleurait toutes les larmes de son corps ; mais pourquoi parler de celui qui n'a pu obtenir le secours d'Asclèpios et être délivré de ses maux, sans ajouter : et qui n'a même pas pu obtenir le secours d'un homme de l'art? Quel malade, privé de l'usage d'une jambe, ne ferait des vœux pour trouver le médecin qui le guérirait de cette infirmité par des incisions ou des cautérisations? Qui n'en ferait plus encore si, atteint d'une affection des yeux, il sentait ce qu'il y a de lamentable dans le fait d'être frappé d'un mal dont chacun parle, à savoir la privation d'une lumière qui est le bien de tous? Mais alors que pourra bien dire l'homme atteint dans son âme, mutilé dans cela même qui lui est infiniment précieux, son esprit, si jamais il prend conscience, d'une manière ou d'une autre, de son état? N'aura-t-il pas le désir d'être soigné par tous les moyens et ne se tiendra-t-il pas pour le plus malheureux des êtres si on ne lui donne pas la possibilité de se débarrasser, avec ou sans douleur, de son mal? Disons donc, pour nous résumer, que ne pas être immédiatement puni est une punition incomparable ; de sorte que, d'une certaine manière, ceux-là aussi ont leur punition qui, en raison de l'excès de leur scélératesse, ne sont pas encore dignes d'en subir une autre ; et ainsi « ce n'est pas après un long temps mais durant un long temps » qu'ils purgent leur peine, peine qui dans un cas leur vient du dedans, dans l'autre du dehors : c'est qu'en effet leur conscience est pour eux une cause d'insupportables remords et le mal incrusté en eux leur impose un véritable supplice ; aussi y a-t-il une chose dont on ne s'est pas, me semble-t-il, rendu compte, à savoir que la punition qui les punit est double de celle qui

puniatur hac punitione que est sanatio, sed notatum in universo lelouimenum (id est minoratum) *non corporis aliqua parte, sed ipso divinissimo anime; quemadmodum utique si quis a* salvatore Asclepio *despiceretur corpore languens ultime, et despectus gemat multis gemitibus; et quid dico non sortientem* Asclepio et liberatum *a malis que habet, sed et aliquo* hominum *habente artem? Quis non utique optabit crure orbatus sortiri orbationem aut sectionibus aut adustionibus sanante? Quis vero non isto magis, si oculis ipsi insit passio, hoc utique omnibus per ora* scilicet *privari lumine omnibus exposito miserabile existimans? Qualem igitur emittet vocem qui anima minoratus et valde pretioso ipsi intellectu orbatus, si et qualitercumque sentiat ubi est? Non modis omnibus curationem desiderabit et miserabilissimum se ipsum ponet, non obtinentem et sine doloribus et cum doloribus potentia removere a malitia? Ut igitur summatim dicatur: non mox puniri punitio est incomparabilis. Quare et hiis alio modo adest punitio, propter excessum nequitie nondum altera punitione sortiri factis dignis; et non ergo post multum tempus, sed multo tempore dikam sustinent, hanc quidem habentes intrinsecus, hanc autem extrinsecus: et enim le conscium remorsionum ipsis causa ens importabilium et induratum malum verax inducit supplicium; ita ut lateat cum ipsi puniantur punitione dupla*

53, 6 hac *VA p.c.* : tali *A a.c.* || 10 corpore *om. A* || 11 gemat... gemitibus : οἰμώζοι ... οἰμωνάς *(sic) v* (οἰμώζοι ... οἰμωγάς *Is.*) || 12 liberatum *ego* : -rantem *AV* || 16 ipsi *A* : ipsa *V* || 17 priuari *V* : -re *A* || 19 ipsi *A* : ipsa *V* || 20 qualitercumque *V* : qualicumque *A* || 25 incomparabilis *V* : incorporabilis *A* || 29 hanc autem extrinsecus *om. A punctis lac. indicans* || 30 remorsionum : δειμάτων *v* || 30-31 importabilium *ego* (ἀφορήτων *Is.*) : -bilis *AV*.

punit les coupables aussitôt après leur faute. Socrate, lui aussi, recommande aux coupables d'aller se présenter eux-mêmes aux juges, afin qu'en payant leur dû à la justice ils évacuent leur méchanceté, convaincu, et nous en persuadant, que l'impuni est plus sévèrement puni que le puni, parce que c'est un plus grand mal de garder le mal que d'en être délivré dans la souffrance.

54. Eh bien ! donc, ici encore, recourons à une argumentation du même ordre en nous battant pour la providence, ou plutôt en nous battant pour nous-mêmes puisqu'il s'agit de montrer que nous sommes bien gouvernés. Car enfin, que pourrait-il y avoir de mieux pour les hommes que l'imitation de Dieu? N'est-ce pas, d'ailleurs, ce qu'affirme aussi Platon lorsqu'il dit que « le Dieu a fait briller une lumière sur la deuxième orbite par rapport à la terre » et qu'il nous a donné « des yeux porteurs de lumière pour que, grâce à eux, nous puissions, après avoir regardé les mouvements ordonnés qui se font dans le ciel et avoir conçu la notion du nombre, assimiler nos révolutions internes sujettes à l'errance aux invariables révolutions célestes »?[1] Si donc c'est cela qui est pour les âmes le plus grand des biens, à savoir l'assimilation au divin, ce plus grand bien n'est-ce pas lui que procure la providence à ceux qui se tournent vers elle, en brisant l'élan impétueux qui les pousse à châtier les coupables, en exhortant le cœur plein de fureur à modérer ses transports et à imiter en quelque sorte, autant qu'il le peut, son attitude à elle, elle qui retarde les châtiments, se maîtrise et persuade l'âme de raisonner comme elle et de se donner le temps de changer d'avis? De sorte qu'en étant, en outre, instructif pour les âmes, ce mode de correction n'est pas indigne d'une justice bienfaisante pour tous, en ce sens qu'elle punira le jour venu les pécheurs et fait, dès maintenant, l'éducation des autres ; n'est-ce pas, au demeurant, dans cette perspective, je veux dire pour couper court au déchaînement des passions et réfréner la trop grande vivacité

1. Voir *Notes complémentaires*, p. 149.

quam illi qui puniuntur mox post peccata, ut *michi videtur*. Et Socrates *precepit peccantibus*, *ut se ipsos adducant iudicibus*, *ut solventes dikam permutentur a malitia*, *non punitum punito maiori modo puniri credens et nobis persuadens*, *quod maius malum est habere malum quam removeri a malo cum dolore.*

54. *Adhuc igitur et sic transeamus eundem modum obviationis pro providentia decertantes*, *magis autem pro nobis ipsis tanquam bene gubernati. Quid enim utique fiet hominibus maius dei imitatione?* Nonne et Plato hoc ait, quando dicit lumen accendere deum in secunda a terra periodo, *et nobis dare oculos luminiforos*, *ut per hos videntes eos* qui in celo *ordinatos motus et sumentes* numeri conceptum *assimilemus eas que in nobis periodos erraticas ad ipsas sine errore entes? Si igitur hoc maximum bonum animabus que ad divinum assimilatio*, *ne forte hoc maximum bonum providentia acquirit hiis qui in ipsam aspiciunt*, *auferens a nobis peccantibus precipitem impetum ad punitiones et precipiens furiosam iram morose moveri et imitari aliqualiter ipsam secundum posse retardantem punitiones et sustinentem*, *persuadens animam dare cum diligentia sibi ipsi recogitationis tempus? Quare et hunc correctionis modum entem eruditivum animarum non indignum esse dike*, *omnibus benefacienti*, *et hiis qui peccaverunt per quandoque* in futurum *punire et aliis per iam erudire*: *aut non ad hoc respicientes*, *dico utique ad cohercere tumultuantes passiones et ad*

54, 4 imitatione *V* : tentatione *A* ‖ 5 et *om. V* ‖ Plato hoc *A* : hoc Plato *V* ‖ 14 precipitem : λάβρον *v* ‖ 16 retardantem *V* : -dentem *A* ‖ 23 cohercere : κολούειν *v* ‖ *alt.* ad *om. V.*

de leurs mouvements, que certaines personnes ont coutume de rappeler l'exemple des anciens ? C'est Platon d'abord qui, brandissant une verge et prêt à en frapper un esclave, resta un bon moment la main levée et qui, interrogé sur la raison de son geste, répondit qu'il punissait ainsi son premier mouvement de colère. C'est Archytas ensuite qui, irrité contre ses gens qui, aux champs, avaient mal exécuté les ordres qu'on leur avait donnés pour certains travaux agricoles et qui méritaient une punition, leur dit : « Vous avez de la chance que je sois en colère. » Et c'est aussi la fameuse Théano[1] disant à une servante : « Si je n'étais pas en colère, je te battrais. » Par tous ces exemples, qui sont comme des avertissements, il nous est rappelé que nous ne devons pas laisser aux deux, colère et réflexion, le même droit de punir mais que nous devons, après avoir bridé notre colère en lui imposant un temps d'arrêt, laisser à la seule réflexion le soin de prononcer le jugement. Si donc les avertissements d'hommes aussi éminents sont déjà pour nous pleins d'enseignements, à bien plus forte raison est-il naturel que, lorsque nous voyons Dieu lui-même retenir les châtiments et attendre le moment propice, nous brisions en nous l'impulsion incoercible et irrépressible qui nous pousse à user de punitions et que nous nous exercions à cette grande patience[2] à laquelle Dieu a donné la première place, patience qui, par le « punir », agit dans l'intérêt des seuls punis tandis que, par le « retenir », elle sert d'enseignement à un plus grand nombre de gens et les rend insensibles aux entraînements de la passion ; car longanimité est maîtresse d'impassibilité. Puisse donc la méthode que nous avons décrite et qui vise à l'ajournement des châtiments de la providence édifier ceux qui peuvent la méditer !

55. Si maintenant nous comprenions le sens de cette autre parole — il faut, en effet, dans les choses que nous ignorons, envisager plusieurs explications des faits qui se produisent, ceux-ci se présentant différemment selon

1-2. Voir *Notes complémentaires*, p. 149.

refrenare acute correptionis ipsarum motus, et antiquorum aliqui rememorari consueverunt? Plato quidem, ut superextendit puero virgam, stetit tempore multo elevatam tenens, et causam interrogatus dixit punire sui ipsius preimpetuantem iram. Architas autem, ut in agro que circa agriculturam iussa erant peccassent et indigerent punitione, iratus : benevalete, inquit, quia irascor. Et Theana illa ad ministram dixit : si non essem irata, verberarem utique te. *Per que omnia* velut precepta entia *admonemur non duobus permittere punitiones, furori et ratiocinationi, represso autem furore per tolerantiam, ratiocinationi tradere iudicium.* Si igitur et virorum talium precepta erudiunt nos, multo maiori modo *deum videntes retinentem punitiones et expectantem tempus verisimile exscindere nostrum irrationabilem et illibratum motum ad supplicia et* megalopathiam (id est magnipatientiam) *ingeniari*, quam et *deus* preinstituit *per punire quidem solis hiis qui puniuntur profectum facientem, per tolerare autem plures erudientem et impassibiliores facientem: nam* megalopatheia (id est magnipatientia) *doctor impassibilitatis est. Iaceat itaque et iste quem diximus pro dilatione punitionum earum que ex providentia modus eruditivus potentium in ipsum aspicere.*

55. *Si itaque et illum intelligemus sermonem* — oportet enim in nobis ignotis plures recogitare eorum que fiunt causas, aliis secundum aliam

54, 24 correptionis *Cousin* : reptionis *V* redemptionis *A* cor redemptionis *B* || 28 preimpetuantem *V*; -entem *A* || 42 quam *A* : quoniam *V*.

que l'explication est telle ou telle — si donc nous comprenions le sens de cette autre parole par laquelle il est dit que Dieu seul distingue les états qui rendent les âmes pécheresses et détermine, en outre, pour toutes et dans tous les cas quels sont les châtiments mérités quant à la quantité, à la qualité et à la durée (car le châtiment qui convient n'est pour toutes ni le même, ni d'égale importance, ni de même durée) nous tiendrions là une solution de notre problème ; car elle dit aussi que le fait que certaines âmes sont purifiées plus vite, d'autres plus lentement, et que le point de départ de la purification varie selon les âmes, permet mieux que tout de se faire une idée de leur mérite. Car enfin si, parmi les âmes qui ont péché, les unes l'ont fait sans que leur faute trouve son origine dans une vie recélant quelque passion liée à son état, tandis qu'elle provient, chez les autres, d'un état en quelque sorte ancré en elles, n'est-il pas évident que, dans le cas des premières, il faut que la sanction de leur acte les dissuade de commettre d'autres actes du même genre pour qu'elles ne continuent pas, en voyant que leur conduite n'a suscité aucune réaction, à agir encore et encore de la même façon et finissent par s'installer dans cet état, alors que, dans le cas des secondes, il faut que la sanction reste en réserve jusqu'au moment où elles auront entièrement réalisé les virtualités de leur nature en commettant les actes qu'elle implique[1] et où le châtiment trouvera place en intervenant après la période inflammatoire et l'acmé du mal. Mais quoi ! si, parmi ces âmes, les unes ont mal agi par un défaut de discernement de leur faculté psychique de connaître cependant que leur vie restait saine, mais que, chez les autres, l'atrophie de la connaissance s'accompagne d'une altération qui atteint la vie, n'est-il pas clair que le châtiment, en les frappant immédiatement, attire l'attention des pre-

1. Cf. § 37 ci-dessus.

factis —, si igitur et illum intelligemus sermonem *qui ait deum perspicere habitus animarum, a quibus peccantes existunt, et hoc etiam ubique te secundum dignitatem determinare in punitionibus omnibus quanto et quali et tempore — neque enim eadem omnibus, neque equalis* omnibus, *neque secundum idem tempus convenit punitio —, sumemus utique, ut estimo, et hinc aliquam quesiti solutionem : et enim hoc*, scilicet *has quidem citius purgari, has autem tardius, et principium aliud aliis esse purgationis, maxime coniectare id quod secundum dignitatem animarum* ait. Quid enim si *hee quidem non a vita secundum habitum habente aliquam passionem peccaverunt, hee autem ab aliquo velut indurato in ipsis habitu?* Nonne *palam qualiter hiis quidem consequi oportet operationis penam aversas ipsas facientem a talibus operationibus, ut non per negligi operationem et iterum atque iterum agere talia in habitum instituantur? has autem tempore expectare secundum quod repleto habitu hiis que secundum ipsum operationibus punitio locum habebit, post maturationem et akmen superinducto supplicio?* Quid autem *si hee quidem propter cognitivum anime discretionem non habens deliquerunt vita sane se habente, hee autem vitam habent lelobimenam* (id est minoratam) *cum* orbali *cognitione*? Nonne *et in hiis evidens punitionem hiis quidem mox superductam adducere ad attentionem neglecti, hiis autem*

55, 4 et *om.* *A* || illum *post* sermonem *transp.* *A* || intelligemus *ego* : -gamus *AV* || 5 perspicere *V* : prospicere *A* || 6 etiam *A* : et *V* || 9 neque equalis omnibus *om.* *A* || 13 purgationis *V* : -nibus *A* || 14 secundum *A* : sed *V* || 17 hee *A* : hec *V* || 22 habitum *V* : -tu *A* || 25 superinducto *O* : superducto *A* subducto *V* || 29 orbali *A* : ortali *V* πηροῦ *v*.

mières sur leurs erreurs tandis qu'il rend aux secondes, à l'instant qui convient et pour les raisons que nous avons dites, un service plus grand et plus efficace encore puisqu'il n'y avait rien en elles, jusqu'à cet instant, qui eût pu faire l'objet de soins immédiats, étant donné le caractère multiforme, comme on l'a dit[1], de leur perversion? Si, enfin, il existe des temps fatidiques fixés pour les états pernicieux et des périodes amenant leur résolution plus ou moins rapide, comme dans les maladies du corps, n'est-il pas évident aussi que ce qui va s'ensuivre c'est que, pour certaines âmes, le châtiment interviendra plus vite, pour d'autres au bout d'un temps plus long, temps nécessaire, en raison de l'ordre de l'univers, pour que les effets de la providence parviennent, en suivant cet ordre, jusqu'aux âmes qui se trouvent engagées dans le devenir, les lois de la juste action providentielle se combinant avec les lois fatidiques?

56. Tels étant, par conséquent, les modes (et il y en a encore bien d'autres, inconnus de nous mais prévus par la providence) selon lesquels il sied que certaines âmes soient punies au moment même de leurs fautes, d'autres non et étant donné qu'on retrouve là aussi la règle de la conformité au mérite, puisque toute âme n'est pas forcément digne d'être délivrée au plus tôt de la peine que doivent lui valoir ses fautes, il ne faut pas reprocher à la providence la pratique du sursis, mais chercher les raisons pour lesquelles il est naturel qu'elle réserve à certaines âmes des châtiments excédant le terme normal tandis que, pour d'autres, elle fait suivre les fautes, à peine sont-elles commises, d'une reddition de comptes inexorable. Et pour que tout ne soit pas dit avec l'opprobre que nous jetons sur les « tardivement punis »[2], est-ce qu'il ne faut pas considérer cet autre fait, à savoir que la vie humaine est complexe et que si, bien souvent, elle commet de grandes fautes,

1. Cf. § 51, 29-30 ci-dessus : et malitia quam que in corporibus magis varia.
2. Voir *Notes complémentaires*, p. 149.

dilatione sortitis in tempore congruenti maiorem et efficaciorem profectum procurare propter causas quas diximus, non ente interim in ipsis suscepturo curationem in instanti propter omnimodam, ut dictum est, louem (id est minorationem)? Quid autem si et tempora aliqua fatata sint habituum malignorum, et periodi adducentes celeriorem solutionem ipsorum aut tardiorem, sicut et corporalium egritudinum? Nonne et hoc manifestum quod et propter hoc hiis quidem existet citius punitio, hiis autem post amplius tempus propter universi ordinem devenientium ex providentia per hunc in animas que in generatione, et complexis cum fatatis legibus providentionalibus legitimis?

56. *Tot igitur entibus modis et adhuc pluribus, nobis quidem incognitis, providentie autem provisis, secundum quos congruit has quidem animarum simul cum peccatis puniri, has autem non simul; et eo quod secundum dignitatem in hiis ente, non omni anima digna ente citius permutari a pena que super peccata, non oportet providentiam accusare pro dilatione, sed querere causas propter quas verisimile ipsam supermansuetas reddere punitiones quibusdam animarum, aliis autem pro recentibus peccatis correctiones adducere inexcusabiles. Et ut non omnia tarde punitorum percurrentes dicamus, nonne et illud oportet considerare, quod vita humana existente permixta et sepe magna quidem peccante, habente*

56, 11-12 Et ut — dicamus : *iterum male G graec. textum intellexit in quo genitiui* τῶν τιμωρουμένων *non e* πάντα *pendent sed e* κατατρέχοντες (= incurrentes)

56, 12 percurrentes *V* : precurrentes *A, cf. adnot. supra.*

elle possède, par ailleurs, une certaine grandeur qui l'incite à mener à bien de grandes œuvres conformes à la nature — car c'est le propre des grandes natures, comme le dit Platon[1], d'avoir cette double capacité — ; alors n'est-il pas vraisemblable que c'est aussi pour cette raison que la providence s'arrange pour surseoir au châtiment des fautes, pour que les grandes natures ne soient pas humiliées par les châtiments, mais que la grandeur de leur nature leur serve à accomplir de grandes choses et qu'elles se saisissent, grâce à cet accomplissement, de l'occasion qu'elles n'avaient pas eue de se laver de leurs grandes fautes? Les conséquences, dans les deux cas, sont ce qu'elles doivent être : dans un cas, une addition de biens, dans l'autre, quelque chose d'analogue aux amputations et cautérisations pratiquées par les médecins. Si donc il est vrai que, chez les Égyptiens aussi, il existait une loi stipulant qu'on ne pouvait exécuter une condamnée à mort enceinte[2] tant qu'elle n'avait pas accouché, qu'y a-t-il d'étonnant à ce que la providence, en présence de gens passibles, pour leurs forfaits, de la peine de mort mais, par ailleurs, capables d'enfanter non des actes quelconques mais, pour autant qu'ils utilisent ce qu'il y a de grand dans leur nature, des actions exceptionnelles, les garde en réserve pour l'accomplissement de ces exploits au lieu d'interdire, par la mort des coupables, tout redressement de leur conduite? A ce sujet aussi il y a, pour vous convaincre de la vérité de mon propos, toute une série de leçons à tirer de l'histoire. Si, en effet, Thémistocle avait expié sur l'heure ses erreurs de jeunesse, qui donc aurait soustrait la cité au fléau perse? Qui, encore, aurait pu être l'interprète de l'oracle pythique? Si Denys avait subi le même sort au début de sa tyrannie, qui donc aurait délivré des Chalcédoniens une Sicile jugée incapable de se relever? S'il ne s'était écoulé un long délai avant que Périandre ne fût puni, qui donc aurait arraché aux mains de ses adversaires Apollonie, la presqu'île des Leucadiens, Anactorion

1. *Rép.* 491 d-e.
2. Cf. Plut., *op. cit.*, 552 B, p. 139 n. 6.

autem aliquam magnitudinem et ad magna dirigere secundum naturam — nam magnarum naturarum utrumque, ut ait ille —, *verisimile providentiam et propter ista ingeniari dilationem punitionis pro peccatis, ut non humiliate punitionibus, utentes autem magnitudine nature magna dirigant et propter illorum directionem assumant quam non habebant ydoneitatem purgationis super magnis peccatis? Assequuntur enim utrisque que oportet: hiis quidem bonorum appositiones, hiis autem velut sectiones et adustiones medicorum. Si igitur et apud Egyptios lex erat pregnantem iudicatam morte dignam donec utique pepererit non morti tradere, quid mirum providentiam delinquentem morte digna, potentem autem parere non quascumque actiones, sed tanquam natura magna utentem supernaturales quasdam, conservare ad illas, sed non comprimentem hiis que pro peccatis mortibus hebetare actionum directiones? Et veniet* tibi *etiam* in hiis *ab historizatis ad horum fidem multus katalogus.* Si enim Themistocles pro hiis que egerat iuvenis ens confestim solvisset vindictam, quis utique eruisset civitatem a Persicis malis? Quis etiam fuisset Pythias (id est responsi) expositor? Si Dyonisius in principio tyrannidis, quis utique Siciliam a Calcedonibus liberasset insuscitabilem fore expectatam? Si Periander punitus fuisset non post multum aliquod tempus, quis utique Apolloniam, quis etiam Leucadiorum gaudiosam insulam, quis etiam Anaktorium eripuisset

56, 24 appositiones *V* (προσθέσεις *Is.*) : oppositiones *A* προθέσεις *v* || 28 delinquentem *V* : -liquentem *A* || 29 quascumque *A* : quasdamcumque *V* || 42-43 gaudiosam insulam *mend. conuers. e* χερρόνησον *ut* χαιρόνησον *lecto*

enfin ? Alors pourquoi trouver anormal que les mêmes raisons incitent la providence à attendre chez certains sujets les belles actions propres aux grandes natures et à ne faire intervenir qu'avec un certain retard le châtiment de leurs fautes, soucieuse qu'elle est de ne pas empêcher, par une justice trop rapide, ceux qui ont fait de grandes choses dans le mal d'en faire aussi de grandes dans le bien, ce qui serait le cas si elle se présentait à eux sous un jour odieux au lieu de les pousser à revenir à elle et à se relever de leur chute.

57. Et, certes, on aurait encore une raison de plus d'admirer le jugement de la providence si l'on voulait bien réfléchir à ce qu'est, en quantité, ce temps dont il est question (non pas à nos yeux à nous, hommes de courte vue) et à ce qu'est, en étendue, le domaine du devenir ; ils sont, en effet, petits l'un et l'autre ; le temps qui nous sépare de la vieillesse est pour la providence, et non seulement pour elle mais encore pour les âmes situées hors du devenir, de même durée que pour nous l'instant indivisible[1] ; et ce domaine où nous vivons, promenant de ci de là nos corps, est beaucoup trop exigu pour le châtiment des grandes fautes, mais les geôles où l'on expie[2], ce sont aussi les territoires de l'Hadès, certains vastes et indescriptibles, et la grandeur des supplices y est insurpassable pour tous ceux, sans distinction, qui s'y trouvent. Si donc le temps de la vie humaine n'est rien aux yeux de la providence, rien non plus ce lieu d'ici-bas pour le châtiment, il est normal que l'un et l'autre soient tenus pour négligeables et que le sursis ait pour objet le transfert des sujets passibles de peines sévères de lieux de détention trop petits à des lieux plus grands et leur transfert, d'un lieu qui comporte, avec des supplices, quelques plaisirs aussi, à un lieu réservé aux seuls supplices ; afin que, durant ce bref séjour déjà, ils aient, menaçante

1. Au sujet de l'indivisibilité de l'instant présent, τὸ νῦν, voir Proclus, *Institutio physica*, ed. Ritzenfeld, prop. 16.

2. Cf. *Gorgias*, 523 b 3.

a sibi adversantibus? *Quid igitur inconveniens providentiam in quibusdam propter has causas magnarum naturarum directiones expectare et super hiis adducere morosam pro peccatis punitionem, non auferentem ab agere magna bona celeritate vindicte eos qui magna mala egerunt, sicuti vultuozantem ad ipsos, sed non ad ipsam convertere et cadentes erigere nactitantem?*

57. *Et etiam secundum aliam rationem providentie iudicium* bonificabit *utique quis, hoc itaque tempus considerans quantum est, non apud nos tenuiter intuentibus*, et generationis *locum quantus est: parvum enim est utrumque;* et *quod usque ad senium* tantum *apud illam, et non apud illam solum, sed et apud eas* que extra generationem animas, quantum *quod apud nos indivisibile tempus; et iste locus in quo vivimus corpora circumferentes omnino parvus ad magnorum peccatorum punitionem*, tiseos *autem carceres et que in inferno loca multa utique quedam et inenarrabilia, et magnitudines tormentorum inexcessibiles omnibus qui qualitercumque ibi sunt. Si igitur et tempus humane vite ad providentie oculum nichil est et locus iste ad punitionem, et propter hec* utique *verisimile utrumque contempni, et dilationem temporis respicere ad translationem opportunarum magnarum penarum a minoribus ad maiora iustitie observatoria, et a loco habente cum suppliciis etiam eupathias* (id est boni passiones) *ad solum suppli-*

56, 44 quid *A* : quod *V* || 50 uultuozantem : ἀπεχθανομένην *v*
57, 2 bonificabit *pro* admirabitur *quod* ἀγασθείη *(cf. Is.) cum* ἀγαθύνοι *a G confus. esse uid.* || 15 hec *A* : hoc *V*.

au-dessus d'eux, la Justice qui les éperonne en secret, qui réveille en eux, tant dans le sommeil que dans la veille, les images de leurs péchés, qui fait d'eux leurs propres accusateurs, et qu'ils en soient torturés ; afin aussi qu'ayant en eux-mêmes le tribunal qui juge leurs actes, ils soient dans la crainte ; et qu'après cela, ce qu'ils avaient éprouvé en leur for intérieur ils l'éprouvent survenant du dehors et en des lieux où ils sont totalement dépourvus de ce qui pourrait leur procurer le moindre plaisir. Car « tout homme qui s'est rendu coupable d'iniquité tombe aussitôt au pouvoir de la justice et, après avoir absorbé comme un appât les délices de l'injustice », il demeure le reste du temps dans l'angoisse, obsédé par l'idée du châtiment dont il perçoit dans sa vie les prémices ; c'est que la grandeur de la punition est telle qu'on ne peut la saisir d'un seul coup et que l'assaut des remords dans l'âme a été combiné pour être un signe précurseur des épreuves immenses qui attendent les coupables. Ainsi raconte-t-on qu'Apollodore le tyran se vit en rêve écorché vif par je ne sais quels individus qui le mirent ensuite à cuire, et de la chaudière s'élevait la voix de son cœur murmurant : « c'est moi qui suis la cause de ce qui t'arrive » ; et les amis de Ptolémée Kéraunos le virent un jour, en songe, cité en justice par Séleucos devant un tribunal composé de vautours et de loups. Telles sont les prémices des châtiments dont la menace pèse sur les méchants, châtiments que leur réserve l'avenir pour leurs forfaits en vertu d'un plan prémédité.

Nous voilà donc, comme après une rude traversée[1], arrivés au terme de cette question.

1. Image empruntée à Platon (*Parménide* 137 a).

ciorum chorum; ut et in hac brevitate sola *dikam suspensam habentes prodeuntem occulte graviter ferant, excitantem eas que in ipsis fantasias in sompnis et vigiliis peccatorum, et arguentem ipsos a se ipsis et in se ipsis iudicatorium habentes pro hiis que egerunt remordeant, et post hoc* que prius in se ipsis viderant deforis videant superducta *et in locis in quibus sint deserti ab hiis que qualitercumque possunt delectari. Omnis enim qui iniusta egit mox subiectus est dike, et le dulce iniustitie veluti escam degustatus, anxiatus reliquo perseverat tempore, punitionis in vivendo prohemiis punitionem meditans: propter magnitudinem enim punitionis non simul tota fit adiectio; excitate autem remorsiones anime ingeniate sunt precursales ipsis maximarum* passionum. Aiunt enim et Apollodorum tyrannum visionem vidisse verberatum se ipsum et decoctum a qualibus quibusdam et sui ipsius cor ex lebete clamans : ego tibi horum causa ; Ptolemei autem Kerauni vocantis amicos putare ipsum in sompnis vocari ad iudicium a Seleuco, vultures autem ibi consedere et lupos iudices. Talia malignis preludia preincipiunt appensarum punitionum secundum appositionem sui ipsarum illatarum peccatis. *Hoc quidem igitur veluti fluctus vix pernatavimus.*

57, 25 et in se ipsis *om.* *V* || 32-33 meditans *V* : -dicans *A* || 34 excitate *A* : -tare *V* || 44 hoc *A* : hec *V* || 45 ueluti fluctus uix *A* : uix ueluti fluctus *V*.

IX

58. Et maintenant, examinons la neuvième question en portant notre attention sur une autre anomalie qui apparaît dans les œuvres de la providence, lorsqu'on dit que l'action de la justice s'exerce sur les descendants alors que ce sont d'autres qui ont commis les fautes, par exemple les pères ou leurs ascendants ; on fait remarquer alors : d'une part, que si les fautifs ont payé à la justice le prix de leurs fautes, il serait superflu et ridicule que la providence se soit ingéniée à imposer encore un châtiment supplémentaire à ceux qui leur succèdent, comme si elle n'avait d'autre désir que de se repaître des châtiments qu'elle inflige aux hommes, d'autre part, que si elle exempte les coupables de leur peine pour la transférer à d'autres qui sont innocents, ce n'est pas le moyen de faire disparaître la pratique de l'injustice, puisqu'elle néglige celui qui a commis une injustice mais reporte la sanction qui devrait le frapper sur celui qui n'en a pas commis.

Mais on dit bien, cependant, que certaines personnes paient pour les fautes de leurs ascendants, et c'est un fait dont témoignent les révélations et les mystères ; on affirme même qu'il y a des dieux libérateurs qui les délivrent de ce fardeau. Alors, puisque la providence existe et que toute sanction du mérite ou du démérite est un effet de la providence, comment, avec de tels principes, des cas de ce genre ont-ils une raison suffisante de se produire ?

59. En présence de ces faits qui, selon l'exposé que nous venons d'en faire, comportent une certaine ambiguïté, il faut dire d'abord que toute cité et toute famille est, plus que chaque homme pris à part, un être vivant singulier, et même plus immortel et plus sacré. Et en

IX

58. *Post hoc autem consideremus nonum*, in aliam anomaliam aspicientes, apparentem ex hiis que a providentia fiunt, *quando peccantibus alteris entibus, puta patribus et superioribus hiis, in progenitos dika dicitur cedere*, quamvis dicant : *si quidem solvissent illi peccatorum dikam, superfluum et ridiculum providentiam aliud adhuc hiis* qui post ipsos ordinasse supplicium, tanquam nichil aliud quam supplicia inferri in homines volentem ; si autem, in peccantibus dimissa pena, in alios ipsam transponit eos qui non peccaverunt : neque le non iuste agere diffugit si iniustum quidem negligit, ei autem qui non iniuste egit iniusti superducit dikam.

Quod autem peccatorum progenitorum dikas sustinere dicuntur quidam, et revelationes et telete manifestant hoc ; et etiam lysii quidam dii purgare ab hiis affirmantur. Providentia igitur ente, et eo quod secundum dignitatem assequente providentia, quomodo hec rationem accidenti principiis hiis habent sufficientem ?

59. Hiis itaque secundum locum hunc dubiis entibus, dicatur primo quidem quod omnis civitas et omne genus unum quoddam animal est maiori modo quam hominum unusquisque, et immortalius

58, 9 inferri *G* ἐμφορεῖσθαι *Is.; incertum est utrum, ut ind. Boese, quia Guilelmi gr. exemplar* ἐμφέρεσθαι *habebat an quia* ἐμφορεῖσθαι *cum passiua significat. ab interprete mend. intellectum est ; nisi forte si* ἐμφορεῖσθαι, *uera ut opinor lectio,* ἐμφέρεσθαι *lectum fuit.*

58, 1 hoc *A* : hec *V* || nonum *A* : nomen *V* || 7 adhuc *V* : ad hoc *A* || 12 iuste *ego* : iniuste *AV*.

effet, un seul Protecteur veille sur une cité comme sur un seul être vivant et un seul Chef veille sur une famille comme sur un tout unique, et il y a, pour la cité comme pour la famille, une période unique commune, c'est-à-dire qui réunit par un même lien de solidarité la vie et les façons de vivre[1] de l'une comme de l'autre ; et les façons de vivre ont beau être diverses dans les cités et dans les familles, c'est comme si la vie qu'elles contiennent ressortissait toute à une même époque ; et les statures et les fortunes ont beau différer ainsi que les attitudes et les mouvements, c'est comme si une nature unique passait à travers la cité tout entière et à travers chaque famille de ceux qui l'habitent, faisant un seul être de la cité, un seul de la famille. Si donc il y a, en l'occurrence, une seule providence et un destin unique, une vie de même espèce, une nature de même souche, comment pourrait-on ne pas désigner comme « un être vivant singulier » une cité aussi bien qu'une famille et ne pas, dès lors, rendre compte de ces êtres, dans leurs différences, comme si tous deux étaient chacun un seul, en ce sens qu'il est, par rapport à nous, êtres particuliers, un être vivant doué d'une plus grande longévité, plus divin, plus semblable au tout quant à sa puissance de compréhension d'autres vivants plus petits et quant à sa parenté avec l'éternel ? Si donc, comme nous l'avons montré, chaque cité, chaque famille est un vivant unique, pourquoi nous étonner si les actes des ascendants sont payés jusque par leurs descendants, et si la vie des cités, comme si d'en-haut

1. La vie, c'est la nature de l'âme qui anime les mœurs ; c'est le ressort de la conduite ; vie et mœurs sont presque toujours associés. Cf. ci-dessous même § : « une seule vie dont les actions... ont leur rétribution... » et *in Tim.* 3, 259, 23.

et sanctius. Et enim unus polioukhus (id est preses multitudinis) ut uno animali civitate preest et omognios (id est caput generis) unus ut uno toto genere, et periodus una communis civitatis est et generis, equidem secundum eadem concludens utriusque vitam et mores ; hii quidem aliorum, hii autem aliorum, et civitatum et generum, tanquam utique omokhronou (id est contemporanea) ea que in hiis ente vita ; et corporum magnitudines et pecunie differentes et figure et motus, tanquam utique una natura per civitatem totam et genus unumquodque eorum que in civitate pertingente, et hanc quidem unam, hoc autem unum faciente. Si igitur et providentia una et fatum circa hoc unum et vita eiusdem speciei et natura eiusdem radicis, quod ingenium non et animal unum civitatemque et genus vocare et tanquam de uno utroque horum differentium iam facere rationes, eo quod singulis nobis sit longevius animal et divinius et omni magis assimilatum et secundum comprehensibilitatem minorum aliorum animalium et secundum ipsam que ad eternum congeneitatem ? Si igitur est, sicut ostensum est, animal unum et civitas unaqueque et genus unumquodque, *quid miramur, si ea que progenitorum et usque ad pronepotes exsolvuntur* et civitatum vita desuper tanquam funem

59, 5-6 preses multitudinis : *patet interpretem hic* πολιοῦχος *ut* πολυοῦχος *legisse cum* πολιούχους θεούς, *i.e.* τοὺς τὴν πόλιν ἔχοντας θεούς *(Plato, Leg. V 745 a 2) ignorare uideretur.*

59, 5 preses *V* : presens *A* || 9 eadem *V* : eandem *A* || 12 omokhronou *A* : omokhronos *V* || contemporanea *A* : -eum *V* || 23 nobis sit *V* : sit nobis *A* || 30 funem *Cousin* : finem *AV*, *fortasse lectio melior si* unam *post* euoluens (l. 31) *additur.*

elle déroulait une corde[1], est une seule vie dont les actions plus ou moins bonnes accomplies à certaines époques ont leur rétribution à d'autres ? Ce que montre, en effet, la providence, ce n'est pas seulement que chacun de nous récolte le fruit ou reçoit la sanction de ses actes à un moment autre que celui où ils ont été accomplis, mais encore que la cité est comme une seule personne et la famille, elle aussi, comme un seul vivant, qu'on ne doit donc pas négliger d'une part ceux qui ont été les premiers à agir (car on n'a pas le droit de négliger quoi que ce soit, dès lors qu'il existe une providence), d'autre part leurs successeurs qui, en raison de la sympathie qui les lie aux premiers, lesquels sont en quelque sorte leurs chefs de file, et en raison du fait qu'avec eux ils finissent par ne faire qu'un seul vivant, héritent d'eux le sort qui leur revient : car c'est d'eux qu'ils sont nés, ils ont en commun avec eux vie et nature, de sorte qu'il est normal qu'ils soient récompensés ou châtiés à cause d'eux. Et si tous sont les parties d'un être unique et dépendent les uns des autres, et que, parmi eux, ce ne sont pas les plus proches mais les plus éloignés de leurs ancêtres dans le temps qui obtiennent un sort semblable à celui de leurs aïeux, il n'y a rien là, je pense, qui puisse surprendre ; car la ressemblance de toutes les parties entre elles n'est pas la même pour toutes ; plus grande pour les unes, elle est moindre pour les autres ; et le rapport entre elles non plus n'est pas le même, mais il est tantôt plus tantôt moins étroit ; et ce n'est pas à leur proximité qu'elles doivent cette plus grande ressemblance ou ce plus grand rapport ; rien n'empêche, en effet, que les parties plus éloignées les unes des autres se ressemblent davantage que les plus proches. C'est ce que les actes des médecins aussi montrent bien : ainsi, dans une maladie des hanches, on cautérise non pas les parties avoisinantes mais celles du côté opposé, et lorsque le foie est gonflé, c'est l'épigastre qu'on incise, et lorsque les sabots des bœufs s'amollissent, ce ne sont pas les

evolvens, una ens, *actorum in aliis temporibus aut meliorum aut deteriorum in aliis habet retributionem? Non enim unumquemque nostrum solum eorum que egit in alio tempore fructum habentem aut recipientem* [*aut*] *vindictam providentia ostendit, sed et* civitatem ut unam et *genus ut unum* et hoc animal, *non neglectis quidem neque primis agentibus — neque enim fas aliquid negligi, providentia ente* —, et posterioribus autem propter eam que ad *illos ut ad capitales compassionem et propter eam que cum ipsis ut in unum animal consummationem suscipientibus ab illis provenientem partem : geniti sunt enim ex illis* et communem habent cum ipsis vitam et naturam, *quare merito et honorantur aut puniuntur propter illos. Si autem omnibus unius partibus entibus et aliis coaptatis aliis, non qui prope, sed qui remotius similia hiis qui ante sortiuntur, nichil estimo mirum: neque enim partium omnium eadem ad omnes similitudo, sed harum quidem maior, harum autem minor; neque proportio eadem, sed hec quidem colligans magis, hec autem minus; et hec non eo quod prope habent te magis aut te maius: nichil enim prohibet que remotius magis assimilari quam propinquiora. Et hec etiam ab operibus medicinalibus manifesta: hancis enim egrotantibus non que prope, sed que ex opposito adurunt*, et epate ente turgido epigastrium laxant, et boum ungulis mollificatis

59, 34 aut *ego* : et *AV cf. infra 60, 4-7* || 35 aut *seclusi* || 40 compassionem *V* : -nes *A* || 56 turgido : ὑπούλου *v* || 57 laxant : ἀμύσσουσι *v*

parties proches des sabots qu'on enduit de graisse, mais les cornes. Dans tous ces cas, en effet, on doit agir sur les organes à soigner non par des organes voisins, mais par ceux qui sont en sympathie[1] avec les organes malades. Par conséquent, les premiers délinquants ont beau avoir payé intégralement leur tribut à la justice, par ceux qui, plus tard, vivent en sympathie avec eux, quelque chose de plus est passé, sans qu'on s'en aperçoive, qui atteint certains de leurs descendants ; et ces derniers ne souffrent pas injustement, mais, comme ils ressemblent plus aux premiers que ceux qui en sont plus proches, la similitude et la communauté de leur vie font qu'ils obtiennent de la providence un sort analogue.

60. On peut, si nécessaire, ajouter encore ceci : les partisans de la transmigration corporelle des âmes et de leur passage dans des vies différentes ne manqueront pas de souligner aussi que les âmes de ceux qui ont vécu avant nous ont, dans leurs autres vies suivantes, soit à jouir des honneurs que leur valent les actes effectués dans des vies antérieures, soit à en recevoir sous forme de supplices la rétribution convenable. Et de cela aussi l'histoire témoigne. On dit, en effet, qu'Apollonios le Grand obtint dans cette vie les honneurs divins et le bénéfice d'une vie divine parce que, dans une vie précédente, il avait sauvé une jeune fille qui, par la suite, jouit de la vie qui lui avait été rendue[2]. Et qu'y a-t-il donc de paradoxal dans le fait que des âmes mutées dans certains corps subissent des peines pour des fautes commises dans d'autres corps? Ce ne sont pas, en effet, des âmes prises au hasard qui sont associées à des familles prises au hasard et résident dans des cités prises au hasard[3]. C'est pourquoi, si elles ne restent pas, dans leur vie, identiques à elles-mêmes, du fait qu'elles sont associées à telle famille à cause de la résidence méritée qui leur a été assignée, elles héritent aussi du châtiment mérité dû à la famille. A plus forte raison, si elles restent elles-mêmes dans

1-3. Voir *Notes complémentaires*, p. 150.

ungunt non proximas partes ungulis, sed cornua ; *fiet enim ipsis non per ea que prope, sed per compatientia effectus in indigentia sanatione. Primi igitur delinquentes* omnes solverunt pro peccatis vindictam, et per eos qui posterius compatientes ad ipsos pertransit aliquid etiam in illos occulte ; *et neque isti patiuntur iniuste, sed entes propinquioribus magis illis assimilati, a simili vita et compatiente similia sortiuntur a providentia.*

60. Si autem oportet, et hoc dicere : transcorporationes animarum admittentibus et delationes in diversas vitas placebit utique et dicere illorum esse qui previxerunt animas, in aliis factis secundis aut honoribus fruentes pro hiis que in prioribus egerunt vitis, aut suppliciorum decentem retributionem suscipientes. Et hoc etiam ab historia manifestum. Aiunt enim et magnum Apollonium eo qui a diis honore in illa vita sortiri et divina vita, qui in priori vita salvavit mulierem virginem secundo tempore acquisitiva degentem vita. Quid igitur adhuc inopinabile, et vindictas solvere translatas in altera corpora pro hiis que in aliis corporibus peccatis? Neque enim contingentes anime contingentibus associantur generibus neque in civitatibus contingentibus inhabitant. Quare, et si non eedem existunt entes, propter eam que secundum dignitatem inhabitationem huic generi coordinate, et debitum generi supplicium secundum dignitatem hereditant. Multo itaque magis easdem entes

59, 63 etiam *A* : et *V*

60, 11 adhuc *V* : ad hoc *A* || 13 peccatis *om.* *V* || 20 itaque *A* : utique *V*.

leur être[1], est-il absolument nécessaire qu'elles aient à subir les rigueurs de la justice, comme si elles étaient sur une scène, revêtues de masques, de cothurnes et de costumes et prises pour d'autres par des spectateurs qui ne pourraient les voir dépouillées de leurs costumes. Dans nos vies, en effet, le cycle complet de l'existence d'une famille est analogue à un drame, le destin à l'auteur de ce drame, les âmes aux personnages du drame[2], et souvent ce sont des âmes, puis d'autres qui remplissent cette scène fatidique, souvent au contraire ce sont les mêmes comme ici-bas ce sont souvent les mêmes acteurs qui prêtent leur voix tantôt à Tirésias, tantôt à Œdipe. Et la providence décerne des prix aux âmes, leur attribuant honneur ou déshonneur[3] soit à cause d'autres en raison de la similitude de vie, soit pour elles-mêmes parce que, au cours de vies différentes, elles perdent la conscience de leur identité en ne regardant qu'à l'occupation que leur a fixée le destin, sans comprendre que leur identité a été aliénée. Mais personne ne trouvera choquant que, malgré leur identité, elles reçoivent honneur ou déshonneur pour ce qu'elles sont, puisqu'elles apparaissent autres parce que leurs vies sont autres.

61. Mais que des âmes soient punies à cause d'autres âmes, voilà qui peut sembler étrange ; et pourtant, à cela aussi il y a une raison puisque, comme on l'a dit, une similitude de vie se développe par sourde germination et que la providence agit alors comme si elle coupait quelque mauvaise racine d'une plante, facile pour elle à déceler d'avance. Ainsi le dard est engendré avec le scorpion et le venin avec la vipère ; et si, en ce qui nous concerne, c'est après avoir été blessés par eux que nous reconnaissons le venin et le dard, il y a, dans l'univers, quelqu'un qui les connaît avant même que le coup ait été porté. De la même façon, la providence décèle dans les âmes les tares qu'elles portent en elles

1. Voir *Notes complémentaires*, p. 150.
2. Sur le drame des âmes comparées à des acteurs, voir *Enn.* III, 2, 1, 18-64.
3. Cf. *Théol. Plat.* I, p. 79, 21-22.

subduci vindicte omnino necessarium, velut in fune larvis et calciamentis et stolis amictas et putatas alias esse non potentibus videre ipsas nudas. *Et enim in vitis nostris dramati quidem proportionalis tota generis periodus, factori autem huius dramatis* fatum, *hiis autem qui ad drama faciunt anime*, sepe quidem *alie et alie*, sepe autem eedem *adimplentes fatalem hunc funem*, sicut ibi iidem sepe ypocrite (id est qui sub larvis) fiunt quandoque quidem Teiresii, quandoque autem Oidipodis dicentes verba. *Premiat autem providentia animas et honorat propter alias alias et dehonorat propter similitudinem vite*, et ipsas propter ipsas in aliis vitis propter idemptitatem latentem, aspicientes in fatatam preparationem, permutatam entem. Sed hoc quidem nullus utique inconveniens existimabit easdem entes sui ipsarum gratia et honorari et inhonorari, apparentes alias propter vitas alias entes.

61. *Alias vero propter alias puniri videtur quidem esse mirabile; est autem et hoc rationem habens propter — ut dictum est — vite suborientem similitudinem, providentia veluti plante quandam radicem malignam excidente, quam illi preaspicere facile. Et enim scorpionibus congeneratur aculeus et viperis virus, et nos quidem percussi ab ipsis cognoscimus quid virus et quis aculeus; est autem in universo cognoscens hec et ante percussionem. Eodem igitur modo et providentia existentes nequitias animabus*

60, 21-22 fune laruis *Westerink* : fune larua *AV* χηνῇ προπεία *(sic) v* (= σκηνῇ προσωπεῖα) || 26 qui *Cousin* : que *AV* || 28 iidem *V* : idem *A* || 30 Teiresii *Boese* : Peiresii *AV* Tiresiae *Cousin.*

61, 5 excidente *V* : -tem *A* || 10 existentes *V* : -tens *A* || nequitias : χήρας *v.*

et qu'elles tiennent, par hérédité, de celles qui ont péché avant elles, et c'est pourquoi, même si elles n'ont pas fait ce qu'ont fait leurs devancières bien qu'ayant une nature semblable, elle leur apporte le châtiment, afin d'extirper préventivement le mal comme dans le cas d'une épilepsie latente. Car de même que les verrues, les taches noires, les taches de rousseur des pères, après avoir disparu chez les fils ou les petits-fils, peuvent reparaître chez leurs enfants, de même des particularités de mœurs reparaissent chez des sujets très éloignés les uns des autres dans le temps, particularités qui ne sont connues de personne d'autre que de l'Un à qui il est donné, parce qu'il connaît toutes choses, de les connaître et de les faire disparaître préventivement ; et ce qui montre bien l'existence d'une similitude, c'est que les sujets en question ont bien l'impression que les dettes qu'ils paient à la justice sont la conséquence des fautes de leurs ancêtres.

Puissent donc les explications qui précèdent avoir tout à fait élucidé ce problème ; mais je n'oublie pas non plus que je l'ai moi-même étudié ailleurs[1] d'une manière approfondie.

X

62. Je vais maintenant mettre un point final à l'étude de ces questions en présentant la dixième qui en est, comme on dit, le couronnement[2] : dès lors que c'est, comme on l'a expliqué, la providence qui, par l'Un mille fois glorifié, connaît toutes choses et les achemine vers le bien, comment peut-on dire que les anges, eux aussi, exercent une providence, ainsi, si vous voulez, que les démons, les héros et, avec eux, les âmes, tous partageant avec les dieux le gouvernement du monde? Il faut, en effet, que nous déterminions, pour ces êtres aussi, quelle est la sorte d'activité providentielle qu'ils exercent, en précisant bien qu'ils ne l'exercent pas encore, quant à eux, selon l'Un, cet Un

1-2. Voir *Notes complémentaires*, p. 150.

congeneas prioribus peccantibus aspiciens, fert supplicium super ipsis, quamvis non egerint que illi naturam similem habentes, preinterimens malitiam sicut epilempsim suborientem. Ut enim excrescentie extremitatum et nigredines et signa patrum *in filiis* aut genitis *non apparentes repullularunt in horum natis, sic et morum proprietates erumpunt in plus distantibus, quas aliis quidem ignotas esse, uni autem omnia cognoscenti et cognoscere* dandum *et preexterminare; palificare autem similitudinem per hoc quod videtur illis extendere vindictas assequentes hiis que ab illis peccata sunt. Hoc quidem igitur et per hec sit palam;* et novi etiam a me ipso in aliis elaboratum.

X

62. *Finem autem iam dubiorum apponam decimum* et ipsum, ut aiunt, kolofonem. *Providentia enim*, ut dictum est, *uno hoc valde laudato omnia et cognoscente et in bonum reducente, quomodo et angeli providere dicuntur* et demones, si autem velis, et heroes et anime cum hiis, condispensantes cum diis mundum? Oportet enim utique et in hiis nos providentie speciem determinare que sit, non adhuc secundum unum et hos providere dicentes,

61, 20 preexterminare *A* : -extimare *V*.
62, 1 iam *om. V* || 7 et *om. V* || 9 hos *V* : hoc *A*.

dont nous disons qu'il est, pour les dieux, le signe distinctif de leur existence, s'il est vrai que ni le démon ni l'ange ni l'âme ni le héros ne sont ce qu'est un dieu.

63. Il est certain que tout dieu, comme je viens encore de le dire, tient son essence divine de l'un, de cet un dont nous affirmons qu'il existe avant l'intelligence[1] ; il domine, identique au bien et procède du bien[2]. Et s'il y a deux sortes d'hénades ou encore de bontés dont ce bien ou, sous un autre mode, cet un est le producteur, étant cause des unes et des autres, les unes causes intrinsèquement parfaites, les autres causes dispersées dans des participants (l'un et le bien existent, en effet, sous trois modes[3] : ou selon la cause, et c'est le premier principe ; car si celui-ci est le bien et s'il l'est par soi, c'est en tant qu'il est cause de tous les biens et de toutes les hénades ; ou selon l'existence, et c'est chaque dieu, puisque chacun d'eux est un et bien sous le mode existentiel[4] ; ou selon la participation, et c'est ce qu'il y a d'un et de bien dans les substances[5], ce qui fait que toute substance est marquée du signe de l'unité et de la bonté), tout dieu, même s'il est une hénade, est une hénade intrinsèquement parfaite[6], tenant son être non d'un autre mais de lui-même. Mais toute intelligence et toute âme, participant à un certain un[7] (car il y a un un auquel participe l'âme et un un auquel participe l'intelligence), portent la marque spécifique de l'unité. Ainsi l'intelligence une et totalement parfaite est cause de toutes les intelligences, tandis que les intelligences qui procèdent d'elle sont les unes intrinsèquement parfaites, les autres chacune une

1. Cf. *El. Th.* 120.

2. L'identité de tout dieu avec le bien et sa procession à partir du bien ne peuvent se comprendre que si l'on se rappelle qu'il y a d'abord Dieu première hypostase, identique à l'un et au bien, puis les dieux qui font partie de la σειρὰ τῶν θεῶν ἑνοειδής τε καὶ ἀγαθοειδής (*El. Th.* 119, 21-22). Voir aussi, *El. Th.*, trad. Trouillard, p. 129 n. 4 ; *Théol. Plat.* II, 11 n. 65 où est bien mise en lumière la suprématie du Dieu premier sur les dieux et I, 15, p. 77 où est soulignée la variété des providences divines.

3-7. Voir *Notes complémentaires*, p. 150.

quod utique diis existentiam characterizare dicimus, si non demon et angelus et anima et heros deo idem.

63. Omnis equidem deus, ut dictum est a me etiam prius, secundum le unum habet esse deus quod utique ante intellectum dicimus existere, bono idem exstans et ex bono procedens. Duplicibus autem unitatibus entibus sive etiam bonitatibus, quas bonum illud produxit ens causa utrorumque et altero modo unum, et hiis quidem autotelon (id est per se perfectis), hiis autem dispersis in participantibus causis (tripliciter enim et le unum et le bonum, aut secundum causam, puta primum : et enim bonum illud et ex se ut causa et bonorum omnium et unitatum ; aut secundum existentiam, puta unusquisque deus unum et bonum existens ; aut secundum participationem, puta quod in substantiis unum et bonum ; propter que et unita est omnis substantia et boniformis est), omnis deus, et si unitas sit, sed autotelis (id est per se perfecta) unitas est, non alterius ens, sed sui ipsius. Omnis autem intellectus et anima omnis participans quodam uno — quid enim unum est, quo anima participat et quo participat intellectus — unialis est. Sic enim et qui quidem unus et omnino perfectus intellectus causa omnium intellectuum ; qui autem ab ipso intellectus hii quidem autoteleis

63, 4-18 Duplicibus — sui ipsius : *uerborum et sententiarum in hoc loco colligationem recte, ut opinor, ind. Westerink cui assentiens interpunctionem statui.*

63, 2 etiam *A* : et *V* || 5 entibus *om.* *A* || 11 ex se *V* : exté (= extreme) *A* || *alt.* et *om.* *V* || 12 et *V* : ut *A* || 17 perfecta *A* : -ti *V* || 24 autoteleis *A* : -lis *V*.

certaine perfection intellective, étant chacune, sous un mode particulier, ce qu'est, sous un mode total, l'intelligence absolument parfaite ; et l'une tient son caractère particulier de tel principe, l'autre de tel autre, et l'une s'accomplit dans la lune, une autre dans le soleil[1], une autre encore dans quelqu'une des autres formes contenues dans l'intelligence absolument parfaite, une autre enfin est une irradiation se diffusant à partir d'elles sur les âmes rendues intellectives[2]. C'est à cause d'elles que ces âmes, elles aussi, intellectives par participation, sont et sont appelées intellectiformes et qu'elles tendent à s'élever vers l'intelligence, cette intelligence par laquelle les âmes ont toutes en commun l'autonomie du mouvoir, par laquelle aussi sont intelligentes, parce que participant à l'intelligence, les âmes en qui existe par participation, comme on l'a dit, la faculté intellective. Si donc nous considérons l'âme première et les âmes qui procèdent d'elle, elles nous apparaîtront comme étant de deux sortes : les unes substantielles et indépendantes des corps, les autres irradiations, dans les corps, de celles qui sont âmes selon la substance ; et en effet, si un corps animé est animé, c'est en vertu de sa participation à une certaine âme formée en lui et qui est nommée « entéléchie » par un auteur qui a tenu à désigner ainsi les « liens animés »[3].

64. A chacune des hypostases principielles, je veux dire à l'âme, à l'intelligence et au bien, correspond donc un nombre issu de chacune d'elles[4], mais ce nombre est double : d'une part, le nombre des existences intrinsèquement parfaites, de l'autre, celui des irradiations

1. La lune et le soleil sont des esprits individués.

2. Toute cette hiérarchie des fonctions de l'âme, de l'intelligence et même des hénades représente, comme l'a bien montré E. R. Dodds (*The Elements of Theology*, p. 234) une hiérarchie de l'immanence des hypostases, qui sera précisée encore au § 64 ci-dessous. Voir aussi, sur la hiérarchie des νόες § 3 ci-dessus, *De Prov.* 30 et *El. Th.* 170.

3-4. Voir *Notes complémentaires*, p. 150.

(id est per se perfecti), <...>, partialiter unusquisque ens quecumque quidem totaliter omnino perfectus intellectus; et hic quidem secundum aliud aliquid le partiale habens, hic autem secundum aliud formatum, et finiens hic quidem in lunam, hic autem in solem, hic autem in aliam aliquam contentarum in omnimode perfecto specierum, hic autem illustratio ab hiis in animas intellectuatas. Propter quas et hee, intellectuales secundum participationem entes, intellectiformes et sunt et dicuntur et sursum tendunt ad intellectum, qua quidem anime le autokinetum (id est per se mobilitatem) habentes communem omnium, qua autem intellectu participantes intelligentes et harum, quibus existit secundum participationem, ut dictum est, le intellectuale. Si igitur et animam videamus primam et eas que ab hac animas, duplices et hee apparebunt, et hee quidem substantiales et separabiles a corporibus, hee autem in corporibus illustrationes ab hiis que secundum substantiam animabus; et enim animatum secundum participationem animatum quadam anima in ipso facta, quam vocet quis entelechiam, cui amicum sic vocare animata vincula.

64. Secundum unamquamque igitur principalium ypostaseon, animam dico et intellectum et bonum, numerus ex unaquaque, sed iste duplex, hic quidem per se perfectarum existentiarum, hic

63, 25 *post* perfecti *lacunam ind. Boese quam secundum Procli El. Th. 64 sic supplendam esse censui:* et intellectus hii quidem autoteleis substantie, hii autem intellectuales quaedam perfectiones.

63, 28 hic *V* : qui *A* || 29 finiens : τελῶν *υ* || 39 quibus *A* : quidem *V* || 46 animatum *A* : -arum *V*.

rayonnant sur les suivantes[1]. C'est pourquoi, même s'ils ne sont pas absolument dieux et hénades, les anges et les démons qui sont avant nous, les héros et, avec eux, nos propres âmes participent à certaines hénades et sont congénères à l'un ; le sont premièrement ceux qui sont suspendus aux dieux eux-mêmes, deuxièmement ceux qui sont liés aux dieux par leur intermédiaire ; au troisième rang, comme on dit, viennent ceux qui sont subordonnés aux précédents et, en tout dernier lieu, nous-mêmes. Car il existe, immanente en nous, une trace secrète de l'un, qui est plus divine que ne l'est même l'intelligence en nous, en laquelle s'accomplit et sur laquelle s'établit l'âme et par laquelle elle est divinisée et vit d'une vie divine, pour autant que cela lui est permis.

65. Les dieux exercent donc la providence en totalité[2] : car s'ils sont, c'est, comme on l'a dit, parce que tous sont des hénades[3]. Mais les anges, les démons et les héros n'ont le don de providence que pour autant qu'ils possèdent aussi quelque semence de l'un et non pas pour autant qu'ils ont vie et intelligence ; ces deux facultés les révèlent en tant seulement que mouvant les hétéromobiles ou en tant seulement que connaissant les êtres (car l'âme a la propriété de mouvoir, l'intelligence celle de connaître, et il en est ainsi de toutes les âmes et de toutes les intelligences), mais exercer la providence, c'est un don qu'ils tiennent de l'un qui est en eux, c'est par lui qu'ils imitent les dieux, par lui qu'ils exercent avec eux la providence pour tous (car celui qui exerce la providence en premier, c'est Dieu, puisque c'est lui aussi qui est en premier le bien). Après eux viennent les âmes qui, lorsqu'elles

1. Cf. *El. Th.* 64.

2. Cf. § 65, 34-35 : *secundum totos se ipsos providere.* Voir aussi ci-dessus § 63 n. 4 et § 4, 2-3.

3. Référence à *in Parm.* (Klibansky), p. 36, 9-10 : *omnes deorum aliorum unitates cum ente consubsistunt. Quare unusquisque deus est...*, cf. *El. Th.* 114, 116 et 120.

autem illustrationum in ea que deinceps. Quare, et si non dii neque unitates simpliciter, angelique et demones ante nos et heroes et anime cum hiis nostre participantque quibusdam unitatibus et sunt uniales, prime quidem qui a diis ipsis dependent, secundarie autem qui per illos medios ipsis coniuncti ; secundum tertium autem, ut aiunt, ordinem qui hiis submissi ; et extreme nos. *Et enim* in nobis *iniacet aliquod secretum unius vestigium*, quod et eo qui in nobis intellectu est divinius, *in quod et consummans anima et locans se ipsam divina est et vivit divina vita, secundum quod et huic licitum.*

65. *Dii quidem* itaque *provident omnes :* et enim sunt quod sunt unitates, ut dictum est, omnes. *Angeli autem* et demones et heroes *secundum quod habent aliquod semen et ipsi* unius *provident, non secundum quod viventes aut intelligentes sunt ;* sed horum quidem utrumque aut moventes ipsos enuntiat utriusque mobilia solum aut cognoscentes entia solum : *anime enim movere, intellectus autem cognoscere proprium*, que et omnibus existunt animabus et omnibus intellectibus. *Providere autem est eius quod in ipsis unius ; secundum quod enim imitantur deos, secundum hoc ipsis comprovident* omnibus : *nam prime providens deus, quia et prime bonum. Anime autem post hos, quando secundum*

64, 6 unitates *V* : -tis *A* || 14 diuinius *V* : -nus *A* || 15 locans *A* : locatus *V*.

65, 1 omnes : ὅλοι$^{\omega\nu}$ *υ* ; *fortasse* ὅλως *uera lectio* ? || 7 utriusque mobilia : *interpretis mendum qui, ut coni. Boese,* ἑκατέρου κινητά *pro* ἑτεροκίνητα *legisse uid.* || aut *V* : autem *A* || 8 entia *A* : omnia *V* || 11 ipsis *om. V* || 12 imitantur *A* : mirantur *V* || 13 nam *A* : si autem *V*.

s'établissent au sein du bien, agissent divinement et exercent l'activité providentielle avec les dieux et avec les races supérieures à nous, sous un mode transcendant[1] comme le font ces êtres eux-mêmes ; et leur providence ne prend pas appui sur de conjecturales arguties touchant l'avenir comme celles des hommes d'État ici-bas, mais sur l'un psychique ; et, par cette illumination qu'elles reçoivent de la lumière unitaire des dieux, elles voient intemporellement le temporel, indivisément le divisé, sans localisation tout ce qui est localisé, et elles sont l'expression non d'elles mêmes mais de ceux qui les illuminent. Et pour toutes les âmes cette réceptivité est intermittente, alors que pour les anges avant elles et pour les autres races elle est permanente ; c'est aussi pourquoi ceux-ci ont en permanence une action providentielle supérieure à ce que peut être une activité fondée sur le raisonnement puisque, au lieu de se mettre à la remorque des êtres sujets au devenir, ils voient tous les êtres selon l'un causal des dieux, soit qu'ils pensent soit qu'ils soient pensés, sans que cette activité soit sujette chez eux au moindre relâchement. C'est donc, comme nous venons de le dire, par la permanence de leur action providentielle qu'ils diffèrent des âmes ; quant aux dieux eux-mêmes dont ils sont l'escorte, ils en diffèrent en ce qu'ils exercent leur providence non selon la totalité de leur être, mais selon ce qu'il y a de plus divin en eux et pour autant qu'ils sont en symbiose avec les dieux. Car chaque dieu est un, tandis que chacun des membres de l'escorte est congénère à l'un ; possédant donc aussi quelque chose d'autre qui n'est pas l'un, par l'un il imite le dieu qui est avant lui et auquel il est suspendu, par l'autre il

1. ἀσχέτως équivaut ici au διὰ τὴν ἄσχετον ὑπεροχήν de *El. Th.* 140 ; en général, ἀσχέτως désigne plutôt la transcendance ontologique, ἐξῃρημένως la transcendance conceptuelle (l'abstraction), cf. *El. Th.* 122, 13-14.

unum illocantur et divine operantur, et provident cum diis et cum melioribus nobis generibus, inhabitudinaliter quibus et illi ; *et ipsorum providentia non in ratiocinationibus coniecturativis futurorum sicut politicorum qui hic, sed in uno* animeali *stationem sumens ; et per hoc circumlustrate uniali lumine deorum vident akhronos* (id est intemporaliter) *que in tempore, et indivisibiliter divisa, et que in loco omnia sine loco, et sunt non sui ipsarum, sed illustrantium. Et animabus quidem hec quandoque accidit passio, angelis autem ante ipsas* et aliis generibus *semper adest ; propter quod et semper provident meliori modo quam secundum ratiocinationem operantes, non consequentes hiis que fiunt, sed omnia videntes secundum le unum in diis secundum causam*, sive intelligant, sive intelligantur, *talis operationis submissionem non habentes. Ab animabus quidem igitur per semper providere differunt, ut diximus ; ab ipsis autem diis, quorum sunt opadoy* (id est assequentes) per non secundum totos se ipsos providere, sed secundum divinissimum sui ipsorum *et secundum quod coniuncti sunt diis.* Illorum quidem enim unusquisque unitas, *horum autem unusquisque unialis ; habens igitur aliquid et aliud preter unum, uno quidem imitatur* eum qui ante se *deum et a quo dependet, alio autem*

65, 15 unum : *potius leg.* bonum = τῷ ἀγαθῷ *Is.* || 16-17 inhabitudinaliter : ἀσχέτωσ *v* || 17 quibus et illi : sicut et illi *potius conuenire aestimo cum, aut interprete aut librario peccante, uoces* ὧν καὶ ἐκεῖνοι *pro* ὡς καὶ ἐκεῖνοι, *in gr. exemplari substitutae mihi uideantur.* || 18 ratiocinationibus *OS* : rationibus *V* rationationibus *A* || 19-20 stationem *A* : statuens *V* || 20 hoc *A* : hec *V* || circumlustrate *SB* s.l. : circumlustrare *AV* || 25 angelis *A* : -lus *V* || 27 quam *V* : quod *A* || 36 *post* sunt *habet* cum *V*.

vit d'une activité autre ; et pour chaque membre de l'escorte, il y a, d'une part selon l'un : l'existence commune à chacun, d'autre part selon le non-un : l'existant en eux, ce dont il y a existence[1].

66. Sachant cela, qu'on veuille bien appliquer à un degré second[2] à ces êtres tout ce qu'on a pu dire de la providence sauf que, en ce qui concerne les hénades, les unes auront chez eux une puissance plus totale, les autres une puissance plus partielle[3], comme dans les ordres divins. Mais, chez tous, l'élément premier, comme il est meilleur que toute puissance, est meilleur aussi que toute providence, si toutefois on ose dire de lui qu'il exerce aussi la providence, mais alors ce serait en ce sens qu'il est objet de désir pour tous, que tous n'existent que pour lui et qu'il est la cause de la providence : c'est en effet, à cause du bien qu'il y a une providence des dieux et des êtres qui viennent après eux, ainsi qu'en témoignent les faits eux-mêmes et les explications qu'en donne Platon, comme nous l'avons dit en commençant cette étude.

1. Voir *Notes complémentaires*, p. 150-151.
2. Cf. *De mal. subs.* § 14 *in fine*.
3. Voir l'analyse de cette théorie des niveaux d'être des hénades dans E. R. Dodds, *op. cit.*, pp. 278, 279. Cf. *supra* §§ 63 et 64, *El. Th.* 151. *in Parm.* VI 16, 1049.

secundum aliam operationem vivit, et est secundum unum quidem existentia que uniuscuiusque, secundum non unum autem le ens quod in ipsis cuius existentia.

66. Hoc autem cognito, et alia quecumque de providentia dicta sunt et hiis adaptare liceat secundarie, excepto quod et unitatum hee quidem erunt et in hiis totaliorem, hee autem partialiorem habentes virtutem sicut et divinorum. In omnibus autem primum, ut virtute omni, sic et providentia melius — si autem et providere illud dicere audeat quis —, sed ut desiderabile omnibus et cuius gratia omnia et ut causa providentie : propter bonum enim providentia et deorum est et eorum que post deos omnium, ut et res manifestant et qui hec explicuit Plato, ut diximus inchoantes hunc sermonem. EXPLICIT. EXPLETA FUIT TRANSLATIO HUIUS LIBRI CORINTHI A FRATRE GUILELMO DE MORBEKA, ARCHIEPISCOPO CORINTHIENSI, ANNO DOMINI 1280, QUARTO DIE FEBRUARII.

66, 3 hee *V* : hec *A* || 13 Explicit *om. V.*

NOTES COMPLÉMENTAIRES

Page 55.

3. L'Hermès Commun, ὁ Κοινὸς Ἑρμῆς, est le dieu qui préside au partage des trouvailles faites en commun (voir *in Alc.* 105, 1-2 et Jamblique, *Myst.* 1, 1, 4-5, p. 38 et note compl.), c.-à-d., ici, à l'énoncé de certaines idées sur la providence qui sont communes à Proclus et à certains de ses prédécesseurs. Sur la place d'Hermès dans le panthéon proclien, cf. J. Rosan, *Rhe Philosophy of Proclus*, p. 172.

4. Sur les notions communes ou prénotions stoïciennes, rattachées, elles aussi, à l'Hermès Commun, voir la longue note de Saffrey-Westerink dans le 1er tome de leur édition de la *Théologie Platonicienne*, p. 159-161, n. 4 à p. 110. Une définition brève et claire de ces notions a été donnée par Saloustios, *Des dieux et du monde*, ed. Rochefort, p. 4 I, 2. Quant aux preacceptiones ou προλήψεις, associées aux κοιναὶ ἔννοιαι, elles sont empruntées au vocabulaire de l'épicurisme aussi bien que du stoïcisme et désignent l'opération par laquelle l'âme « présume » un certain nombre d'évidences qui constituent le sens commun et qui sont, par leur universalitè, le prélude à la connaissance scientifique, les *semina scientiae* de Sènèque (*Ép.* 120, 4).

Page 56.

3. Cf. *El. Th.* prop. 170 et n. 4 (trad. Trouillard). Le καθ' ἓν πάντα du νοῦς μερικός est une connaissance totale et simultanée s'effectuant sous un angle particulier (cf. *infra* § 63, 16-20).

4. Voir *El. Th.* prop. 174, *Théol. Plat.* I, p. 66, 3 et *Parménide* (Diels) fr. 5.

5. La hiérarchie des connaissances supérieures se présente, malgré quelques variantes, comme suit :

La connaissance intellectuelle ou spirituelle (νόησις) appréhende les choses globalement et se divise en deux modes : *a)* celui de l'aperception purement et simplement totale et simultanée, *b)* celui de l'aperception totale et simultanée sous un angle particulier. Elle se réalise ici-bas par la dialectique, activité des intelligences individuelles, science des principes, couronnement des mathématiques (Platon, *Rép.* 7, 534 e 2), exercice préparatoire à la contemplation (*in Parm.* 1015, 38) ; au-delà, elle est contemplation proprement dite, aperception transcendentale, principe causal de la contemplation (cf. *De Prov.* 49, *in Parm.* 1106 et Plotin, *Enn.* 4, 2, 28). Au-dessus, il n'y a plus que la connaissance suprême et unitaire (προνοητικὴ γνῶσις), connaissance totale ou non-connaissance (γνῶσις δι' ἀγνωσίας) selon qu'on la pense en termes de théologie positive ou négative, précédant toute connaissance, πρό-νοια, dépassement de la dialectique par la négation de la négation et le silence (voir *De Prov.* 31, Psellos, *op. cit.*, § 94, 3-5, P. Hadot, *Porphyre et Victorinus* I, pp. 278 sqq., J. Moreau, *Plotin*, p. 187, Beierwaltes, *Proklos*, pp. 361 sqq.).

Page 57.

2. Voir apparat crit. Il s'agit de démontrer l'unité nécessaire de toute faculté de connaissance dans son appréhension du divers. Plus on s'élève dans la hiérarchie intellectuelle, plus s'étend le champ de vision du sujet connaissant et plus sa vision est unitaire, comme si elle était la synthèse réalisée des visions particulières. Autrement dit, l'unité indivisible du sujet est la condition de l'unité de l'objet.

Page 58.

1. Sur la connaissance du semblable par le semblable, principe formulé d'abord, semble-t-il, par Empédocle (Aristote, *De anima*, 404 b), peut-être aussi par Parménide si l'on en croit Théophraste (*fragm. 1 de sensu* 7 D 31 A, Winner) et devenu, par la suite, une sorte de vérité non contestée, voir notamment Platon, *Timée* 45 b et 68 a ; Plotin, *Enn.* 1, 6, 9, 29-34, etc. ; Beierwaltes, *op. cit.*, p. 301 n. 34 et 35 ; R. Schaerer, *Dieu, l'homme et la vie d'après Platon*, pp. 51-52 ; P. Hadot, *op. cit.* I, pp. 234-239 ; voir aussi *Théol. Plat.*, éd. Saffrey-Westerink I, p. 15 n. 3.

2. Il y a pourtant (ci-dessous § 5) des non-étants qui participent à l'Un, et la providence bonifie les étants et les non-étants ; mais il s'agit ici de l'absolument non-étant, tandis que les non-étants participant à la providence sont des non-étants selon l'altérité (Platon, *Sophiste* 258 b), éléments nécessaires du système logique du monde.

Page 61.

1. Cf. *De prov.* 63 : « *Peripateticorum et Stoicorum heresum sunt hec dogmata* ». On trouve dans la *Somme Théologique* de Thomas d'Aquin, quaest. 8 art. 3, une présentation analogue des arguments à opposer à ceux qui contestent l'universalité de la puissance divine soit par répudiation du monisme (manichéens) soit par souci de ne pas laisser cette puissance s'abaisser « *usque ad haec inferiora corpora* ».

Page 63.

1. Cf. *De prov.*, § 62. La nécessité des futurs contingents préconçus par Dieu est un point sur lequel Proclus insiste à plusieurs reprises dans les opuscules car il constitue la charnière de tout son système des rapports de Dieu et du monde. C'est ainsi que sont démontrées : premièrement la connaissance déterminée des déterminés et des indéterminés (deuxième question), deuxièmement la double action providentielle à partir de l'Un et de sa puissance infinie se traduisant par les combinaisons variables du πέρας et de l'ἄπειρον dans les êtres (troisième question). Le problème a été traité par Platon dans un passage difficile du *Timée* (37 a-c) expliqué par Proclus, *in Tim.* II 309, 7 — 310, 11. Voir aussi *Théol. Plat.* I, p. 76, 15-18 et Thomas d'Aquin, *Sum. Theol.* I, 14, 13, *Cont. Gent.* I, 67; *de Verit.* qu. II, art. 12. Le problème des futurs contingents, source inépuisable de controverses entre platoniciens et aristotéliciens, averroïstes et thomistes, réapparaît encore sous une autre forme au § 14 (voir p. 71 n. 3).

Page 65.

1. L'effusion dynamique ou actualisation de la puissance de la cause est décrite avec précision dans *El. Th.* 98. Voir à ce sujet l'étude de S. E. Gersh, Κίνησις 'Ακίνητος, *A study of spiritual motion in the philosophy of Proclus*, Leiden 1973, qui met en lumière la nature du mouvement noétique comme puissance de multiplicité s'actualisant selon le processus de la logique triadique.

Page 66.

1. Cf. *supra* § 4, 17-19.
2. Cf. *Théol. Plat.* II, p. 40 ss. et p. 102 (n. 1 à p. 40).
3. Plusieurs textes permettent d'éclairer la notion assez complexe de ἄτομον déjà rencontrée ci-dessus (§ 5 p. 59 n. 1), notamment *El. Th.* 59 (avec le commentaire de E. R. Dodds, p. 232) et 74 ; Porphyre, *Isagogè* (Busse), *Comm. in Arist. Gr.* IV, p. 7, 21 ; voir aussi P. Hadot, *op. cit.* I, p. 131 n. 4.

Page 67.

1. Τὸ ποσόν, c'est la quantité, discrète ou continue selon la classification d'Aristote, c.-à-d. correspondant soit à la multiplicité (πλῆθος) soit à la grandeur (μέγεθος). L'infini selon la quantité est naturellement récusé lorsqu'il s'agit du monde de l'être authentique en lequel le seul infini admissible est l'infini de puissance (et non « en puissance »), infini positif qui échappe aux servitudes du nombre et de la grandeur et qui n'est pas « déchéance de l'indivisibilité » (*El. Th.* 84, 85, 86). Sur cet infini de puissance active, notion féconde et qui illustre bien le système proclien de réfraction appliqué à l'aventure logique de l'Un puisqu'elle exprime « le rapport de l'extension à un intensif d'origine qu'elle projette dans l'espace de jeu d'une conscience temporelle et discursive », (S. Breton, *Philosophie et Mathématiques chez Proclus*, p. 103),

je renvoie à deux ouvrages importants : celui qui vient d'être cité et J. Trouillard, *L'Un et l'Ame selon Proclos*, ch. II.

La réflexion sur l'infini quantitatif (= selon la numération ou la grandeur, et non selon le nombre), qui ne comporte pas de plus infini et exclut donc tout degré supérieur d'infinité, ne fait que rappeler les conclusions formulées dans la *Théologie Platonicienne* à propos de l'un et du multiple, II, p. 5 et notes. Cf. aussi *Theol. Plat.* (Portus) 4, 230, 33-50 ; *in Tim.* 1, 453, 15-21 ; *in Parm.* 1118 ; Th. Whittaker, *op. cit.*, pp. 55 et 73-74. L'interprétation de ce passage par Isaac diffère sensiblement de celle de Moerbeke ; chez lui παρ' ᾗ se rapporte à un ἐκεῖ qui joue le rôle de ἐκείνῃ (= la providence), ce qui l'a amené à modifier l'ordre des propositions et à ajouter un μετ' αὐτήν aux ἀπείροις δυνάμεσιν, afin de pouvoir donner un sens plausible au raisonnement.

Page 71.

3. Cf. *in Remp.* 2, 275, 17-19 : πᾶν τὸ ἐνδεχόμενον εἰς ἀναγκαίαν μεταπίπτειν δύναμιν διὰ τῆς ἀκολουθίας. Malgré sa subtilité, l'argument, qui sera repris sous une autre forme dans le 2e opuscule §§ 62 et 63, est capital puisqu'il contribue à fonder l'alliance de la nécessité divine et de la liberté humaine dans l'unité immuable de Dieu et la multiplicité relative du devenir. L'éternité de Dieu englobe la totalité du temps ; c'est une totalité simultanée qui, selon un processus dégressif, se retrouvera dans les νόες ; de ce point de vue, tout ce qui s'actualise est un « ce qui a été » et a donc été un « ce qui sera » ; c'est la thèse énoncée dans la *Théodicée* de Leibniz I, 36 : « Les philosophes conviennent aujourd'hui que la vérité des futurs contingents est déterminée, c'est-à-dire que les futurs contingents sont futurs, ou bien qu'ils seront, qu'ils arriveront ; car il est aussi sûr que le futur sera qu'il est sûr que le passé a été. Il était déjà vrai il y a cent ans que j'écrirais aujourd'hui, comme il sera vrai après cent ans que j'ai écrit. Ainsi le contingent, pour être futur, n'est pas moins contingent; et la détermination, qu'on appellerait certitude si elle était connue, n'est pas incompatible avec la contingence. »

Page 74.

1. Image empruntée à Platon (*Polit.* 275 e, 276 a, 299 d) et souvent reprise (cf. *in Tim.* 3, 279, etc.).

2. Cf. *Lois* 903 b.

3. La paternité de cette maxime a parfois été attribuée à Thalès de Milet, notamment par Aristote, *De anima* 411 a ; on la rencontre chez Platon, *Lois* 899 b ; il en existait des variantes, dont celle d'Héraclite : πάντα ψυχῶν εἶναι καὶ δαιμόνων πλήρη.

Page 76.

1. L'importance de la chaîne sérielle dans le système proclien a été mise en évidence par P. Lévêque, *Aurea Catena Homeri*,

Append. I, Les chaînes divines chez Proclos; voir aussi W. Beierwaltes, *op. cit.*, pp. 150-152. En ce qui concerne la procession à partir du nombre pur ou monade évoquée ici, cf. *El. Th.* 21 et 113.

Page 77.

1. Ces deux propositions conditionnelles résument le système cosmique de Proclus qui fait reposer la continuité de l'univers sur la liaison logiquement et moralement nécessaire, mais hiérarchiquement graduée, de l'Un avec la totalité des créatures issues par procession de sa puissance infinie et se retournant vers lui par conversion, l'âme jouant le rôle de μέσον de ce double mouvement. La *coordinatio* (σύνταξις) représente la liaison horizontale, l'*ordo* (τάξις) la liaison verticale; la première met en lumière l'universalité de l'influence du principe, la seconde établit les degrés et les moyens de cette influence selon la valeur et la capacité de ceux qui la reçoivent.

2. Sur le principe « qui peut le plus peut le moins » cf. *Lois* 902 e; *Théol. Plat.* I, p. 72-73, 25-26 et p. 73, 10-11.

Page 78.

1. Τὸ αὔταρκες, c'est, littéralement, le fait de se suffire à soi-même; E. R. Dodds traduit par « self-sufficiency », J. Trouillard par « autonomie », ce mot que Leibniz traduisait par « suffisance ».

Page 80.

3. L'hypothèse énoncée ici et donnée comme absurde devient pourtant au § 23 ci-dessous un principe admis : celui de l'intermittence de certaines participations. La contradiction de ces deux thèses n'est qu'apparente et se résout facilement si l'on note qu'il n'y a jamais absence de sujet pour l'action providentielle, mais que le sujet se prive parfois, par incapacité, de la possibilité de ressentir cette action; c'est dire que du point de vue de la providence le sujet participe en permanence, de son point de vue de sujet il participe par intermittence (cf. § 23 : « la participation ne consiste pas dans l'activité elle-même, mais dans la part d'activité qui arrive jusqu'au participant »; voir aussi § 24 *in fine*).

Page 81.

1. Parlant des ὄργανα, Moerbeke les désigne comme *producta* alors qu'on lit ἐκπυρούμενα dans les marginalia graeca du codex latinus V et chez Isaac. J'ai retenu la leçon ἐκπυρούμενα qui s'accorde avec l'exaltation du feu comme principe constitutif des intelligences supérieures. « Devenons feu » dit Proclus dans son *Commentaire sur la philosophie chaldaïque* (p. 193, 14-15 Pitra = p. 208, 2 des Places), et le pseudo-Denys reprendra, dans la

Hiérarchie Céleste (328 D), la louange du feu comme élément de sublimation physique et spirituelle. Peut-être l'exemplaire grec de Moerbeke portait-il un ἐκπορευόμενα correspondant à l'ἐκπόρευσις qui, chez Psellos, est le signe de la procession par opposition à celui de la création (γέννησις). Mais il est possible qu'il y ait simplement eu, à un certain moment de la tradition, un ἐμπυρούμενα (= πλαττόμενα = producta) transcrit ἐκπυρούμενα, erreur qu'expliquerait la similitude de κ et de μ dans certaines graphies.

Page 83.

1. Cf. Psellos, *op. cit.*, § 70. On lit déjà dans l'*Épitre de Paul aux Romains* 3, 3-4 : Τί γὰρ ; εἰ ἠπίστησάν τινες, μὴ ἡ ἀπιστία αὐτῶν τὴν πίστιν τοῦ θεοῦ καταργήσει ; Μὴ γένοιτο...

2. Il s'agit sans doute d'un θεοειδὲς πρόσωπον comme celui qu'évoque Platon à propos des rites d'initiation ou de l'εἰκών dont le rayonnement se diffuse sur l'adorateur (ἐραστής) cf. *Phèdre* 250-252 ; Plotin, *Enn.* 6, 7, 35, 7 sqq. ; 9, 4, 25 ; 9, 8, 36-40 ; dans le même passage du Phèdre, l'aimé, représentation de la beauté divine, est vénéré comme un dieu par l'amant qui rêve de s'identifier à lui. L'illumination (ἔλλαμψις), de la figure divine dévoilée au terme de l'ascension mystique était sans doute un des moments de l'époptie éleusinienne (cf. Diels, *Neue Jahrbücher für das klassische Altertum*, 1922, I, p. 244, et P. Boyancé, *Rev. Ét. Gr.* 1962, p. 464). Mais l'image du πρόσωπον, ou face de Dieu, et du miroir a été surtout utilisée par la symbolique chrétienne où elle est fréquente depuis Paul ; on la retrouve, par exemple, chez Grégoire de Nysse décrivant l'effort de purification de l'âme qui finit, en vertu de la loi d'attraction des semblables, par s'offrir « comme un miroir à la pureté de Dieu » (cf. Daniélou, *Platonisme et théologie mystique*, p. 212). Le terme de πρόσωπον pour désigner la personne divine dans sa manifestation est spécifiquement chrétien ; cf. Suidas, *Lex.* (Adler) : πρόσωπον, ἐπὶ Θεοῦ ἡ ἐπιφάνεια αὐτοῦ. Il est d'ailleurs significatif qu'Isaac n'ait pas éliminé de son texte la comparaison. Le participe ἑστῶτος, *stante* dans la traduction latine, a ici un sens que nul mot français ne peut rendre ; il qualifie la présence majestueuse et l'attitude hiératique du πρόσωπον, personne divine transcendant le νοῦς par son immutabilité, cf. *Enn.* 6, 7, 39, 20-33 et Jamblique, *op. cit.*, p. 85. A noter enfin que les qualificatifs propres au miroir sont, chez Moerbeke, appliqués aux êtres eux-mêmes ; Isaac a rééquilibré les termes de la comparaison en rapprochant, dans le premier terme, λεῖόν τε καὶ λαμπρόν (lisse et clair) de κάτοπτρον (le miroir) et en faisant précéder de ὡς (comme) les épithètes ἀνώμαλον καὶ σκοτῶδες (rugueux et opaque) du second terme ; pour l'intelligence de la comparaison et du logion qui la suit rappelons que, chez Proclus, λαμπρόν qualifie en général le feu ou le rayonnement divin, σκοτεινόν la matière (cf. *in Tim.* 3, 17-18). J'ai opté

dans le présent passage pour la version d'Isaac qui m'a paru à la fois plus cohérente et plus conforme au style de Proclus.

3. Cette courte réflexion aux allures de logion résume l'aventure des êtres qui cèdent à l'attrait de la matière dont la laideur fait écran au rayonnement de la beauté divine, cf. *in Alc.* 34-35.

4. Cf. Themistios (Dindorf), *Discours* XX, pp. 286-287; Jamblique, *op. cit.*, 3, 11, p. 112.

5. Il existe plusieurs sortes de divination (Jamblique, *op. cit.*, 3, 11-13, pp. 112-117) et les oracles sont plus ou moins dignes de crédibilité selon la qualité de l'action divinatoire.

6. Jamblique, *op. cit.*, III 12.

7. Jamblique a décrit la divination par les eaux et par l'émanation des gouffres en précisant bien : οὐ μέντοι τοῦ γε θεοῦ πᾶσά ἐστιν ἡ ἐπίπνοια ἥντινα παρέχει τὸ ὕδωρ, cf. Plutarque, *Œuvres Morales*, éd. Flacelière, T. VI, *De defectu oraculorum*, §§ 40-44.

Page 84.

2. Le rôle des intercesseurs, anges, démons, héros, âmes, est à maintes reprises souligné dans toute l'œuvre de Proclus; s'il distingue, en général, les dieux des êtres divins, il lui arrive aussi de nommer dieux, comme son maître Platon, tous les êtres éternels (cf. *Théol. plat.* I, pp. 114-115; *in Tim.* 3, 108).

3. Sur le contact comme forme supérieure d'approche de l'unité cf. *in Tim.* 1, 211, 18; *in Alc.* 93, 24, etc.

Page 85.

1. En rappelant que l'Un se présente à la fois comme un et infini, Proclus rappelle que c'est par sa puissance infinie, qui correspond à l'ἄπειρον de la triade πέρας-ἄπειρον-μικτόν et à ζωή de la triade οὐσία-ζωή-νοῦς, que l'Un est en connexion avec les multiples. Sur ce rôle capital du μέσον dans les triades procliennes voir W. Beierwaltes, *op. cit.*, pp. 48 sqq.; J. Rosan, *op. cit.*, pp. 97 sqq.; J. Trouillard, *Le sens des médiations proclusiennes* dans *Rev. Philos. Louvain* 55, 1957.

2. Cf. n. 5 ci-dessous; voir un schéma analogue à propos de la participation aux dieux et aux démons au § 16 ci-dessus; cf. aussi *in Alc.* 118.

3. La matière-lumière est comme un tremplin qui favorise l'élan vers les cimes, voir P. Hadot, *op. cit.*, pp. 340 sqq. et ci-dessus § 17, 22-24. Sur la forme jouant le rôle de matière, cf.*Enn.* 2,5 3, 13-14.

4. La vision spirituelle est couramment exprimée dans les littératures religieuses païenne, puis chrétienne par le mot *oculum*, que j'ai traduit ici par « vision » et plus loin, au § 57, par « aux yeux » de la providence. Sur le monoculisme, voir Plutarque, *Œuvres Morales*, éd. Klaerr-Vernière, t. VII[2], p. 217 n. 4.

5. Le monde des participants comprend ceux qui participent ἀμέσως et ceux qui participent διὰ μέσων, et qui se divisent à leur tour en :

1° ceux qui participent διὰ μέσων sans pouvoir remonter à la source et qui pensent donc que les μέσοι sont la source,

2° ceux qui par échelons successifs de médiateurs vont jusqu'aux πρῶτα.

Il s'agit, en somme, de démontrer que la distinction entre ceux qui reçoivent la lumière d'en-haut par personne interposée et ceux qui la reçoivent ou croient la recevoir du seul intermédiaire n'est pas seulement valable pour les hommes, mais aussi pour les races surhumaines, celles qui exercent quelque providence, étant bien entendu que la procession, même si elle se réalise par intermédiaires, ne rompt jamais la parenté directe des êtres avec le principe divin (*in Tim.* 1, 209 : οὐδενὸς γὰρ ἀφέστηκε τὸ θεῖον, ἀλλὰ πᾶσιν ἐξ ἴσου πάρεστι).

Page 86.

1. L'alternative énoncée ici est exactement, dans la forme, celle qui a été présentée à propos du contingent au § 6, mais dans l'ordre inverse.

Page 90.

2. Pour celui, donc, dont la nature est d'agir selon la déraison ou de ne pas être opposé à l'irrationalité, c.-à-d. d'être « non contraire à l'irrationel », tout contraire, comme tout non-être, recélant une part de positivité.

Page 91.

2. Selon la théorie exposée ici, le mal est une dégradation du bien et il s'oppose au bien comme contraire ; ce qui suppose que le premier mouvement de tout être est la révolte contre le principe dont il dérive et dont il veut s'éloigner. Toute pluralité ou toute altérité est une révolte contre l'unité dont elle procède ; tout être inférieur dans la procession est un déserteur (ἐκφεύγον, ἔκπεσον) qui fuit son maître, mais qui finit fatalement par se retourner vers lui : l'injustice repousse la justice, mais elle en porte la marque dans son nom, c.-à-d. dans son existence ; d'où il résulte que l'injuste est finalement atteint de la nostalgie de la justice et disposé, après une série d'épreuves, à lui céder la place ; la raison repousse Dieu, mais un jour vient où elle le reconnaît et, en se soumettant, elle s'amende par la conversion. Tout le schéma logique de l'immanence en soi, de la procession et de la conversion se double ainsi d'une aventure morale et spirituelle qui rappelle celle de l'enfant prodigue ; le pécheur repenti, c'est l'accomplissement du cycle triadique, l'acte après la puissance ; et c'est pourquoi la révolte et la résipiscence sont conformes aux voies de la providence. Mais on ne saurait oublier que la hiérarchie des plans du réel modifie l'aspect de la réalité selon le niveau du sujet connaissant, que, donc, la désertion d'un être est, pour son supérieur, un exil ou, si l'on veut, que l'effet peut se considérer

soit de son point de vue soit du point de vue de sa cause, alors que chez Platon l'âme humaine n'est jamais révoltée, mais entraînée (cf. R. Schaerer, *Dieu, l'homme et la vie d'après Platon*, p. 75).

3. Il existe une âme mortelle, exigée par la duplicité de l'univers physique ; Platon la décrit dans le *Timée* (69 c) comme liée totalement au corps et logée au-dessous du cou (cf. *Timée*, éd. Rivaud, notice, p. 87) ; à la différence de l'immortelle, elle ne descend pas dans le corps par un mouvement qui n'engagerait que son activité, elle siège dans le corps et a partie liée avec lui ; voir plus loin : « si l'âme divine accède au devenir, il fallait qu'avant elle une âme mortelle fût présente dans le corps » ; voir aussi *De Prov.* §§ 3 et 4, *in Tim.* 3, 285 et 321, 30-32 : ἡ μὲν ἀπογεννᾶται μετὰ τοῦ σώματος... ἡ δὲ ἐνδεῖται εἰς τὸ σῶμα. En effet, l'âme divine ou immortelle, si elle venait, au cours de sa descente ici-bas, à se trouver en contact direct quant à sa substance avec le corps, deviendrait elle-même un élément de corruption dans la mesure où elle serait atteinte en son être par la souillure de la chair (voir plus loin même §) ; il faut donc, si elle veut sauvegarder sa nature tout en allant, par son activité, jusqu'à l'ultime échelon du devenir de l'âme rationnelle, celui de son mélange avec le corps, qu'elle se trouve en contact non pas directement avec le corps, ce qui supposerait chez elle une affinité avec lui, mais avec un élément vital appelé âme au sens originel du mot ψυχή, c.-à-d. souffle, élément animateur (analogue au ψυχικὸν σῶμα de Paul, *I Corinth.* 15, 45 et au *spiritus* d'*Hermès Trismégiste*, ed. Nock-Festugière II *Asclèpius*, p. 315). Sur le rôle de ce πνεῦμα voir *Hermès Trism.* I 10, 16-17 et p. 132 n. 60 ; autrement dit, il doit y avoir contact entre des esprits animés, jamais entre l'âme et la matière ; l'âme reste incorruptible, son activité seule permettant de la dire incorporée alors que son être reste intact.

Page 94.

1. Ce sont les raisons séminales de la providence divine qui vont se disséminer dans les êtres d'une manière apparemment inéquitable, mais en réalité salutaire ; cf. *in Alc.* 134, 2-5 : τὰ δὲ τῆς προνοίας τῶν θεῶν σπέρματα πρὸς σωτηρίαν ἐνδιδόμενα ταῖς ψυχαῖς.

Cette méditation sur l'inégalité apparente des do :de la providence reprend dans son ensemble les réflexions de Plotin sur le même sujet (*Enn.* 3, 2, 6).

2. Sur le sens du mot μεσότης dans le langage mathématique grec, voir *Timée*, éd. Rivaud, p. 43.

3. Cf. *Lois* 6, 757 b 7 ; *in Remp.* 2, 263, 13-15 et *infra* §§ 40 et 41.

Page 95.

1. En s'élevant dans le sens de la compréhension et de la compensation, les rapports passent du stade arithmétique au

stade géométrique puis au stade harmonique. En outre, l'action harmonique de la providence est marquée du sceau de l'apriorité, d'où sa qualification de « préharmonique », cf. *Enn.* 5, 8,1, 31-32 où il est dit que la musique, dans le sensible, vient d'une musique antérieure au sensible.

2. Proclus recourt au même exemple dans *in Tim.* 1, 56-57 et cite, à ce propos, l'adage stoïcien δὸς περίστασιν καὶ λαβὲ τὸν ἄνδρα « donne l'épreuve et jauge l'homme ».

Page 97.

1. Cf. *Phèdre* 246 c.

2. Ce qui veut dire, en clair : le sage préfère garder sa propre estime en sauvegardant la prééminence de son âme que d'avoir à se mépriser pour s'être laissé dominer par le corps.

3. Cf. Porphyre, *De abst.* 1, 36.

Page 98.

2. Sur l'éveil nécessaire pour susciter l'émission, cf. *in Alc.* 281 1-2 : προβάλλουσιν ἀφ' ἑαυτῶν αἱ ψυχαὶ τοὺς λόγους καὶ ὡς τοῦ ἀνεγείροντος ἐδέοντο μόνον que J. Trouillard traduit excellemment : « les âmes émettent d'elles-mêmes les raisons, elles ont besoin seulement d'un éveilleur » (*Le sens des médiations proclusiennes*, dans *Rev. Philos. Louvain* 55, 1957, p. 335) ; voir aussi P. Hadot, *op. cit.* I, p. 334 n. 4, et ci-dessus § 35.

3. L'image sert à illustrer le principe stoïcien de la solidarité des vertus ; cf. Diog. Laërt. 7, 125 (*SVF* III 295, p. 72) : τὰς δὲ ἀρετὰς λέγουσιν ἀντακολουθεῖν ἀλλήλαις καὶ τὸν μίαν ἔχοντα πάσας ἔχειν et Plutarque, *De Stoic. Repugn.* 1034 D : κατὰ πάσας ἐνεργεῖν. Voir E. Bréhier, *Chrysippe et l'ancien stoïcisme*, pp. 239 sqq., P. Hadot, *op. cit.* I, p. 241-242. Sur l'image classique du combat pour la vertu (*Lois* 730 b 7, 953 d 4-5, 964 b, etc.) voir H. Marrou, *L'idéal agonistique de la vie chez les grecs*, pp. 37 et 72 ; l'image est utilisée aussi dans la littérature chrétienne, cf. Théodoret de Cyr, *Thérap. des maladies helléniques*, éd. Canivet I, p. 262, 6, 24 et p. 279, 6, 69.

4. Cf. *in Parm.* IV 894, 41-895, 1.

Page 100.

2. L'αὐτοκίνησις, élément fondamental dans la hiérarchie qualitative des êtres selon Proclus, c'est la mise en mouvement de soi-même ou spontanéité (la Selbstbewegung de Hegel et l'être « automate » de Leibniz).

Page 102.

1. Référence au principe aristotélicien de l'organe dominateur.

2. Tout le passage est fort douteux et doit contenir un certain nombre de transcriptions erronées (cf. app. crit.). Il s'agit, en fait,

en usant d'images empruntées à la médecine (πήσεις), de montrer l'analogie qui existe entre les catastrophes collectives entraînant bons et mauvais et les κινήσεις (ou « mouvements » au sens aristotélicien de « modifications d'état ») des touts entraînant leurs parties, ou encore les mouvements des parties maîtresses d'un organisme entraînant ceux des parties secondaires (cf. ci-dessous § 47, 17-20). S'en prenant à ceux qui contestent l'influence d'une providence dans le cas des vertueux décimés avec les mauvais, Proclus affirme que si l'on conteste la providence dans les conséquences mineures, on est obligé de la contester aussi dans les faits majeurs qui les ont provoquées.

3. Cf. *Timée* 42 d ; *in Tim.* 3, 131, 19-20, 23-25.

Page 105.

1. Cf. *Enn.* 3, 2, 1, 13, 18-20.

2. Par cette formule la tradition platonicienne distingue la connaissance vulgaire ou sensible (κατὰ τὴν δόξαν) de la connaissance vraie (κατὰ τὴν ἀλήθειαν), cette dernière découvrant, au-delà des constatations du sens commun, la réalité essentielle des faits et des êtres ; cf. R. J. Clark, *Parmenides and Sense-Perception, Rev. Ét. Gr.* 1969, pp. 14-32.

3. Cf. *Enn.* 3, 2, 15.

Page 106.

1. Le principe ou adage « injustement pour qui commet, justement pour qui subit » a été notamment développé, à plusieurs reprises, par Plotin ; il met en évidence l'intelligence de l'ordre universel qui donne sa valeur à tout acte accompli en ce bas monde, fût-il, sous l'angle de notre morale particulière, digne de réprobation. La négativité est ainsi un élément constitutif de l'harmonie du monde sensible, puisque l'action mauvaise est un bien d'un point de vue plus général en tant qu'elle contribue au juste châtiment de celui qui la subit pour les fautes qu'il a commises en cette vie ou en d'autres ; elle a, en outre, une valeur didactique comme exemple à ne pas suivre. Cf. Plut., *op.cit.*, 552 F ; *Enn.* 3, 2, 13, 8-9, 4, 3, 16 ; *in Remp.* 1, 105, 21-22.

Page 107.

1. Cf. *Lois* 4, 713 d 2-3 ; *Pol.* 271 d 6-7.

2. Tout le § 44 se caractérise par une formulation ambiguë et confuse due à ce que sont assez maladroitement associées les communautés de sort dans les espèces animales et la ressemblance de leur destin avec celui des hommes. Le problème de l'âme, de la forme de vie et de la responsabilité des animaux est un de ceux auxquels ni Platon ni Plotin n'ont donné de réponse claire. Proclus l'avait abordé, semble-t-il, dans son Commentaire sur le *Phèdre*, aujourd'hui perdu, à propos de la transmigration de certaines âmes

humaines pécheresses dans des corps de bêtes (*in Tim.* 3, 295, 12-14) ; sans doute y reprenait-il, comme dans le présent passage, la thèse de Plotin selon laquelle l'âme qui s'associe au corps de l'animal n'est qu'un εἴδωλον ψυχῆς, un fantôme d'âme (*Enn.* 1 1, 11, 11-13), ce que Proclus appelle ici εἴδωλον αὐτοκινησίας puisque l'âme, quelle que soit sa situation, est toujours principe du mouvement des corps. En ce qui concerne la coordination et l'harmonie générales des destins individuels et spécifiques, voir *Enn.* 4, 3, 12, 19-25.

3. Reconnaître la bonté du créé, c'est reconnaître la bonté de sa cause, c.-à-d. l'indissoluble alliance de l'Un et du Bien.

Page 109.

3. Ce que Proclus veut souligner ici, c'est que l'influence de la providence et de la fatalité est perceptible, pour l'homme, non seulement par une prise de conscience de leur double action, mais aussi par un certain nombre de signes ; c'est ainsi que la providence divine se révèle aussi bien par les interventions de la Némésis, messagère des dieux et personnification de la justice immanente, que par les apparitions de dieux et les guérisons miraculeuses, tandis que l'évidence de la fatalité et de son déterminisme rigoureux s'impose sous l'aspect du fatalisme astral (cf. *Enn.* 2, 3, 3) qui fait de ce monde une image du monde sidéral et explique le succès prolongé de l'astrologie. Quant à la thérapeutique par les songes, dont la fortune n'a pas été moindre, on sait qu'elle a été surtout pratiquée, en milieu païen, dans les sanctuaires d'Asclèpios, notamment ceux d'Épidaure et de Pergame, où le dieu dictait ses ordonnances aux malades endormis ou parfois même opérait la guérison durant leur sommeil ; la vogue du dieu guérisseur a été si grande et a persisté si longtemps qu'il a fini par devenir le Sauveur au plein sens du terme, c.-à-d. la personnification de l'efficacité providentielle. Les manifestations surnaturelles de la providence dans la vie religieuse grecque, qui s'inscrivent, bien entendu, dans l'ordre rationnel de l'univers, ont fait l'objet d'une étude de E. R. Dodds, souvent rééditée : *The Greeks and the Irrational*, London, 1951-1971.

Page 111.

2. L'ordre (τάξις), c'est la hiérarchie des niveaux d'être qui constitue l'univers ; les êtres qui naissent à l'existence à partir de la place qui leur est fixée n'ont, à la différence de ceux qui ont une existence complète comportant le libre mouvoir de l'âme, aucun être préexistant, donc aucune responsabilité dans la place qu'ils occupent. Les autres, au contraire, ont un passé et assument une part de responsabilité qui dépend de leur liberté, c.-à-d. de leur âme.

3. La conformité au mérite, τὸ κατ' ἀξίαν, c'est ce qui doit normalement arriver comme conséquence bonne ou mauvaise d'un état ou d'un acte en fonction de la valeur de l'être ou de l'action.

Page 117.

1. Comme le note Dornseiff, les éléments ou corps simples qui composent les organes charnels subissent, en s'associant entre eux, des transformations qui les rendent infidèles à leur nature originelle ; ils ne sont plus simples, en effet, mais parties d'un composé.

2. Cf. *Enn.* 4, 3, 15, 5-7 ; 5, 1, 1, 7-8 ; *El Th.* 197, 15-10, *De prov.* 3, 10-11.

3. La séparation d'avec le corps, c'est ce que Jamblique (*op. cit.*, VIII 8, 271) définit comme ἡ ἀπὸ τῆς γενέσεως τῶν κόσμων ταῖς ψυχαῖς ἀπαλλαγή ; voir aussi *De prov.* § 24, 18.

4. Cette maladie, ou plutôt ce péché de l'âme, remonte en réalité, si l'on suit Plotin, à la τόλμα originelle, à l'audace présomptueuse qui la conduit à se séparer de Dieu, péché qui frappe avant elle le νοῦς puisque toute multiplicité est un défi à l'unité comme la dyade est un défi à la monade. Cf. *Enn.* 5, 1, 1, 3-5 ἀρχὴ μὲν οὖν αὐταῖς τοῦ κακοῦ ἡ τόλμα καὶ ἡ γένεσις καὶ ἡ πρώτη ἑτερότης καὶ τὸ βουληθῆναι δὲ ἑαυτῶν εἶναι 3, 8, 8, 32-36 ; 6, 9, 5, 29 ; voir aussi *De mal. subs.* 12 *in fine* et l'étude de N. Baladi, *Origine et signification de l'audace chez Plotin* dans *Le Néoplatonisme*, éd. C.N.R.S. Paris 1971, pp. 89-99.

5. Le thème du châtiment consistant en l'absence de punition est inspiré du *Gorgias* 476 a - 479 e et, ici encore, de Plutarque, *op. cit.* 554.

Page 119.

1. *Timée* 39 b, 45 b, 47 b-c. Cf. *Lois* 821 b-c, 822 a c ; *Enn.* 2, 1, 7, 20-21 ; Plut. *op. cit.*, 550 B ; voir aussi J. Moreau, *Le sens du platonisme*, p. 122.

Page 120.

1. Théano la philosophe, une des figures du pythagorisme ancien.

2. Cf. Plut., *op. cit.*, 551 C 3.

Page 122.

2. Les fautes graves ne méritent, si on les considère sous l'angle de l'acte commis, que l'opprobre et un châtiment d'autant plus efficace qu'il a été tenu longtemps en réserve ; mais, si on les considère sous l'angle de l'exécutant, elles ont un aspect positif en ce sens que toute faute grave révèle une nature exceptionnelle qui, hautement douée pour le mal, peut un jour se montrer hautement douée pour le bien. Cf. *Rép.* VI 491 d-e.

Page 128.

1. Cf. *De prov.* 2, 6 : *eirmon (id est connexionem) funium.* « Funis » désigne aussi bien la corde des funambules tout le long de laquelle évolue le sujet que la corde qui descend du ciel (ἄνωθεν)

et qui représente, du haut en bas, toute une destinée (σχοινίον). Voir Cicéron, *De div.* 1, 56, 127 : « *quasi rudentis explicatio* » et Lucrèce, *De nat. rer.* 2, 1153-1156 : «

« *Haud, ut opinor, enim mortalia saecla superne*
Aurea de caelo demisit funis in arva... ».

Voir aussi P. Lévêque, *op. cit.*, p. 28 et V. Goldschmidt, *Le Système stoïcien et l'idée de temps*, p. 80.

Page 129.

1. Cf. *Enn.* 4, 4, 32, 14-22 et 4, 5, 1. Sur la mise en œuvre, en médecine, de la notion stoïcienne de sympathie, voir aussi Plut., *op. cit.*, § 16, pp. 154 et 155 n. 1.

2. Cf. Flavius Philostratus, *Vita Apollonii Tyan.* IV, 45.

3. Cf. Th. Whittaker, *The Neo-Platonists*, p. 239.

Page 130.

1. On retrouve ici la notion de conscience comme critère essentiel soit de la participation des âmes (voir § 23 l'exemple de l'homme endormi au soleil), soit de leur sort au cours de leurs transmigrations corporelles. Il faut, en effet, distinguer deux cas dans la métemsomatose :

1° celui où l'âme perd la conscience de son identité (voir § 52) et s'identifie corps et âme, peut-on dire, au personnage en qui elle s'incarne momentanément ; les châtiments ne sanctionnent alors, apparemment, que sa vie actuelle ;

2° celui où elle garde conscience de son identité, comme l'acteur qui reste conscient de son *ego* à travers les divers rôles qu'il doit jouer ; les châtiments sanctionnent alors la conduite actuelle de l'âme, compte tenu de sa conduite dans ses vies antérieures, et elle le sait. L'âme entrée dans le devenir participe donc plus ou moins au Bien selon que se réalise plus ou moins en elle la prise de conscience de sa véritable identité ; car il y a une hérédité psychique comme il y a une hérédité charnelle, mais elles peuvent être soit ignorées soit assumées.

Page 131.

1. Sur la formule usuelle ἐν ἄλλοις chez Proclus, voir *in Tim.* (Diehl) 3, 378 art. Proclus, *in fine*, dans Ind. auct.

2. Cf. Plut. *op. cit.*, 549 D/E, p. 133 n. 4.

Page 132.

3. Cf. *El. Th.* 65.

4. Les dieux sont suressentiels, mais ils sont ce qu'ils sont pour leurs participants (*El. Th.* 123) et c'est à ce titre qu'on peut tout de même dire qu'ils existent ; car il faut que chaque être που εἶναι καὶ ὅ ἐστιν (id. 65). Autrement dit, les dieux sont au-dessus de l'οὐσία mais non de l'ὕπαρξις qui les définit pour leurs subordonnés (cf. J. Rosan, *op. cit.*, p. 131 *in fine*).

5. La substance, οὐσία, c'est l'idée générale considérée dans sa nature de εἶδος, selon la définition qu'en donne Platon dans le *Phédon* 65 d 8-9 : λέγω δὲ περὶ πάντων, οἷον μεγέθους πέρι, ὑγιείας, ἰσχύος, καὶ τῶν ἄλλων ἑνὶ λόγῳ ἁπάντων τῆς οὐσίας, ὃ τυγχάνει ἕκαστον ὄν c.-à-d. ce qui fonde son existence ontologique.

6. Tout dieu est une hénade, mais non pas n'importe quelle hénade, car toute hénade n'est pas dieu (*El. Th.* 114).

7. Il s'agit ici de l'un au sens de « unité constituante » ou ἑνάς (*El. Th.* 133).

Page 133.

3. Référence au *De anima* d'Aristote 412 b 5-6 en ce qui concerne l'âme-entéléchie et à Platon, *Timée* 38 e, en ce qui concerne les liens animés.

4. C.-à-d. un nombre la constituant, car le nombre est limite et détermination ; le nombre des unités émanant de chaque hypostase première comprend : premièrement les unités transcendantes (du point de vue du dominant) deuxièmement les unités immanentes (du point de vue du subordonné).

Page 136.

1. L'ὕπαρξις est un dénominateur commun de l'ὄν selon l'ἕν et de l'ὄν selon le οὐχ ἕν, qui traduit la duplicité de l'âme (cf. *El. Th.* 191) et des êtres divins (anges, démons, héros) à la fois éternels et créatures, partagés entre l'Un et le multiple (c.-à-d. le οὐχ ἕν). Cf. ci-dessus § 63 n. 4. Les membres de l'escorte subissent donc déjà la dégradation de l'altérité, c.-à-d. la loi de l'Idée une et multiple, en ce sens qu'ils participent à l'existence-une, mais qu'ils sont de certains existants différenciés, des non-uns ; ils sont, en somme, à la fois ἑνοειδές et ἑτεροειδές. Cf. *El. Th.* 116. On retrouve là la distinction aristotélicienne du τὸ ὅτι et du τὸ τί : au premier se rattache l'ὕπαρξις qui est, chez chaque existant, le signe de l'être permettant de remonter à l'unité ; au second se rattache l'ὄν attributif qui modalise l'ὕπαρξις et se place sous le signe du non-un.

ISAAC COMNÈNE

DIX PROBLÈMES CONCERNANT LA PROVIDENCE

SIGLA

D = Athous Docheiariou 119, s. XVIII.

L = Vaticanus graecus 1773, s. XVI.

M = Constantinopolitanus [nunc Atheniensis] Metoch. Panagiou Taphou 35, s. XVII.

P = Constantinopolitanus [nunc Atheniensis] Metoch. Panagiou Taphou 118, s. XVII.

L^1, D^1, etc. = codicum L, D, etc. lectiones ab ipsis scribis correctae

d = correct. et coniect. in mg. aut s. l. in cod. D

l = correct. et coniect. in mg. aut s. l. in cod. L

m = correct. et coniect. in mg. aut s. l. in cod. M

p = correct. et coniect. in mg. aut s. l. in cod. P

v = marginalia graeca in V lat. (V) praedicto

G = Guilelmi de Moerbeka Procli opusculorum translatio

Dornseiff = J. Dornseiff, *Isaak Sebastokrator*, *Zehn Aporien über die Vorsehung*, Meisenheim 1966.

N. B. : Codicum M et P lectiones vel praetermissiones earum quae in cod. D similes non signantur.

ΠΟΝΗΜΑ ᾿ΙΣΑΑΚΙΟΥ ΤΟΥ ΣΕΒΑΣΤΟΚΡΑΤΟΡΟΣ

ΠΕΡΙ ΤΩΝ ΔΕΚΑ ΠΡΟΣ ΤΗΝ ΠΡΟΝΟΙΑΝ ᾿ΑΠΟΡΗΜΑΤΩΝ

I

Εἰ πάντων ἐστὶν πρόνοια, ἀνάγκη δὲ ταύτην, εἴπερ κατ᾿ ἀξίαν ἄγει πάντα, γινώσκειν τῶν προνοουμένων τὴν ἀξίαν, πῶς πάντα γινώσκει, τά τε ὅλα καὶ τὰ μέρη, τὰ ἀΐδια καὶ τὰ φθαρτά, καὶ τίς ὁ τρόπος τῆς γνώσεως ;

(2) Εἰ ἔστι πρόνοια πάντων, τῶν ὅλων, τῶν μερῶν, καὶ μέχρι τῶν ἀτομωτάτων, τῶν οὐρανίων, τῶν ὑπὸ τὸν οὐρανόν, τῶν ἀϊδίων, τῶν φθαρτῶν, δεῖ δὲ αὐτήν, εἴπερ κατ᾿ ἀξίαν ἄγει πάντα, γινώσκειν τῶν προνοουμένων τὴν ἀξίαν, πῶς γινώσκει πάντα, καὶ τίς ὁ τρόπος τῆς γνώσεως ;

(3) Πρῶτον δ᾿ οὖν τοῦτο τὸ ἀπόρημα ἡμῖν αὐτοῖς προτείναντες λέγομεν · ἡ πρόνοια πρὸ νοῦ ἐστιν ἐνέργεια · πρὸ νοῦ δὲ ἐνέργεια τὸ ἀγαθόν, ὅτι τούτου ἐφίεται καὶ ὁ νοῦς · τὸ δὲ ἀγαθὸν ἓν πάντων ἐστὶν αἴτιον, ὡς πᾶσι τοῦ εἶναι καὶ διαμένειν καὶ κινεῖσθαι χαριστικόν. Ἔνθεν τοι ταὐτὸν ἓν καὶ ἀγαθὸν καὶ πρόνοια. Εἰ δὲ ταὐτὸν τῷ ἑνὶ ἡ

Operis titulus περὶ προνοίας ἀπορημάτων MP.
Argumentum I 1 post ἐστιν habet ἡ L.
(**2**) 2-3 τὸν (corr. e τῶν) οὐρανόν D : τῶν οὐρανῶν L.
(**3**) 5 διαμένειν DL : ἀναμένειν MP.

πάντα ἀγαθύνουσα πρόνοια, καὶ ἕκαστον ὡς ἔστιν οὕτω καὶ γινώσκει — ἤτοι τὸ ἄλογον ἀλόγως, πράγματα μόνον μερικὰ καὶ οὐκ ἔξω σωμάτων, αἰσθήσει μὲν παρόντα, φαντασίᾳ δὲ ἀπόντα· τὸ λογικὸν λογικῶς πράγματα καθόλου, δόξῃ μὲν κινούμενα, ἐπιστήμῃ δὲ ἀμετάβολα· τὸ νοερὸν νοερῶς ἁπλῇ γνώσει, τὸ μὲν ἐν ἀνθρώποις μόνα τὰ καθόλου ὁμοῦ πάντα, τὸ δʼ ἐν ἀγγέλοις καὶ ⟨τὰ⟩ κατὰ μέρος καθʼ ἓν πάντα· διεστήκασι γὰρ νοῦς ἀγγελικὸς καὶ ἀνθρώπινος τῷ δύνασθαι τὸν μὲν ἀνθρώπινον μόνων τῶν καθόλου μηδὲν ἀγνοεῖν, τὸν δʼ ἀγγελικὸν καὶ τῶν κατὰ μέρος — καὶ αὐτὴ ἄρα ἡ πάντων πρόνοια, ἑνικὴ πάντων οὖσα αἰτία, τῷ ἑαυτῆς ἑνὶ τὰ πάντα γινώσκει.

(4) Καὶ γὰρ ἄτοπον τάς τε τῆς ἀλόγου ζωῆς ἀλόγους τίθεσθαι γνώσεις καὶ τὰς τῆς λογικῆς ψυχῆς λογικάς, πρὸς δὲ καὶ τὰς τῆς νοερᾶς οὐσίας νοεράς, τὴν δὲ τῆς πάντων ἐπέκεινα ἑνικῆς αὐτῶν αἰτίας γνῶσιν μὴ ἐν μόνῳ τίθεσθαι τῷ αὐτῆς ἑνί, καθʼ ὃ καὶ ὑπερουσίως ἐστί, καὶ ἀφορίζεσθαι κατὰ τὴν ἑνιαίαν αὐτῆς ὑπὲρ νοῦν ὕπαρξιν ἀφʼ ἧς προνοεῖ, ἐν αὐτῇ καὶ γινωσκούσης τὰ προνοούμενα. Τοῦτο δὲ τὸ ἕν, καθʼ ὃ ἡ πρόνοια καὶ ὑπάρχει καὶ γινώσκει τὰ προνοούμενα, ταὐτὸν τῷ μηδὲν μᾶλλον εἶναι τῶν ὅλων ἢ τῶν μερῶν, τῶν τε κατὰ φύσιν ἢ τῶν παρὰ φύσιν, τῶν τε εἰδῶν ἢ τῶν ἀνειδέων. Καὶ γὰρ ὥσπερ τῶν ἀτόμων οἷα τύπων τῶν εἰδῶν εἶναι δεῖ ἀμερές τι κριτήριον, τὸν λόγον, καὶ τῶν πρὸ αὐτῶν εἰδῶν ἄλλο, τὸν διακρίνοντα αὐτὰ νοῦν, οὕτως εἶναί τι δεῖ πρὸ τῶν εἰδῶν, τὸ μίαν ἔχον γνῶσιν τῶν τε καθόλου καὶ τῶν ἀτόμων. Ἢ πῶς τάξει τὰ μὲν ὡς μετεχόμενα, τὰ δὲ ὡς μετέχοντα ; Κοινὸν ἄλλο

(3) 13 ἐν D : om. L ‖ τὰ add. Dornseiff ‖ 15 μόνων DL : μόνον MP.

(4) 2 γνώσεις DLp : γνώμας MP ‖ 4 γνῶσιν DL : om. MP γνώμην p ‖ post μὴ habent γινώσκειν ἢ MP ‖ 10 μερῶν D : ἡμερῶν L ‖ 16 ἄλλο DL : ἄρα d.

τούτοις οὐδὲν ἢ τὸ ἕν. Ἔστιν ἄρα πρὸ τοῦ τὰ εἴδη γινώσκοντος νοῦ τὸ πάντα γινῶσκον ᾗ ἕν. Αὕτη ἡ τοῦ θεοῦ πρόνοια, ἧς ἡ γνῶσις καὶ ὑπὲρ τὴν νοεράν ἐστιν, ὡς ὑπὲρ νοῦν γινωσκούσης τὰ ἀπ' αὐτῆς τῷ ἑαυτῆς ἑνί, ἤτοι τῇ πάντων ποιητικῇ αἰτίᾳ. Πανταχοῦ μὲν γὰρ καὶ ἐν πᾶσι τούτοις τὸ ἕν · οὐ πᾶν δὲ τὸ ὁπωσοῦν ὂν ἢ καθόλου ἐστίν (εἴπερ ἄλλο τὸ καθόλου καὶ ἄλλο τὸ κατὰ μέρος) ἢ εἶδος (ἔστι γάρ τι καὶ τὸ μὴ εἶδος) ἢ κατὰ φύσιν (ἔστι γὰρ καὶ τὸ παρὰ φύσιν) · ἓν δὲ ἕκαστον ὅπερ ἂν νοῆσαι δυνηθῇς ἐστιν, ὡς ἂν ἐπὶ πάντα τοῦ ἑνὸς ὄντος. Εἰ δέ τι μὴ μετέχει τοῦ ἑνός, οὐδ' ὃν ἂν εἴη τὸ παράπαν, οὐδ' ἂν προνοίας δύναιτο μετέχειν.

Εἰ οὖν μηδὲν διαφεύγει τὸ ἕν, εἴ τι γνώσεται πάντα, αὐτόθεν ἑνιαίως γνώσεται · ἢ γὰρ τῷ ἑνὶ ἢ τῷ οὐχ ἑνί · ἀλλὰ τοῦτο χειρόνως ἐστὶ γινώσκειν καὶ ἀλλοτρίως τοῦ ἑνός. Τῷ ἑνὶ ἄρα γνώσεται πᾶν τὸ ὁπωσοῦν ἕν, ὃ πᾶσίν ἐστι κοινόν, τοῖς τε οὖσι καὶ τοῖς μὴ οὖσι, τοῖς ζῶσι καὶ τοῖς μὴ ζῶσι, τοῖς νοοῦσι καὶ τοῖς μὴ νοοῦσι, τῆς προνοίας ἐπιβαλούσης πᾶσι τούτοις αὐτό, ἔμφασιν τοῦ ἑαυτῆς ἑνός.

(5) Οὐ γάρ ἐστι τὸ ἓν αὐτῆς οἷον τὸ ἄτομον ἕν · τοῦτο γὰρ πάντων τῶν ὄντων ἔσχατον ὄν, χεῖρόν ἐστι καὶ τοῦ καθόλου οὗ μετέχον ἐστὶν ὅ ἐστιν · ἐκεῖνο δὲ κρεῖσσόν ἐστι καὶ τοῦ καθόλου. Καὶ γὰρ τὸ μὲν ἄτομον τὶ ἕν ἐστι, τὸ δὲ καθόλου οὐχ ἓν μόνον ἀλλὰ καὶ πολλά, μεριστὸν ὄν, ὡς καὶ τὰς διαφορὰς ἔχον ὧν περιέχει · ἐκεῖνο δὲ τὸ ἓν καθ' ὃ τῆς προνοίας ἡ ὕπαρξις οὐδὲ οἷον τὸ ὅλον τοιοῦτόν ἐστιν, ὑπάρχον ὡς ἀληθῶς ἕν, ὡς ἀληθῶς ὂν ἀμερές.

(4) 28 δύναιτο D : δύναται L ‖ 29 post ἕν, pro εἴ τι — γνώσεται, habent δῆλον ὅτι πᾶν τὸ ὁπωσοῦν ἓν βιαίως γινώσκεται MP.

(5) 8 ὑπάρχον DL : ὑπάρχων MP.

Συλλήβδην οὖν λέγοντες πάντων παρακτικὸν ἐκεῖνο τὸ ἓν πάντων σωστικὸν εἶναί φαμεν, ἔχον ὕπαρξιν πάσης οὐσίας τε ἀληθεστέραν καὶ γνώσεως τρανεστέραν, οὐ μεριζόμενον τοῖς γνωστοῖς ὡς ἡ νοερὰ γνῶσις – καὶ γὰρ πᾶς νοῦς εἷς πολὺς καὶ τῷ εἶναι καὶ τῷ νοεῖν – οὐδὲ κινούμενον περὶ αὐτὰ ὡς ἡ ψυχική – πᾶσα γὰρ ψυχὴ κίνησις οὖσα, μετὰ κινήσεως καὶ νοεῖ – ἐκεῖνο δέ, ἓν μένον τῷ ἑνί, ἀμετάβατον ἅμα καὶ ἀδιαίρετον. Καὶ οὐδὲν διαφεύγει αὐτὸ, κἂν τῷ εἶναι λέγῃς κἂν τῷ γινώσκεσθαι. Ὥσπερ γὰρ καὶ λέγεται καὶ ὀρθῶς λέγεται ἐν μὲν τῷ κέντρῳ εἶναι πᾶς ὁ κύκλος κεντρικῶς, εἴπερ αἰτία τὸ κέντρον, αἰτιατὸν δὲ ὁ κύκλος, καὶ ἐν τῇ μονάδι πᾶς ἀριθμὸς διὰ τὸν αὐτὸν λόγον μοναδικῶς, καὶ ὡς εἰ τοῦ κύκλου γνῶσιν εἶχε τὸ κέντρον, κεντρικὴν ἂν εἶχεν αὐτὴν ὥσπερ καὶ τὴν ὑπόστασιν καὶ οὐκ ἂν ἐμέριζεν ἑαυτὴν τοῖς τοῦ κύκλου μέρεσιν, οὕτως ἐν τῷ τῆς προνοίας ἑνὶ καὶ μειζόνως τὰ πάντα ἐστίν, εἴπερ καὶ ἓν μειζόνως ἐκεῖνο τοῦ κέντρου καὶ τῆς μονάδος, καὶ ἡ τῆς προνοίας ἑνιαία γνῶσις ἐν τῷ αὐτῷ ἀμερεῖ ἐστι γνῶσις πάντων τῶν μεριζομένων, τῶν τε ἀτομωτάτων ἑκάστου καὶ τῶν ὁλικωτάτων, ὡς καὶ ὑπέστησε κατὰ τὸ ἓν ἕκαστον. Καὶ οὔτε ἡ γνῶσις διῄρηται τοῖς γινωσκομένοις οὔτε τὰ γινωσκόμενα συγκέχυται διὰ τὴν μίαν τῆς γνώσεως ἕνωσιν· μία δὲ οὖσα πᾶσαν μὲν ἀπειρίαν τῶν γνωστῶν περιέχει, πάσης δὲ τῆς ἐν αὐτοῖς ἑνώσεως ὑπερήνωται. Τοῦτο μὲν οὖν ἡμῖν πρῶτον ἀπορηθὲν τοιαύτην ἀπόκρισιν ἐχέτω.

(5) 9 παρακτικὸν Dp : παρεκτικὸν L πρακτικὸν MP || 14 ψυχική DL : ψυχή MP || 15-16 ἓν μένον τῷ ἑνὶ codd. : ἐν τῷ ἑνὶ μένον Philop. *de aet. mundi* 38, 10 ; 91, 14 ; 570, 8 || 17 pr. et alt. τῷ DLM : τὸ Pm || 33 οὖν om. D.

II

Πῶς ἡ πρόνοια πάντα γινώσκουσα οὐκ ἀμφιβόλως γινώσκει τὴν ἀμφίβολον τοῦ ἐνδεχομένου φύσιν ;

(6) Δεύτερον δὲ προχειρισάμενοι ἕτερον σκοπῶμεν· πῶς ἡ πρόνοια πάντα γινώσκουσα οὐκ ἀμφιβόλως τὴν ἀμφίβολον τοῦ ἐνδεχομένου φύσιν ἀλλ' ἀναγκαίως γινώσκει ; Εἰ μὲν γὰρ ἀναγκαίως τὸ παρ' ἡμῶν γινόμενον γινώσκει, ἔσται καὶ αὐτὸ ἐξ ἀνάγκης, καὶ οὐ μόνον τὸ ἐφ' ἡμῖν ἀναιρεῖται, ἀλλὰ καὶ πᾶν τὸ λεγόμενον ἐνδεχόμενον· εἰ δὲ μὴ ἀναγκαίως ἀλλ' ἀμφιβόλως, οὐδὲν ἡμῶν διαφέρει. Οὕτω γοῦν τῶν πάλαι ἱκανῶς τὸ βάθος ταύτης τῆς ἀπορίας παραστησάντων, οἱ μὲν αὐτῶν, πρὸς τὴν ἐνάργειαν τῆς τοῦ ἐνδεχομένου ὑποστάσεως ἀντειπεῖν μὴ δυνάμενοι, ψεῦδος εἶναι νομίσαντες τὸ μέχρι τῆς τοῦ ἐνδεχομένου ὑποστάσεως διήκειν τὴν πρόνοιαν καὶ ὡρισμένως εἰδέναι πᾶν, ἀοριστaίνειν αὐτὴν ἐν τοῖς ἀορίστως γενομένοις ἔφασαν, ἵνα φυλάξωσι τὸ ἐνδεχόμενον· οἱ δέ, διήκουσαν ἐπὶ πᾶν συνειδότες τὴν πρόνοιαν καὶ τὴν ὡρισμένην γνῶσιν ἀποδόντες αὐτῇ, τὴν τοῦ ἐνδεχομένου φύσιν τῶν ὄντων ἐξέκοψαν, τὴν ἀνάγκην ἐπὶ πάντων τῶν γινομένων παραδεξάμενοι. Ἡμῖν δὲ τὸ ἀληθὲς ἐξ ἑκατέρων παρίσταται· ἐκ μὲν τῶν τὸ εἶναι τὰ ἐνδεχόμενα, ἐκ δὲ τῶν τὸ διήκουσαν εἰς πάντα τὴν πρόνοιαν πάντα γινώσκειν, ἐξ ἀμφοτέρων δ' ὁμοῦ τὸ ἀναγκαίως γινώσκειν τὴν πρόνοιαν πάντα ὧν προνοεῖ, συναγομένου ἀκολούθως τοῦ καὶ τῶν ἐνδεχομένων προνοοῦσαν τὴν πρόνοιαν ἀναγκαίως γινώσ-

6, l. 4-7 = Procli *de providentia* 62, 2-6.
6, l. 11-18 = Procli *de providentia* 63, 1-4

(**6**) 9 ἐνάργειαν D : ἐνέργειαν L || 11 τὸ om. L || 15 πᾶν συνειδότες Dornseiff : πάνσιν εἰδότες L πᾶσιν εἰδότες D.

κειν αὐτά, κἂν ᾖ ἐνδεχόμενα. Αὕτη μὲν γὰρ ὡρισμένως οἶδε τὰ ἐσόμενα· ταῦτα δὲ κατὰ τὴν ἑαυτῶν γίνονται φύσιν, τὰ μὲν ὡρισμένως, τὰ δὲ ἀορίστως. Τῶν γὰρ ἐν τοῖς ἀποτελουμένοις διῃρημένως καὶ ὑπεναντίως ἀλλήλοις ὄντων ἐν τῇ προνοίᾳ κατὰ τὸ κρεῖττον μόνον ἐστὶν ἡ πρόληψις. Τὸ δ' ὅπως φαμέν·

(7) Πᾶσαν γνῶσιν, ἀεὶ μέσον οὖσαν γνωστικοῦ τε καὶ γνωστοῦ τινος — τοῦ μὲν ἀφ' οὗ, τοῦ δὲ πρὸς ὅ — καὶ συνάπτουσαν ἄμφω, ἀνάγκη δυοῖν θάτερον· ἢ τῷ γινώσκοντι συναλλοιοῦσθαι καὶ εἶναι τοιαύτην ὁποῖον τὸ γινῶσκον, ἢ τῷ γνωστῷ ὁμόχρουν εἶναι — ἢ τούτων οὐδέτερον, μηδὲν προσήκουσαν θατέρῳ τοῦ λοιποῦ μᾶλλον. Ἀλλ' εἰ μὲν ἦν ἐν τῷ γνωστῷ τὴν ὑπόστασιν ἔχουσα, κατὰ τὸ γνωστὸν ἔδει μόνως αὐτὴν ἀφορίζεσθαι· εἰ δ' ἐν ἀμφοῖν ἢ χωρίς ἀμφοῖν, ἔδει αὐτὴν μὴ μᾶλλον εἶναι θατέρου τῶν ἄκρων. Ἐπειδὴ δὲ ἐν τῷ γινώσκοντι οὖσα πρὸς τὸ γνωστὸν ἐπείγεται (δηλονότι τοῦ μὲν οὖσα τελειότης, τοῦ δὲ ὀρεγομένη), κατὰ τὴν τοῦ γινώσκοντος ἂν εἰκότως ἀφορίζοιτο φύσιν, τοσοῦτον μόνον ἔχουσα τοῦ γνωστοῦ ὅσον ἂν τελείως διίστησιν αὐτὴν τῶν γνώσεων τῶν ἄλλων γνωστῶν· δεῖ γὰρ τὴν γνῶσιν ἔχειν τι καὶ τοῦ γνωστοῦ, τέλους ὄντος. Οὐχ οἷον οὖν ἐστι τὸ γνωστὸν τοιοῦτον καὶ τὸ εἶδος τῆς γνώσεως, ἀλλ' οἷον τὸ γινῶσκον εἰκότως, οὔσης ἐν τῷ γινώσκοντι καὶ οὐκ ἐν τῷ γνωστῷ. Διὸ αὕτη καὶ τῷ ἐν ᾧ ἐστιν ὁμόχρους ἐστὶ καὶ ὁμοειδής, ἀλλ' οὐ τῷ ἐν ᾧ οὐκ ἔστι.

Τοῦ οὖν γνωστοῦ ὄντος ἀορίστου, τοῦ δὲ γινώσκοντος ὡρισμένου, οὐ διὰ τὸ γνωστὸν ἀοριστaίνει καὶ ἡ γνῶσις, ἀλλὰ διὰ τὸ γινῶσκον ὁρίζεται. Ἐπεὶ δὲ καὶ κρειττόνως

6, l. 24-29 = Procli *de prov.* 63, 6-9
7, l. 18-26 = Procli *de prov.* 64.

(7) 11 τὸ Pdm et Dornseiff : τὸν DLM.

τὸ χεῖρον γινώσκειν ἔστι καὶ χειρόνως τὸ κρεῖττον, πάντων δὲ κρείττων ὁ θεὸς ἀσυγκρίτως, κρειττόνως, ᾗπέρ εἰσι, τὰ πάντα προείληφεν, ἀχρόνως τὰ κατὰ χρόνον, ἀΰλως τὰ ἔνυλα, ἀσωμάτως τὰ σώματα, ὡρισμένως τὰ ἀόριστα, ἑστώτως τὰ ἄστατα, καὶ ἀγεννήτως τὰ γεννητά. Τῶν γὰρ γιγνομένων ἢ ἀσωμάτων ὄντων ἢ σωμάτων, παρὰ τῇ προνοίᾳ ἀσωμάτως ἐστὶν ἀμφοῖν τὰ αἴτια, ὡσαύτως δὲ καὶ ἡ γνῶσις ἀσωμάτως · καὶ πάλιν νοούντων καὶ ἀνοήτων ὄντων, ἄμφω παρ' αὐτῇ γνωστικῶς καὶ κατὰ τὴν ὕπαρξιν καὶ κατὰ τὴν εἴδησιν. Γινώσκει γὰρ καὶ τὰ μὴ γνωστικὰ γνωστικῶς. Κἀκεῖθεν αὖ τῶν γινομένων ἐν χρόνῳ ἢ ἀχρόνως ἄχρονος ἥ τε αἰτία καὶ ἡ γνῶσις ἵδρυται παρ' αὐτῇ. Ὥστε ἐπειδὴ καὶ ὡρισμένα καὶ ἀόριστα ἄττα γίνεται, ἀμφοῖν κατὰ τὸ κρεῖττον (τὸ ὡρισμένον λέγω) τὴν τούτων προείληφε γνῶσιν.

Οὐ καθὸ οὖν ἡ πρόνοια γινώσκει τὸ ἐσόμενον, ἐξ ἀνάγκης ἐπάγεται τούτῳ ἡ ἔκβασις, ἀλλὰ τῷ μὲν ἀορίστῳ ἐκ τοῦ ὡρισμένου ἡ γένεσις, τῇ δὲ προνοίᾳ ὡρισμένη τοῦ ἀορίστου ἡ πρόγνωσις. Οὐδὲ γὰρ τὸ τοῦ χρωμένου τυμπάνοις καὶ τόρνοις καὶ ὕλαις σωματικαῖς ἀνθρώπου παράπηγμα ἐν τῇ αὐτοῦ προγνώσει σωματικῶς ἦν, ἀλλ' ἐκεῖ μὲν ἀσωμάτως ἡ φαντασία καὶ ζωτικῶς εἶχε τοῦ ἐσομένου τὸν λόγον, ἐγένετο δὲ τὸ παράπηγρα σωματικῶς συμπεπηγὸς ἐκ μὴ τοιαύτης τῆς ἔνδον γνώσεως. Εἰ δὲ ἐπὶ τῆς ἀνθρώπου ποιήσεως ταῦτα, τί ἂν εἴποι τις περὶ τῆς προγνώσεως τῆς προνοίας, παρ' ᾗ τὸ ἄρρητον προϋπάρχει καὶ ὄντως ἀπεριήγητον ἡμῖν καὶ ἀπερίγραφον ; Οὐχ ὡς

7, l. 28-38 = Procli *de prov.* 63, 10-19
7, l. 39-56 = Procli *de prov.* 65

(7) 29 γιγνομένων D : γινομένων L[1] γινωσκομένων L ‖ 34 αὖ τῶν Dornseiff (*rursum eorum* G) : αὐτῶν codd. ‖ ἀχρόνως L : -νων D ‖ 43-44 παράπηγμα L[1]D : παράδειγμα L ‖ 46 παράπηγμα Dornseiff (*parapigma* G de prov. 65, 7) : παράδειγμα codd.

ἄλλος ὁ τρόπος τῆς πάντων περιοχῆς καὶ οὐδαμοῦ συγγενὴς τοῖς ἀπ᾿ αὐτῆς γινομένοις ; Ὥστε καὶ γινώσκει ἡ πρόνοια θείως καὶ ἀχρόνως τὰ ἐφ᾿ ἡμῖν καὶ ἡμεῖς ἐνεργοῦμεν ὡς πεφύκαμεν, καὶ προέγνωσται ὅπερ ἂν ἑλώμεθα παρ᾿ αὐτῇ οὐ διὰ τὸν ἐν ἡμῖν ὅρον ἀλλὰ διὰ τὸν παρ᾿ αὐτῇ.

Δειχθέντος δὲ τοῦ τὴν γνῶσιν ὑφεστηκυῖαν ἐν τῷ γινώσκοντι χαρακτηρίζεσθαι κατὰ τὸ ἑαυτῆς εἶναι ἀπὸ τῆς τούτου ὑπάρξεως, φανερὸν ἤδη ὅτι τῶν μὲν ἀμεταβόλων καὶ αἱ γνώσεις κατὰ πάντα τοιαῦται, τῶν δὲ μεταβλητῶν ἐναντίαι· καὶ ὧν μὲν ἄλογος ἡ οὐσία, καὶ ἡ γνῶσις ἄλογος, ὧν δὲ λόγος καὶ νοῦς, τούτων καὶ ἡ γνῶσις λογικὴ καὶ νοερά, ὧν δὲ κρείττων ἡ ὕπαρξις, κρείττων καὶ ἡ γνῶσις. Ὥστ᾿ εἰ μὲν ἡ τῆς προνοίας ὑπόστασις καὶ ὁπωσοῦν ἦν ἐξισταμένη τοῦ ἑνός, ἀναγκαῖον ἦν καὶ τὴν γνῶσιν αὐτῆς οἷον φεύγειν τὸ ἕν· εἰ δὲ οὐδὲν ἄλλο ἐστὶν ἢ ἕν, καὶ γινώσκουσα δήπου μένοι ἂν ἐν τῷ ἑνί, καὶ μένουσα κατὰ τὴν ἑαυτῆς ἰδιότητα γινώσκοι πάντα. Καὶ ὡς γινώσκει ἑνοειδῶς τὰ γνωστὰ κἂν ᾖ πεπληθυσμένα, οὕτως καὶ ἀναγκαίως κἂν ᾖ ἐνδεχόμενα, καὶ ὅλως πάντα κατὰ τὴν ἑαυτῆς ὕπαρξιν καὶ οὐ τὴν τῶν γινωσκομένων. Οὐδὲν οὖν τῶν γνωστῶν πρὸς αὐτήν, οὐ τὸ μεριστόν, οὐ τὸ κατὰ χρόνον γεννητόν, οὐ τὸ σωματικόν, οὐ τὸ ἄστατον· ἀλλ᾿ εἷς ὅρος εἰδοποιεῖ αὐτὴν κατὰ τὴν ἐκείνων γνῶσιν, ἀσώματος, ἄχρονος, ἀδιαίρετος, ἐξῃρημένος τῶν ἀντικειμένων πάντων, εἴπερ, ὡς δέδεικται, ἡ μὲν γνῶσις κατὰ τὴν τοῦ γινώσκοντος ἀφώρισται ἰδιότητα, τὸ δὲ γινῶσκον ἑνιαῖον ἀμετάβολον καθ᾿ ἓν πέρας ἱδρυμένον.

(7) 52 συγγενὴς D : συγκενὴς L ‖ ἀπ᾿ αὐτῆς L : ἀπ᾿ αὐτοῦ D ‖ post γινομένοις interrog. sign. coni. d ‖ 64 ὥστ᾿ εἰ DLp : ὥστε ἡ MP ‖ 65 ἐξισταμένη D : ἐξιμένη L ἐξειμένη Dornseiff ‖ 66 οὐδὲν D : om. L οὐκ l ‖ 68 γινώσκοι D : γινώσκη L ‖ 70 οὕτως L : οὕτω D.

(8) Εἰ οὖν τις ἐπιζητοίη πῶς ἡ πρόνοια τὰ ἐνδεχόμενα γινώσκει, πρὸς τὸν τοῦτο ζητοῦντα φήσομεν· οὐχ ὡς ἔστι τὰ ἐνδεχόμενα — τοῦτο γὰρ ἦν τὸ θρᾶττον ἡμᾶς — ἀλλ' ὡς ἔστιν ἡ πρόνοια· τοῦτο δέ ἐστι κρειττόνως ἢ τὰ ἐνδεχόμενά ἐστιν. Οὐ γὰρ εἰς ταῦτα βλέπουσα γινώσκει αὐτά, ἵνα συμπάσχῃ τοῖς ἀστάτοις, ἀλλ' ἔξω τούτων οὖσα καὶ πρὸ χρόνου παντὸς τῶν κατὰ χρόνον μεταβαλλόντων εἴληχε τὴν γνῶσιν, ἐπεὶ καὶ τὸ γινώσκειν ἀπ' αἰτίας ἕκαστον τιμιώτερον τοῦ ἀπ' αὐτοῦ καὶ τὸ κρειττόνως τοῦ συστοίχως. Τὸ ἀόριστον οὖν ὡρισμένως γινώσκουσα γινώσκει καὶ αὐτὸ τὸ ἀόριστον καὶ ὅτι παρ' αὐτῇ ὥρισται· οὔτε γὰρ μόνον ὅτι παρ' αὐτῇ ὥρισται — τοῦτο γὰρ οὐκ ἦν ἐκεῖνο γινώσκειν — οὔτε μόνον ὅτι ἀόριστον ἐκεῖνο — τοῦτο γὰρ οὐκ ἦν κατὰ τὴν ἑαυτῆς ὕπαρξιν γινώσκειν. Ἄμφω δὴ οὖν ἡ γνῶσις ἔχει, καὶ τὸ ὡρισμένον διὰ τὸ γινῶσκον καὶ τὸ ἀορίστου εἶναι διὰ τὴν ἐκείνου φύσιν, καὶ τὸ ὅλον τοῦτο γινώσκει, γνῶσιν ὡρισμένην ἔχουσα τοῦ ἀορίστου, τῆς μὲν ἀοριστίας ἐσομένης ἀλλ' οὐκ οὔσης, τῆς δὲ γνώσεως τὴν αἰτίαν τοῦ ἀορίστου προλαβούσης. Οἶδε γὰρ ὅτι καὶ ἀόριστόν τι ὑποστήσει, καὶ τούτου τὴν αἰτίαν ὁρῶσα γινώσκει κἀκεῖνο· καὶ ὡς ὑφίστησιν, οὕτω καὶ γινώσκει τὸ ἀόριστον. Ὑφίστησι δὲ αὐτὸ ὡρισμένως, ὥστε καὶ γινώσκει αὐτὸ ὡρισμένως, ὡς ἀσωμάτως καὶ ἀδιαστάτως τὸ μετ' αὐτὴν καὶ διαστὰν καὶ σωματωθέν. Ὥσπερ ἂν εἰ καὶ ὁ ἐν τῷ σπέρματι λόγος, εἷς ὢν καὶ ὅλος ἐν ἑκάστῳ μέρει τοῦ σώματος καὶ ἔχων τὴν αἰτίαν τοῦ ἔσεσθαι τὸν ἀπ' αὐτοῦ λοιπὸν μεμερισμένον, ἐγίνωσκεν ἑαυτὸν μὲν ἀμέριστον ὄντα, τῷ δὲ μετ' αὐτὸν αἴτιον μερισμοῦ, καὶ τὸ ὅλον τοῦτο ἔλεγεν· « ἔχω ἀμερί-

(8) 12 ὅτι om. MP || παρ' αὐτῇ DL : παρ' αὐτῷ MP || 16 γινῶσκον L (*cognoscens* G) : γινώσκειν D || 26 ὢν DLM : ὂν P || 28 post ὄντα addidit τῷ δὲ μετ' αὐτὸν ἀμέριστον ὄντα L praua praeced. uerborum iteratione.

στως τὸ μεριστόν, μηδετέρου μὲν χωρὶς ὤν, ἐν δὲ τῷ κρείττονι τὸ χεῖρον περιέχων, ἵνα καὶ ὁ μερισμὸς μήτε ἀναίτιος ᾖ μήτε ἐν τῇ αἰτίᾳ προθέων, ἀλλ’ ὧν κατ’ αἰτίαν μὲν ἐκεῖ, καθ’ ὕπαρξιν δὲ ἐν τοῖς δεδεγμένοις αὐτόν.» Καὶ εἴπερ ἐζήτει ἐκεῖνος τὴν ἐν ἑαυτῷ αἰτίαν τοῦ μερισμοῦ, εὗρεν ἂν ὅτι καὶ αὐτός, εἰ καὶ ἀμέριστος ἦν, ἀλλ’ ἐν ἄλλῳ κεῖται ὑποκειμένῳ, καὶ τὸ αὐτὸν ἐν ἄλλῳ εἶναι καὶ μὴ ἐν ἑαυτῷ δέδωκεν ἐκείνοις τὸ μερισθῆναι καὶ ἄλλοις γενέσθαι καὶ μὴ πανταχοῦ ἕκαστον εἶναι. Τοῦτον οὖν τὸν τρόπον καὶ τὴν πρόνοιάν φαμεν αἰτίαν οὖσαν ὧν γινώσκει πάντων, καὶ γινώσκειν ὧν ἐστιν αἰτία, καὶ ὡρισμένων καὶ ἀορίστων ὡρισμένως, καὶ τὴν τῶν ἀορίστων γένεσιν ὡς ἐσομένην · καὶ τὴν αἰτίαν τοῦ ὅπως ὡρισμένη ἡ γένεσις οὖσα δώσει τοῖς ἀορίστοις τὴν εἰς τὸ εἶναι πάροδον, αὐτῆς εἶναι τῆς προνοίας · καὶ διὰ ταῦτα οὐδὲν συμβαίνειν ἀδύνατον, τῆς ἀοριστίας ἐν τοῖς μετ’ αὐτὴν οὔσης, εἰ καὶ ἀπ’ αὐτῆς ἐστι τῆς γνώσεως προειλημμένη, καθὸ προσήκει τοῖς αἰτίοις.

III

Τῶν ὡρισμένων καὶ τῶν ἀορίστων αἰτία οὖσα ἡ πρόνοια, εἰ μὲν ἀμφοῖν κατὰ τὸ αὐτό ἐστι, πῶς διέκρινεν ἐν τῇ γνώσει τῶν ἀπ’ αὐτῆς τὸ μὲν ἔσεσθαι ὡρισμένον, τὸ δὲ ἀόριστον ; εἰ δὲ καθ’ ἕτερον, πῶς, εἰ τὸ μὲν αὐτῆς ἄλλο, τὸ δὲ ἄλλο, ἔτι μένει ἐν τῇ ὑπάρξει τὸ ἕν ;

(9) Τρίτον δὲ ἑπόμενον τούτῳ καὶ πολλῆς ἐπιστασίας δεόμενον σκοπεῖν ἄξιον · εἰ καὶ τῶν ὡρισμένων καὶ τῶν

(8) 36 τὸ DLM : τῷ mP || 46 προειλημμένη recte, ut opinor, quamuis dubit. coni. Dornseiff : -μένης codd.

ἀορίστων ἐστὶν αἰτία ἡ πρόνοια, πότερον κατὰ τὸ αὐτὸ ἀμφοῖν ἢ καθ' ἕτερον ; εἰ μὲν γὰρ κατὰ τὸ αὐτό, πῶς ἐν τῇ γνώσει διέκρινε τὸ μὲν τῶν ἀπ' αὐτῆς ὡρισμένον ἔσεσθαι, τὸ δὲ ἀόριστον; Εἰ δὲ καθ' ἕτερον, πῶς, εἰ τὸ μὲν αὐτῆς ἄλλο, τὸ δὲ ἄλλο, ἐν τῇ ὑπάρξει αὐτῆς ἔτι μένει τὸ ἕν ;

(**10**) Θεὸν οὖν κἀνταῦθα τελειοῦντα τῆς ψυχῆς τὴν ὠδῖνα ἣν περὶ τούτων ἔχομεν, συνεφάψασθαι τοῦ λόγου ἡμῖν παρακαλέσαντες εἴπωμεν· ἡ πρόνοια ἵδρυται ἐν τῷ ἑνί. Πᾶν γὰρ τὸ προνοοῦν μεταδιδόναι τοῖς προνοουμένοις ἢ ὄντος ἀγαθοῦ ἢ φαινομένου αἱ κοιναί φασιν ἔννοιαι, καὶ οὐδὲ εἶναι τὸ προνοεῖν καθ' ὧν ἂν λέγηται ἕτερόν τι τοῦ εὖ ποιεῖν. Ἡ δὲ τοῦ ἀγαθοῦ δόσις τοῦ ἑνός ἐστι μετάδοσις, διότι καὶ τὸ ἓν πάντων αἴτιον ἀγαθὸν καὶ τὸ ἀγαθὸν ἓν πάντων αἴτιον, ἀγαθὸν καὶ τἀγαθὸν ἓν πάντων αἴτιον.

Τῆς μὲν οὖν προνοίας χαρακτηριζομένης τῷ ἑνί (ταὐτὸν δὲ εἰπεῖν τῷ ἀγαθῷ), τὸ ἓν αὐτῆς οὔτε ὡς τὸ ὑλικόν ἐστιν ἕν : τοῦτο γὰρ ἀδρανὲς ὡς μηδενὸς παρακτικόν, ἐκεῖνο δὲ δραστικώτατον ὡς πάντων παρακτικόν· οὔτε ὡς τὸ ἄτομον ἕν : τοῦτο γὰρ εἰς τὸν ἔσχατον κατήντησε μερισμόν, οὕτως ὃν ἓν ὡς τῶν ἄλλων μηδέν, ἐκεῖνο δὲ ὡς πάντα περιέχον καὶ πᾶσι παρὸν ὧν ἐστιν αἴτιον καὶ πάντων σωστικόν· οὔτε ὡς τὸ καθόλου τινές φασιν ἕν : τοῦτο μὲν γάρ, εἰ καὶ περιέχει τὰ ὑπ' αὐτὸ καὶ δίδωσι τὴν οὐσίαν ἑκάστοις, ἀλλὰ τὰς διαφορὰς ὧν περιέχει προείληφε καὶ ἔστιν ἓν πολλὰ κατ' οὐσίαν, ἐκεῖνο δὲ ἐξῄρηται τῶν πάντων ὧν ἐστιν αἴτιον καὶ πάσης ἐστὶ ποικιλίας ἄδεκτον.

(**9**) 3-4 τὸ αὐτὸ ἀμφοῖν d et Dornseiff (*idem amborum* G) : τὸ ἀμφοῖν codd. ; pro ἀμφοῖν ut uid. coni. αὐτὸ lp.

(**10**) 5 ὄντος DL^po ut uid. : ὄντως L^ac (?) ‖ 8-9 ἀγαθὸν — αἴτιον om. D (non uertit G) ‖ 14 παρακτικόν D : παρακτικτικόν L ‖ 20 ἑκάστοις DL : ἑκάστης MP.

Οὐδὲν οὖν τούτων ὑπάρχον, ἀλλʼ ὑπὲρ πᾶσαν τὴν εἰδικὴν οὐσίαν ἱδρυμένον, ποιοῦν δὲ ὅμως πάντα κατὰ τὴν ἕνωσιν, τὴν μίαν ἔχει δύναμιν ἀπερίγραφον καὶ τοῖς πᾶσιν ἀπερίληπτον, ὥστε τῶν ἀπʼ αὐτῆς ὑποστάντων μήτε ἕν τι μήτε πάντα ἢ καθʼ ἕκαστον ἢ ὁμοῦ δυνατὰ εἶναι τὴν ἐν ἐκείνῃ προϋπάρχουσαν δύναμιν ἀνελίξαι εἰς ἑαυτά τε χωρῆσαι καὶ ἐγκολπώσασθαι καὶ παραλαβεῖν, τὰς δὲ πάντων δυνάμεις ὑπʼ ἐκείνης οἷον καταπινομένας μετέχειν πως αὐτῆς, καθʼ ὅσον ἑκάστη πέφυκεν ἀγαπᾶν.

(**11**) Τὸ μὲν οὖν ἓν τῆς προνοίας πάσης ἑνώσεως ἀσωμάτου καὶ σωματικῆς ἐστιν ἑνικώτερον, τὸ δὲ ἀπειροδύναμον πάσης δυνάμεως ἀπείρου καὶ πεπερασμένης ἀπειρότερον. ʼΕκεῖ γάρ, παρʼ ᾗ τὸ ἄπειρον ἀπειρότερον οὐκ ἔχει, οὐ τὴν κατὰ τὸ ποσὸν ἀπειρίαν τις ἀποθήσεται· ἐν δὲ ταῖς μετʼ αὐτὴν ἀπείροις δυνάμεσιν οὐδὲν θαυμαστὸν ἄλλο ἄλλου εἶναι ἀπειρότερον. Πᾶν δʼ ὅμως τὸ ἄπειρον τοῖς μὲν ὑπʼ αὐτὸ τοιοῦτον ἂν εἴη καὶ ⟨κατὰ⟩ τὴν δύναμιν ἄπειρον, τοῖς δὲ πρὸ αὐτοῦ πεπερασμένον, ὁριζόμενον ὑπʼ αὐτῶν· ἤ, μὴ περιληφθέν, οὐδὲ κρατεῖσθαι δύναιτʼ ἂν ὑπὸ τῶν κρειττόνων οὐδὲ συνέχεσθαι μὴ κρατούμενον. Εἰ οὖν συνέχεται, κἂν ἄπειρον εἴη, κρατεῖται· καὶ εἰ κρατεῖται καὶ περιείληπται, οὐκ ἄπειρον ἐκείνοις. ʼΑλλὰ μὴν οὐδὲ ἑαυτῷ· τὸ γὰρ ἑαυτῷ ἄπειρον ἑαυτῷ ἀπερίληπτόν ἐστιν, ὥστε οὐκ ἂν ἑαυτὸ συνέχειν δύναιτο καὶ σῴζειν· ἕκαστον δὲ τῶν ὄντων ἑαυτοῦ σωστικόν ἐστι κατὰ δύναμιν. Λείπεται ἄρα τῶν ἀπείρων ἕκαστον τοῖς μετʼ αὐτὸ μόνοις ἄπειρον.

Τὴν τοίνυν ἄπειρον τῆς προνοίας δύναμιν, περιληπτι-

(**10**) 27 δυνατὰ D (*possibilia* G) : δυνατὸν L ‖ 30 καταπινομένας LDp : -πινομίας MP.
(**11**) 5 ἀποθήσεται codd. : ὑπο- dp ‖ 8 ὑπʼ DL^{pc} : ἀπʼ L^{ac} ‖ κατὰ add. Dornseiff ‖ 15 ἑαυτὸ D^{1} Lp : ἑαυτῷ DMP ‖ 17 ἕκαστον DL : ἕκαστα MP.

κὴν οὖσαν πασῶν δυνάμεων ὧν ἔχει πάντα τὰ προνοούμενα, παράγειν πάσας κατὰ μίαν ἕνωσιν καὶ διακρατεῖν ἑκάστην ἐν τῷ αὐτῆς ἀπείρῳ νοήσομεν, ὥσπερ καὶ ἐντιθέναι πᾶσι τὴν πρὸς τὴν ἑκάστων οὐσίαν σύμμετρον ἕνωσιν. Οὐ γάρ ἐστιν οὐδὲ τὸ ἓν πανταχοῦ ταὐτόν, οἷον ἐν ἀσωμάτοις καὶ σώμασιν, οὐδ' ἐν σώμασι πολυχρονίοις καὶ ὀλιγοχρονίοις· μείζων γὰρ ἡ τῶν πολυχρονίων ἕνωσις. ἢ πῶς τὰ μὲν ἀσκέδαστα μέχρι συντελείας μένει, τῶν δὲ τὸ ἓν ἀπόλλυται τάχιον ; Ἔτι δὲ τὸ μὲν ἀσώματον ἐγγυτέρω τοῦ ἑνός, τὸ δὲ σῶμα καὶ διὰ τὸν ἐπ' ἄπειρον μερισμὸν ἀποδεῖ πάμπολυ τοῦ ἑνός. Καὶ οὐκ ἀπορητέον εἰ ἑνὸς μᾶλλον ἔστιν ἕν, ὁρῶντας ἕκαστον τῶν πάντων δι' ὑφέσεως ἀεὶ γιγνόμενον ἄλλο παρὰ τὸ πρὸ αὐτοῦ, μέχρις ἂν εἰς τὸ ἔσχατον τῆς ἑαυτοῦ σειρᾶς ἀφίκηται.

(12) Τῆς δ' οὖν προνοίας καὶ ἑνοειδοῦς οὔσης καὶ ἀπειροδυνάμου, εἰ καὶ πάντα τὰ ὑπ' αὐτῆς παρηγμένα καὶ προνοούμενα ἀμφοτέρων μετείληχεν, ἀλλὰ τὰ μὲν τούτων κατὰ τὸ ἓν ὑφέστηκεν, οἷς τὸ ὡρισμένον σύμφυτον, τὰ δὲ κατὰ τὸ ἄπειρον, οἷς τὸ ἀόριστον. Τὰ τῇδε γὰρ τοῦ ἐκεῖ μιμήματα, ὡς μὲν ἀπείρου διὰ τοῦ ἀορίστου, ὡς δὲ ἑνὸς διὰ τοῦ ὡρισμένου. Διὸ καὶ τὰ μὲν πρῶτα τῶν ἐν τῷδε τῷ παντὶ καθ' ἕνα ἀνεξάλλακτον ὅρον ἐστὶν ἅ ἐστι, τὰ δὲ ἐφεξῆς ἐκείνοις ἀοριστaίνει, δευτέραν ἔχοντα τάξιν. Ὑφεστηκυίας δὲ πάσης τε ἀπειρίας κατὰ τὴν προνοητικὴν ἀπειρίαν καὶ παντὸς τοῦ ὡρισμένου κατὰ τὴν ἕνωσιν, κἀκεῖ τῆς ἀπειρίας τῷ ἑνὶ κρατουμένης καὶ τοῦ ἑνὸς οὔσης, καὶ ἐνταῦθα τὰ μὲν ἀόριστα τῇ φύσει δουλεύει τοῖς ὡρισμένοις, τὰ δ' ὡρισμένα τάττει τὴν τῶν ἀορίστως φερομένων παντοίαν μεταβολήν· καὶ ὡς ἔχει τὰ πρωτουργὰ τούτων αἴτια κατὰ τὴν πρὸς ἄλληλα τάξιν, οὕτω καὶ

(11) 30-31 μᾶλλον ἔστιν L : ἔστι μᾶλλον D.
(12) 8 ἀνεξάλλακτον DLp : ἀνεξάλεκτον MP.

αὐτά, τὴν ἀνάλογον ἐκείνοις καταδεξάμενα σχέσιν, συμπληροῖ τὸν κόσμον, ἠρτημένων τῶν χειρόνων ἀπὸ τῶν κρειττόνων.

(13) Παράγει μὲν οὖν ἡ πρόνοια ἃ παράγει διττά, σῶμα λέγω καὶ ἀσώματον, ἑκάτερον δὲ καὶ γινωσκούσης αὐτῆς καὶ παραγούσης ἀσωμάτως ὡς ἀσωμάτου ἐν αὐτῇ. Ὁ μὲν οὖν τοῦ ἀσωμάτου λόγος οὐ μόνον ἀσώματος ἀλλὰ καὶ ἀσωμάτων αἴτιος, πρὸς ἑαυτὸν ἐξομοιῶν τὰ παραγόμενα, ὁ δὲ τοῦ σώματος ἀσώματος μέν, σωμάτων δὲ αἴτιος πρὸς τὸ ἀσώματον εἶδος ἀλλοιοτέρων παραγομένων · ὡς ψυχὴ γεννᾷ λόγους τινὰς μὲν ἐν ἄλλαις ψυχαῖς, ζῶντας καὶ κινουμένους, τινὰς δὲ εἰς ὕλην ἐκπίπτοντας, ἐπιστημονικοὺς μὲν ἐκείνους, τεχνικοὺς δὲ τούτους · καὶ πάντας μὲν ζωτικῶς, ἀλλὰ τοὺς μὲν διὰ ζωῆς εἰς ζωὴν προϊόντας, τοὺς δὲ διὰ ζωῆς εἰς ἄζωον. Καὶ ὡς συνελόντι φάναι, πᾶν τὸ ἅμα ποιοῦν καὶ γινῶσκον ἃ ποιεῖ διαφερούσαις αἰτίαις ποιεῖ μὲν αὐτὰ καὶ γινώσκει κατὰ τὴν κρείττονα, γίνεται δὲ ἀπ' αὐτῆς τὰ μὲν κατ' αὐτήν, τὰ δὲ κατὰ τὴν ὑφειμένην. Ὥστε τὸν αὐτὸν τρόπον καὶ ἡ πρόνοια, ἔχουσα τῷ μὲν ἑνὶ τὴν τῶν ὡρισμένων αἰτίαν, τῇ δὲ ἀπειρίᾳ τὴν τῶν ἀορίστων, ἀμφότερα μέν, τά τε ὡρισμένα καὶ τὰ ἀόριστα, ἤτοι τὰ ἀναγκαῖα καὶ τὰ ἐνδεχόμενα, κατ' ἀμφότερα, τό τε ἓν καὶ τὴν ἀπειρίαν, ὡρισμένως καὶ γινώσκει καὶ παράγει · τούτων δὲ τῶν ὑπ' αὐτῆς παρηγμένων τὰ μὲν ὁρίζονται διὰ τὸ ἕν, τὰ δὲ ἀοριστaίνει διὰ τὴν ἀπειρίαν · μὴ ἀμοίρων ὄντων μήτε τῶν ἀναγκαίων τῆς ἀπειρίας — διὰ γὰρ τὴν ἀναγκαίαν φύσιν ἀΐδια ὄντα μετέχει τῆς ἀπείρου δυνάμεως (ἢ πόθεν αὐτοῖς τὸ ἀεὶ ὡσαύτως ἔχειν ;) — μήτε τῶν ἐνδεχομένων τοῦ πέρατος, τελευτώντων εἰς τὸν τοῦ ἀναγκαίου ὅρον · κρατοῦντος δὲ οὗ μὲν τοῦ ἑνὸς καὶ διὰ τοῦτο τὸ κατ' αὐτὸ γενόμενον ποιοῦντος ἀναγ-

(13) 11 ζωτικῶς Dornseiff (*uitaliter* G) : ζωτικούς DL.

καῖον, τῷ συνδῆσαι τῷ πέρατι τὸ ἄπειρον, οὗ δὲ τοῦ ἀπείρου καὶ τῷ ὑπεκφεύγειν τὸ ἓν ἐπιθέον καὶ καταλαμβάνον αὐτὸ ἐξίτηλον ποιοῦντος· ἄμφω δὲ τῆς προνοίας γινωσκούσης – εἰ καὶ κατὰ τὸ κρεῖττον, ὡς εἴρηται – καὶ προλαβούσης ἐν τῇ γνώσει τήν τε ἑκατέρου κατὰ τὸ ποιεῖν ἰδιότητα καὶ ὡς τὸ μὲν περατοποιόν, τὸ δὲ ἀπειροποιόν.

(**14**) Πᾶν οὖν πέρας ἐκεῖθεν καὶ πᾶν ἄπειρον ἐκεῖθέν ἐστιν, εἴτ' ἐν ἀσωμάτοις εἴτ' ἐν σώμασι· καὶ τὸ ἐξ ἀμφοῖν ὁμοίως ἐκεῖθεν· καὶ διὰ ταῦτα καὶ τῶν ἁπλῶν καὶ τῶν συνθέτων καὶ ἡ γνῶσις καὶ αἱ γενέσεις ἐκεῖθεν. Διότι μὲν γὰρ ἐκεῖ τό τε ἓν ἦν καὶ ἡ ἄπειρος τοῦ ἑνὸς δύναμις, ἐκεῖθεν καὶ τὰ πέρατα χωρὶς καὶ πᾶν τὸ ὁπωσοῦν ἄπειρον· διότι δὲ καὶ θατέρου θάτερον ἦν (ἡ ἄπειρος δύναμις τοῦ ἑνός), κἀνταῦθα συνδυασθέντα τὰ ἀπ' αὐτῶν ἓν ποιεῖ τὸ σύνολον, παγέντος μὲν τοῦ ἑνὸς ἀναγκαῖον, προδραμούσης δὲ τῆς ἀπειρίας ἐνδεχόμενον. Ἐπεὶ δὲ οὐδ' ἐνταῦθα θέμις ἦν στερηθῆναι τοῦ ἑνὸς τὸ ἄπειρον, καὶ τὸ ἐνδεχόμενον εἰς τὴν τοῦ ἀναγκαίου φύσιν τελευτᾷ, ὡς εἴρηται, καὶ ἢ μᾶλλον τῷ ἑνὶ κρατεῖται καὶ πρὸ πλείονος χρόνου τῆς ἐκβάσεως εἰς τὸ ἀναγκαῖον μεταπεσὸν ὡρίσθη, ἢ διὰ τὸ μετέχειν τοῦ ἑνὸς ἀμυδρότερον πρὸ ἐλάττονος χρόνου ταὐτὸν παθὸν καὶ ὁρισθὲν ἔστη τε ἀπὸ τῆς ὀλισθαινούσης φύσεως καὶ γέγονεν οἷον τὸ πρότερον, καὶ μεμίμηται τὴν τοῦ ἑνὸς οὖσαν ἄπειρον δύναμιν ἀλλ' οὐχ ἑαυτῆς· καὶ γὰρ πᾶσα δύναμις ἄλλου ἐστί, τοῦ ἔχοντος αὐτήν, ἀλλ' οὐχ ἑαυτῆς. Ὅτι μὲν οὖν πᾶν καὶ τὸ ὁπωσοῦν ἀόριστον ἐν τῷ μήπω εἶναι τὸ ἀόριστον ἔχει καὶ τοῦτο ὅ

(**13**) 30 ἐπιθέον dmP et Dornseiff : ἐπιθέων DLM || 30-31 καταλαμβάνον d et Dornseiff : -νων codd. || 34 περατοποιόν Ld : τερατο- D.

(**14**) 8 συνδυασθέντα D : -διασθέντα L || 15 ἀμυδρότερον Dornseiff : -τερου LD.

φασιν ἐνδέχεσθαι, τελευτᾷ δὲ εἰς τὸ ἐξ ἀνάγκης ἢ εἶναι ἢ μὴ εἶναι, καὶ ἢ πρὸ πλείονος χρόνου ἢ πρὸ ἐλάττονος, καὶ οἱ στοχασμοὶ δηλοῦσιν· ἀληθεύουσι γὰρ πρὸ τοῦ ἐλάττονος χρόνου μᾶλλον τῶν ἐκβησομένων ἢ πρὸ τοῦ πλείονος, ὡς ἂν ἤδη τοῦ ἀορίστου μεταπεσόντος.

(15) Ὅτι δὲ εἶναι δεῖ καὶ τοῦ ἀορίστου γνῶσιν ἐν τῇ προνοίᾳ, εἰ μέλλει καὶ τοῦτο τάξεως μεταλαγχάνειν καὶ μὴ εἶναι οἷον ἐπεισοδιῶδες τῷ παντί, κεῖται μὲν καλῶς ἀλλαχοῦ δεδειγμένον, ἐζητεῖτο δὲ μόνον πῶς· γινέσθω δὲ καὶ τοῦτο δῆλον. Οὐ γὰρ ἓν ἔσται τὸ πᾶν οὐδὲ ἡ διοίκησις κατὰ νοῦν, εἰ μὴ καὶ τούτου γίνοιτό τις εἱρμὸς πρὸς τὰ ὡρισμένα καὶ ὧν ἡ τάξις ἡ αὐτή. Ταύτην δὲ τὴν γνῶσιν ἀναγκαῖον πρὸ πάντων μὲν θεῷ, μετὰ δὲ θεὸν καὶ ἀγγέλοις ἀποδιδόναι, μερίσαντα τούτοις τὴν πρόνοιαν ἄλλοις ἄλλων, ὧν πάντων αὐτός ἐστιν ἐγκρατής· ἔστησε γάρ, φησι τὰ λόγια, ὅρια ἐθνῶν κατὰ ἀριθμὸν ἀγγέλων αὐτοῦ. ᾿Αλλ' εἰ μόνοις ἀγγέλοις ἀπολείψομεν τὴν τῶν ἀορίστων πρόνοιάν τε καὶ γνῶσιν, ἢ παρὰ μέρος αὐτοὺς ὥσπερ ἡμᾶς γινώσκειν τά τε προνοούμενα καὶ τὰ πρὸ αὐτῶν φήσομεν ἢ ἅμα ἄμφω. Καὶ εἰ μὲν παρὰ μέρος, τί διοίσουσι τῶν ἡμετέρων ψυχῶν ; Καὶ γὰρ αὗται προνοεῖν ἅμα καὶ ἑαυτῶν εἶναι καὶ εἰς τὰ ἄνω βλέπειν ἀσθενοῦσι· πῶς δὲ κατατείνοντας ἑαυτοὺς εἰς τὰ ἔξω οὐχὶ καὶ ἐπακολουθεῖν τοῖς γινομένοις ὁμολογήσομεν, ἀοριστaίνοντας περὶ τὸ ἀόριστον ; Εἰ δὲ ἅμα, ἀναγκαῖον πάλιν ἢ κατὰ λογισμὸν διδόναι αὐτοῖς τὴν γνῶσιν ὧν διοικοῦσι καὶ ἀπολείπειν ἐν αὐτοῖς λόγους καὶ παραδείγματα τῶν ἀορίστων — τούτων γὰρ διάνοιά ἐστι γνῶσις — ἤ, πρὸ λογισμοῦ ταύτην καὶ ἐνθέως ἐνεργούντων ἑστάναι λέγοντας, πολλῷ μᾶλλον αὐτὴν ἀναπέμπειν εἰς θεόν, παρ' οὗ

(15) 5 ἡ om. L ‖ 12 ἀπολείψομεν D (*relinquemus* G) : ἀπολήψωμεν L ‖ 17 τὰ L : τὸ D ‖ 18 κατατείνοντας Dornseiff : -τες DL.

καὶ τοῖς ἀγγέλοις ὑπάρξει τὸ ἐνθεάζειν καὶ τὸ ὡρισμένως δύνασθαι τὸ ἀόριστον προγινώσκειν. Καὶ γὰρ εἰ μὲν ἀορίστως τῶν μὴ ὡρισμένων ἀντιλαμβάνονται, ἀποστερήσομεν αὐτοὺς τῆς προσηκούσης ἀπαθείας τοῖς ἀτρέπτοις τάγμασι· δεῖ γὰρ καὶ φαντασίας τῷ τοιούτῳ παντὶ καὶ αἰσθήσεως, ἵνα τῶν μὴ παρόντων μνημονεῦον συνείρῃ τὴν εἰκασίαν τῶν ἐσομένων τοῖς τε παροῦσι καὶ τοῖς γεγονόσιν· εἰ δὲ ὡρισμένως, τί δήποτε, τοῖς ἀγγέλοις τοῦτο δόντες, οὐχὶ καὶ αὐτῷ τῷ θεῷ μειζόνως ἀποδίδομεν, ὡς ἀχρόνως τὰ κατὰ χρόνον οὕτω καὶ ὡρισμένως τὰ ἀόριστα γινώσκειν, καὶ προνοεῖν τῶν ἀορίστων κατὰ τὸν τῆς γνώσεως τρόπον ; Εἰ μὲν γὰρ μὴ δύναται τὰ ἀόριστα ὡρισμένως γινώσκειν, ἄτοπον, ἀγγέλων τοῦτο δυναμένων, ἀφαιρεῖσθαι τὸν θεὸν δι' ἀδυναμίαν τῆς τοιαύτης γνώσεως· εἰ δὲ μὴ βούλεται, τοῦτο τοῦ μὴ δύνασθαι μειζόνως ἄτοπον, ὑποστάτην ὄντα καὶ τούτων, μὴ βούλεσθαι προνοεῖν ὧν ὑπέστησεν· ἢ οὐχὶ καὶ τὰ θνητὰ πάντα καὶ τὰ καθέκαστα δημιουργήματά εἰσι τοῦ θεοῦ καὶ πανθ' ὅσα περιείληφεν ὁ κόσμος, βουλήσει πατρὸς λόγῳ συμπληρούμενα καὶ πνεύματι τελειούμενα ; Θέμις δὲ οὔτ' ἦν οὔτ' ἔστι θεὸν ἀμελεῖν ὧν παράγει ἢ ἀμέσως ὡς τὰ καθόλου ἢ διὰ μέσων τούτων ὡς τὰ καθέκαστον.

(16) Εἰ δὲ δὴ καὶ βούλεται καὶ δύναται προνοεῖν ὡρισμένως τῶν ἀορίστων, πάντως δήπου καὶ προνοεῖ, καὶ προνοῶν γινώσκει τῶν προνοουμένων τὴν ἀξίαν· καὶ θεὸς μὲν ἐξῃρημένως καὶ ἐπὶ πάντα τὴν ἑαυτοῦ πρόνοιαν διατείνων· ἄγγελοι δέ, μεριζόμενοι τὴν ἐκείνου ἐπιστασίαν, οἱ μὲν ἄλλων ἀνεδήσαντο τὴν προστασίαν, οἱ δὲ ἄλλων, εἰς τὸν ἔσχατον τελευτῶντες ὁρισμόν, ὡς τοὺς

(15) 34 ἀποδίδομεν D : -δωμεν L || 43 θνητὰ D (*mortalia* G) ἔθνη τὰ L || τοῦ om. L.

μὲν τῶνδε, τοὺς δὲ τῶνδε, τοὺς δὲ ἄλλων εἶναι προστάτας, πάντα δὲ εἶναι μεστὰ τοῦ θεοῦ, τῶν μὲν ἀμέσως προνοοῦντος, τῶν δὲ διὰ μέσων ἀγγέλων, ὡς εἴρηται, οὐ πᾶσιν ἐκείνου ἀμέσως παρεῖναι μὴ δυναμένου, ἀλλὰ τῶν ἐσχάτων αὐτόθεν μετέχειν αὐτοῦ ἀσθενούντων.

Δηλοῦται δὲ ταῦτα τῶν μετεχόντων τοῦ μὲν ἀνεπιτηδείου εἰς τὸ θεοῦ ἀπολαύειν ἔστιν ὅτε τῆς γε ἐκ τῶν ἀγγέλων συναισθανομένου προνοίας· τοῦ δὲ ἐπιτηδείου γενομένου εὐθὺς παρόντα ἔχοντος τὸν θεὸν καὶ τότε γινώσκοντος ὅτι γινώσκεται παρʼ αὐτοῦ, καὶ δεχομένου τὴν εἰς αὐτὸν καθήκουσαν πρόνοιαν, ἧς τυγχάνον ἐλάνθανεν ἑαυτὸν καὶ ὅτι μετεῖχεν ἀφανῶς· ὡσεί τις καθεύδων ἐν ἡλίῳ καὶ φωτιζόμενος ἀγνοοίη τῷ καθεύδειν, ἐξεγειρόμενος δὲ ἑαυτὸν ἴδοι περιεχόμενον ὑπὸ τοῦ φωτός, καὶ τότε τὸ φῶς ὑπολάβοι παρεῖναι καὶ πρῶτον ἑαυτῷ παρόν, εἰ καὶ αὐτὸς διὰ τὴν ἄγνοιαν τῷ φωτὶ μὴ παρῆν. Τότε τοίνυν καὶ τὸ ἀόριστον ὁρίζεται, ἐπιστρέψαν εἰς τὸ θεῖον, παρʼ ᾧ καὶ τὸ ἀόριστον ὡρισμένως ἦν· καὶ μετασχὸν ἐκεῖθεν ὅρου διὰ τὴν μέθεξιν ἐφίστησιν ὅτι καὶ πρὸ τῆς ἐπιστροφῆς ἑαυτῷ μὲν ἀόριστον ἦν, ἐκείνῳ δὲ οὐχ οἷόν ἐστι τοιοῦτον ὑπῆρχεν, ἀλλʼ — ὡς τῷ θείῳ προσῆκον — ἦν μὲν ὡρισμένως, ἐγινώσκετο δὲ ἐκπεσὸν ἐκείνου διὰ τὴν ἑαυτοῦ ἀοριστίαν· οὐχ οὕτως ἐκπεσὸν ὡς πάντῃ τὸν ὅρον φυγεῖν — ἔλαθε γὰρ ἂν εἰς τὴν τοῦ μὴ ὄντος ἀχάνειαν ἐξολισθῆσαν — ἀλλʼ οὕτως ὡς μήτε ἄμοιρον εἶναι τοῦ ὅρου μήτε ἐν αὐτῷ τελέως ἡδρᾶσθαι. Μετὰ δὲ τὴν ἐπιστροφὴν ἑδρασθέν, εἶδεν ἐκεῖ καὶ τῆς οἰκείας ἀοριστίας τὴν γνῶσιν καὶ τὸν κοσμοῦντα τὴν ἀοριστίαν ὅρον προϋπάρχοντα.

(**16**) 9 μεστὰ Ld : μετὰ DMP || 19 post ἀφανῶς add. καὶ ἀγνώστως mP || ὡσεί L : ὡς εἴ D || 27 ἑαυτῷ D : ἑαυτὸ L || 29 ἐγινώσκετο δὲ D : ἐγινώσκε. τὸ δὲ (sic) L || 31 ὄντος D : ὄντως L || 32 ἐξολισθῆσαν L : -σθῆσται D ut uid. -σθῆσαι MP || 33 ἡδρᾶσθαι D : ἡδρᾶσθαι aut ἡδρῦσθαι L.

(17) Καὶ μὴν καὶ εἰ πᾶσι τὸ ἀγαθὸν οὐκ ἀλλαχόθεν ἢ ἐκ τῆς προνοίας ἐφήκειν συγχωροῦμεν, ὡς ἐκ τοῦ νοῦ τὴν νόησιν καὶ ἐκ τῆς ψυχῆς τὸ ζῆν καὶ τὸ κινεῖσθαι ἐν τῷ ζῆν – πᾶν δὲ τὸ ὁπωσοῦν ζῶν διὰ τὴν ψυχὴν ζῇ, καὶ τὸ νοοῦν διὰ τὸν νοῦν νοεῖ – δῆλον δήπουθεν ὅτι καὶ τὸ ἀγαθοῦ μετέχον διὰ τὴν τῆς προνοίας αἰτίαν τὸ ἀγαθὸν ἔχει, κἂν τῶν μερικῶν ᾖ καὶ τῶν ποτὲ μετεχόντων· δεῖ γὰρ ἕκαστον εἰς τὴν οἰκείαν ἄγειν πηγήν, ἀφʼ ἧς εἰς πᾶσαν ἥκει τὴν σειρὰν ἡ ὕπαρξις. Εἴ τι οὖν ἀγαθύνεται τῶν ἐν τῷ κόσμῳ, διʼ ἐκείνην ἀγαθύνεται· καὶ οὐ τῶν ἀϊδίων μόνον, ἀλλὰ καὶ τῶν φθαρτῶν ἕκαστον, οὐδὲ τῶν ὡρισμένων μόνον, ἀλλὰ καὶ τῶν ἀορίστων ἕκαστον, κἂν αὐτόθεν ἐκ τῆς προνοίας ὑποδέχηται τὸ σφέτερον ἀγαθὸν κἂν διὰ μέσων τῶν πρῶτον παρʼ ἐκείνης ἀγαθυνομένων. Αἱ γὰρ τῶν ὄντων μεσότητες οὐ τὰς πρὸ αὐτῶν αἰτίας τῆς εἰς τὰ μετὰ ταῦτα ποιήσεως ἀφαιρούμεναί εἰσι μεσότητες, ἀλλὰ τοῖς μετὰ ταῦτα συμμέτρους ποιοῦσαι τὰς τῶν πρὸ αὐτῶν δόσεις, ὧν αὐταὶ μὲν συμφυῶς μετέχουσιν, ἐκεῖνα δέ, ἀσθενοῦντα διʼ ὕφεσιν, οἷον προσάγουσι καὶ ἐπιτήδεια πρὸς τὴν μέθεξιν ἀποτελοῦσι, δυναμώσασαι ταῖς ἑαυτῶν προδρόμοις ἐλλάμψεσι.

Τὸ μὲν οὖν τὰ ἐγγυτέρω τῆς προνοίας ἀπολαύειν μᾶλλον αὐτῆς καὶ κοσμεῖσθαι τῇ γειτονήσει μᾶλλον – καθάπερ εἰ τοῦ ἡλίου καὶ τῆς ψυχῆς καὶ τοῦ νοῦ τὰ προσεχέστερα τὰ μὲν φωτίζοιτο μᾶλλον ἢ τὰ πορρώτερον, τὰ δὲ εἴη ζωτικώτερα μᾶλλον, τὰ δὲ ἐν τῷ νοεῖν ὑπάρχοι τελεώτερα – καὶ ἡμεῖς ἂν συγχωρήσαιμεν καὶ ταῖς κοιναῖς ἐννοίαις συνδοκεῖ. Καὶ γὰρ αὐτὸ τοῦτο τὸ ἐγγὺς διὰ τὴν τῆς οὐσίας εἶναι φαῖεν ἂν πρὸς ἐκεῖνα συγγένειαν ὧν ἐστιν ἐγγύς,

(17) 13 ὑποδέχηται D : -χεται L ‖ 17 τοῖς μετὰ dmP : μετὰ τοῖς DLM ‖ 23 κοσμεῖσθαι Dornseiff : κοσμῆσθαι L κεκοσμῆσθαι Dp κεκοιμῆσθαι MP ‖ 25-26 ζωτικώτερα Ld : -τερον D ‖ 26 ὑπάρχοι d et Dornseiff : ὑπάρχει codd. ‖ 27 ἂν L : ἃ D.

καὶ τὸ πόρρω διὰ τὴν κατὰ τὸ εἶναι πάντως ἀπόστασιν. Ὥστε τοῖς διδόναι δυναμένοις ἃ δὴ καὶ δίδωσιν ὄντα συγγενέστερα, μᾶλλον αὐτῶν δύναται μετέχειν· ὥστε καὶ μετέχει μᾶλλον.

(**18**) Τῆς οὖν προνοίας οὐδὲν ἄλλ' ἢ ἀγαθύνειν τὰ πάντα ἐπειγομένης, τὰ μετέχοντα μᾶλλον ἀγαθύνεται μᾶλλον καὶ κοσμεῖται. Δεῖ δὲ ἄρα καὶ ὅσα μὴ ἐγγὺς εἰς ἐκείνην ἀνηρτῆσθαι, καὶ εἰ διὰ μέσων ἀνήρτηται, καὶ ταῦτα τῶν ἐγγύς· ὃ καὶ ποιεῖ τὰ μὲν αὐτόθεν ἀπολαύειν, τὰ δὲ οἷον συνδέσμων ἄλλων δεόμενα πρὸς αὐτήν. Εἴτε γὰρ μὴ πρὸς ἓν πάντων ἡ σύνταξις ἦν, οὐκ ἂν οὐδὲ κόσμος ἦν εἷς· εἴτε πάντα τὸν αὐτὸν μετεῖχε τρόπον τοῦ κοσμοῦντος, οὐκ ἂν ἦν τῶν κοσμουμένων τάξις ⟨...⟩ καὶ σύνταξις, ἡ μὲν διορίζουσα τὰ πάντα καὶ ἄλλα ποιοῦσα πρὸ ἄλλων καὶ ἄλλα ἐπ' ἄλλοις, ἡ δὲ τὰ διαιρεθέντα πρὸς ἓν ἐπιστρέφουσα τὸ ἀγαθόν, πάντων τε ἀνάγκη πρόνοιαν εἶναι καὶ οὐ πάντων τὴν αὐτήν· εἶναι μὲν διὰ τὴν σύνταξιν, μὴ τὴν αὐτὴν δὲ διὰ τὴν τάξιν, ἐπεὶ καὶ τῶν πρώτων οὖσαν ἀνάγκη καὶ τῶν δευτέρων εἶναι καὶ ἐφεξῆς ἐκείνοις· δύναμις γὰρ πᾶσα τῶν μειζόνων οὖσα κινητική, ὡς ⟨ὁ⟩ ἀληθὴς λόγος φησί, καὶ τῶν ἐλαττόνων ἐστὶ πολλῷ μᾶλλον, καὶ κρατητικὴ τῶν δυνατωτέρων οὖσα καὶ τῶν ἀσθενεστέρων ἂν κρατοίη μᾶλλον. Τῆς δὲ βουλήσεως ἐκεῖ πρὸς τὴν δύναμιν συμβαινούσης, ἀνάγκη καὶ τῶν ἐλαττόνων εἶναι πρόνοιαν· οὐ γὰρ δύνανται μέν, οὐ βούλονται δὲ ὅσα δύνανται, καὶ τῶν ἀγαθῶν τῶν παρ' ἡμῖν ὅσα βούλονται τοσαῦτα δύνασθαι πεπιστευμένων· μήτε ἀβουλήτου δυνάμεως χώρας ἐν ἐκείνοις οὔσης μήτε ἀδυνάτου βουλήσεως· τὸ μὲν γὰρ τὴν ὄρεξιν ποιεῖ κενήν, τὸ δὲ τὴν δύναμιν ἀτελῆ.

(**18**) 1 τὰ om. D || 8 ἦν εἷς L : εἷς ἦν D || 9 Εἰ οὖν ἔστιν ἑκάτερα, καὶ τάξις suppl. Boese et Dornseiff secundum G || 12 πάντων τε L (*omniumque* G) : πάντοτε D || 17 ὁ add. Dornseiff || 25 μήτε D : οὔτε L.

(19) Τῶν δὲ δευτέρων οὖσαν ἔτι μειζόνως ἀνάγκη τῶν πρώτων εἶναι πρόνοιαν. Οὐ γὰρ προνοίας τὸ τῶν χειρόνων προνοεῖσθαι κἀκεῖνα κοσμεῖν, τὰ δὲ κρείττονα ἀφεῖναι ἄμοιρα ἑαυτῆς. Καὶ γὰρ εἰ μηδενός ἐστιν ἐνδεῆ, αὐτὸ τοῦτο τὸ μηδενὸς δεῖσθαι παρ' ἐκείνης ἔχει, τὸ αὔταρκες δούσης πρώτοις οὖσι. Πάντων οὖν τῶν ἀγαθῶν ἐκείνην αἰτίαν λέγοντας, ὡς καὶ πρότερον εἴρηται τὰς κοινὰς ἡμῶν ἐννοίας βοᾶν, ἀνάγκη καὶ τὴν αὐτάρκειαν ὁμολογεῖν ἐκεῖθεν ὑπάρχειν οἷς ἂν ὑπάρχῃ, καὶ δι' ἐκείνην. Εἴτε οὖν δεῖται, παρ' ἐκείνης τυγχάνει τοῦ πληροῦσθαι, καὶ τυγχάνει πρὸ τῶν ἄλλων διὰ τὴν ἐγγύτητα τῆς ὑποστάσεως· εἴτε μὴ δεῖται, πεπλήρωται ἀεὶ καὶ ἔχει τὸ αὔταρκες διὰ τὴν παράγουσαν αὖ τὰ τοιαῦτα πρὸ τῶν ἀεὶ μὲν δεομένων, ἀεὶ δὲ ἐπισκευαστὴν τὴν πλήρωσιν δεχομένων.

(20) Πάντα μὲν οὖν, ὡς ἔφην, μετὰ τῆς προνοίας ἐστὶ κατὰ τὴν αὐτῶν τάξιν, καὶ ὅσα γίνεται καὶ ἔστιν οὐκ ἀεί· τῶν μὲν ἀεὶ ἀπ' ἐκείνης ὄντων καὶ ἀμέσως ἐξ αὐτῆς τὰς ἐλλάμψεις δεχομένων, τῶν δὲ ἀπ' αὐτῆς μέν, οὐκ ἀεὶ δὲ ὄντων, διὰ δὲ τῶν ἀεὶ ὄντων δεχομένων τὰς ἐλλάμψεις· οὐ τῆς προνοίας εἰς τὸ ταῦτα διὰ τῶν ἑαυτῆς ἐλλάμψεων τελειοῦν δεομένης τῶν μετ' αὐτὴν μὲν ὄντων, πρὸ δὲ ἐκείνων ὑποστάντων, ἀλλὰ τούτων (τῶν πολλοστῶν ἀπ' αὐτῆς) δεομένων εἰς τὸ μετέχειν ἐκείνης τῶν προσεχῶς ἀπὸ τῆς προνοίας παρηγμένων. Εἰ δέ, πανταχοῦ καὶ ἐν πᾶσι ταύτης παρούσης, οὐ ταὐτόν ἐστιν ἐν πᾶσι τὸ ἀγαθόν, οὐ δεῖ θαυμάζειν. Καὶ γὰρ τοῦτο προνοίας τῆς ἀρίστης ἔργον, πᾶσι μὲν ἀγαθοῦ μετουσίαν εἶναι, μετρεῖσθαι δὲ τῇ τῶν δεχομένων ἀξίᾳ τὴν τούτου μετουσίαν, καὶ τοσοῦτον ἕκαστον χωρεῖν ὅσον δύναται λαβεῖν· εἴτε τῆς

(19) 7 λέγοντας L : -τες D ut uid. MP.
(20) 7 μὲν ὄντων D (*quidem entia* G) : μενόντων L ‖ 9 μετέχειν DLmP : μέλειν M ‖ ἐκείνης LPdm : ἐκείνοις DM.

οὐσίας ποιούσης, ὡς ἐν ψυχαῖς καὶ σώμασι, τὴν διαφοράν – οὐ ταὐτὸν γὰρ ἑκατέρων τὸ ἀγαθόν, ὅτι καὶ τὸ εἶναι μὴ ταὐτόν – εἴτε μόνης τῆς ἐνεργείας, ὡς αἱ διαφόρως ἐνεργοῦσαι ψυχαὶ διαφόρως ἐκείνου τυγχάνουσιν, αἱ μὲν εὐπαθοῦσαι, αἱ δὲ μετὰ δυσκολίας, αἷς οὐκ ἦν ἄνευ ταύτης ἐπιστρέψαι πρὸς ἐκείνην.

Τοῦτο μὲν οὖν ταύτῃ διορίσαντες ἀπαλλαττόμεθα. Καὶ γὰρ ὅτι καὶ τῶν καθέκαστα δεῖ τὴν ἀληθεστάτην εἶναι πρόνοιαν λάβοιμεν, ἀποβλέποντες εἴς τε τὸ καὶ ταῦτα πάντα γίνεσθαι συντελοῦντά τι τῷ ὅλῳ καὶ μηδὲν ἐπεισόδιον εἶναι πάντων τῶν ἐν αὐτῷ γινομένων, κἂν ἡμεῖς τὰς αἰτίας μὴ πανταχοῦ δυνώμεθα συνορᾶν, καὶ εἰς τὸ ἐπί τινων καὶ τοῖς λίθοις εἶναι δῆλον ἐκ προνοίας εἶναι τὰ γινόμενα, γελοῖον δὲ εἶναι τὰ μὲν οὕτως ἔχειν, τὰ δ' οὔ, πάντων ὁμοίων ὄντων. Καὶ περὶ μὲν τοῦδε τοῦ ἀπορήματος ἱκανῶς εἴρηται.

IV

Πῶς τοῦ θεοῦ ἐνεργοῦντος ἀεὶ οὐ πάντα τὰ ποιήματα αὐτοῦ τοῦ εἶναι ἀεὶ μετέχουσιν, ἀλλὰ τινὰ μὲν ἀεί, τινὰ δὲ ποτέ ;

(21) Τέταρτον δὲ σκοπῶμεν πῶς τὰς ἐκ τοῦ ἀμεθέκτου θεοῦ μεθέξεις γίνεσθαι λέγομεν. Ἄτοπον γὰρ εἴτε ἀεὶ τοῦ θεοῦ ἐνεργοῦντος μὴ ἀεὶ τὰ τῇδε μετέχει – εἰς τί γὰρ ἡ ἐνέργεια, τοῦ μετέχοντος οὐκ ὄντος ; – εἴτε μὴ ἀεὶ ἔχειν αὐτὸν τὴν ἐνέργειαν ἀποδώσομεν. Πᾶν γὰρ ὅπερ ἂν ὑπάρχῃ τῷ θεῷ, ἀεὶ ὑπάρχει καὶ πρὸ χρόνου παντός, οὐ τοῦδε μόνον τοῦ μερικοῦ, ἀλλὰ καὶ τοῦ ἀπείρου · οἱονεὶ

(20) 22 ταύτῃ DL^1 : ταῦτα L^{ac} || 26 πάντων τῶν d : τῶν πάντων DL || 27 δυνώμεθα Dornseiff : δυνάμεθα DL || 29 pr. τὰ DL^1 : τὸ L^{ac}.
(21) 1 ἐκ τοῦ DLM^1 : αὐτοῦ MP || 7 μερικοῦ D : χαιρικοῦ L.

γὰρ χρόνος καὶ τὸ τοῖς ἀγγέλοις συμπαρεκτεινόμενον ἄπειρον τὴν τοῦ ποτὲ κατηγορίαν ὡς ἠργμένοις οὐ διαφεύγουσιν.

(22) Ἵνα οὖν καὶ ταῦτα μετρίας τύχῃ ἐξετάσεως, λεγέσθω πρῶτον ὅτι πᾶσα μέθεξις, ἄν τε τῶν ἀϊδίων ἄν τε τῶν φθαρτῶν οὖσα τυγχάνῃ, μέσην ἀεὶ τῶν τε μετεχόντων καὶ τῶν μετεχομένων ἔλαχε τάξιν· καὶ ὡς προσήκει ἁπάσαις μεσότησι τῆς πρὸς ἄκρα κοινωνίας ἀντέχεσθαι, ἀνάγκη καὶ ταύτην ἔχειν τὸ μὲν πρὸς τὸ μετέχον, τὸ δὲ πρὸς τὸ μετεχόμενον. Εἰ γὰρ θατέρου μόνον ἦν, οὐκ ἂν συνῆπτεν ἄμφω πρὸς ἄλληλα. Μέση δὲ καθ' ὃν εἴρηται τρόπον οὖσα, ὅμως ἐν τοῖς μετέχουσιν ὑφίσταται, προϊοῦσα μὲν ἐκ τῶν μετεχομένων, ἐναποστηριζομένη δὲ τοῖς δεχομένοις τὴν ἐνέργειαν ἐκείνων, ὡς ἡ γνῶσις ἐν τοῖς γινώσκουσίν ἐστι καὶ οὐκ ἐν τοῖς γινωσκομένοις· καὶ γὰρ τῶν κτισμάτων τὰ γινώσκοντα πρὸς τὰ γινωσκόμενα τὴν τῶν μετεχόντων ἔλαχεν ἀξίαν· μετέχειν γὰρ ἐθέλει τοῦ γινωσκομένου ἅπαν τὸ γινῶσκον, ὡς εἴρηται.

Ταύτην δ' οὖν τὴν τάξιν τῆς μεθέξεως ἐχούσης καὶ τῆς προνοίας πρώτως ὑπὸ πάντων μετεχομένης, ἀσωμάτων, σωμάτων, ἀψύχων, ἐμψύχων, ἀναισθήτων, αἰσθητικῶν, ἀφαντάστων, φανταστικῶν, ἀλόγων καὶ λογικῶν, κατὰ τὴν αὐτῶν ἑκάστων δύναμιν — πάντα γὰρ ἐκείνης ὄργανα, τὰ μὲν ἐγγύτερον ἐκπυρούμενα, τὰ δὲ πορρώτερον — ἀνάγκη τὴν μετουσίαν μὴ μόνον τὴν τῆς προνοίας ἐπιφαίνειν αἰτίαν, ἀφ' ἧς πρόεισιν, ἀλλὰ καὶ τὴν τοῦ μετέχοντος αὐτῆς προσειληφέναι ἐπιτηδειότητα, νοερῶς μὲν ἐν τοῖς νοεροῖς οὖσαν, λογικῶς δὲ ἐν τοῖς λογικοῖς, φανταστικῶς δὲ ἢ αἰσθητικῶς ἐν τοῖς καὶ κατὰ φαντασίαν ἢ κατὰ μόνην αἴσθησιν ζῶσιν, οὐσιωδῶς δὲ καὶ τῷ εἶναι

(21) 8 καὶ DL : ἢ MP ‖ 9 τοῦ D^{pc} : om. LMP.
(22) 27 τῷ Dornseiff : τὸ DL.

μόνον ἐν τοῖς ἄνευ ζωῆς τὸ εἶναι κεκτημένοις. Ὀργάνων δὲ ὄντων πάντων καὶ χρωμένης πᾶσι τῆς προνοίας, ἕκαστον ἀνάγκη συντελεῖν εἰς τὸ οἰκεῖον ἔργον τῇ χρωμένῃ δυνάμει· μήτε τὴν ἐκείνης ἀφανίζον ἰδίαν ὕπαρξιν μήτε τὴν ἑαυτοῦ φύσιν ἐν τῇ ἐνεργείᾳ, δεικνύον δὲ ἀπ᾽ ἀμφοῖν ἓν τὸ ἀποτελούμενον· ὥσπερ φασὶ καὶ ἡλίου διαπέμποντος εἰς σελήνην τὸ φῶς, χωρεῖν μὲν ἀπὸ ταύτης εἰς ἡμᾶς – οὔτε δὲ οἷον τὸ ἡλιακὸν φῶς θερμὸν καὶ ξηρὸν οὔτε οἷον τὸ τῆς σελήνης παχὺ καὶ ζοφῶδες, ἀλλὰ μιχθὲν ἔκ τε τῆς τοῦ μετεχομένου δυνάμεως καὶ τοῦ μετέχοντος – καὶ χρόαν μεταβαλεῖν καὶ ἐνέργειαν ἣν εἶχε. Καὶ ἐπ᾽ ἄλλων ἂν ἴδοις τοῦτο πολλῶν.

(**23**) Καὶ τῆς προνοίας οὖν ὑπὲρ πάντα τὰ ὄντα κατ᾽ αὐτὴν τὴν θείαν ἕνωσιν ἱδρυμένης καὶ μίαν ἐνεργούσης ἐνέργειαν καὶ τῷ ἑνὶ προσήκουσαν, πᾶν τὸ προσιὸν οὕτως μετέχει ὡς πέφυκε· τὸ μὲν εἰς τὸ εἶναι μόνον, τὸ δὲ εἰς τὸ ζῆν, τὸ δὲ εἰς τὸ γινώσκειν, τὸ δὲ τυγχάνον ἐκείνης εἰς πάντα καὶ ᾗ πέφυκε τελειούμενον· καὶ τὸ μὲν ἀεὶ μετέχον διὰ τὴν ἑαυτοῦ δύναμιν καὶ ἀνέκλειπτον ἔχον τὴν μέθεξιν διά τε τὴν τοῦ διδόντος ἄπειρον ἐνέργειαν καὶ τὴν οἰκείαν πρὸς ἐκεῖνο μόνιμον καὶ ἑδραίαν σχέσιν, τὸ δὲ ποτὲ μεταλαγχάνον διὰ τὴν ἀνέδραστον ἐν αὐτῷ φύσιν, καὶ τοῦτο δὲ τὸ ποτὲ ἐκ τῆς οἰκείας ἀσθενείας δεδωκὸς τῇ μεθέξει, ἵν᾽ ἔχῃ ἀπὸ μὲν τῆς προνοίας τὸ εὖ, ἀπὸ δὲ τοῦ δεχομένου τὸ μὴ ἀεί· τοῦτο γὰρ ἦν τὸ ὑπεξαιροῦν ἑαυτό, τῆς προνοίας ἀεὶ δυναμένης διδόναι καὶ διδούσης οἷς ἐστι δύναμις τοῦ ἀεὶ παρ᾽ ἐκείνης λαμβάνειν ἃ δίδωσιν· ὥστε οὐκ ἐκείνῃ τὸ ποτὲ προστίθησιν, ἀλλ᾽ ἑαυτοῦ

(**22**) 30 συντελεῖν DL : -τελῶν MP ‖ 35 δὲ D : γὰρ L.
(**23**) 7 ἀνέκλειπτον d et Dornseiff : ἀνέκληπτον DL ‖ 12 post προνοίας add. ἀεὶ P ‖ alt. ἀπὸ D : παρὰ L ‖ 13 δεχομένου DLP : ἐνδεχομένου M ‖ 14 ἑαυτό L : ἑαυτῷ D forsitan in ἑαυτό corr. ‖ 16 ἐκείνῃ P : -νη DLM.

μόνον ἀφαιρεῖ τὸ ἀεί· καθάπερ ἡλίου φωτίζοντος ἀεί, τὸ μὴ ἀεὶ δυνάμενον βλέπειν καὶ ποτὲ βλέπον οὐ τῷ ἐκείνου φωτὶ τὸ ποτὲ δίδωσιν, ἀλλ’ ἑαυτοῦ ἀφεῖλε τὸ ἀεὶ βλέπειν, τὸ φῶς ἀποστρεφόμενον· ἐκείνου μὲν ἀεὶ ἐνεργοῦντος τὴν ἔλλαμψιν κἂν τοῦτο μὴ δύνηται ἀεὶ χωρεῖν αὐτὴν κατὰ μέθεξιν διὰ τὴν οἰκείαν πρὸς τὸ πάσχειν ἀσθένειαν, τῆς δ’ ἐν τούτῳ μεθέξεως μὴ οὔσης ὅταν στρέψῃ τὰς ὄψεις· ἥτις μέθεξις οὐκ αὐτὴ οὖσα ἡ ἐκείνου ἐνέργεια, ἀλλ’ ὅσον ἀπ’ αὐτῆς ἥκει εἰς τὸ μετέχον, ἀναιρουμένη ὃν εἴρηται τρόπον οὐ συναναιρεῖ τὴν ἐνέργειαν.

(**24**) ’Αεὶ τῆς προνοίας οὖν ἐνεργούσης, ἐάν τι ποτὲ καὶ οὐκ ἀεὶ μετέχῃ, μόνην ἐλαττοῖ τὴν ἑαυτοῦ μέθεξιν καὶ οὐκ ἀποστεροῦν τοῦ ἀεὶ τὴν ἐκείνου ἐνέργειαν, τῆς ἐνεργείας δὲ τοῦ θεοῦ μενούσης ἀεὶ τῆς αὐτῆς· οἱονεὶ προσώπου τινὸς ἑστῶτος τὸ ὂν μὲν ἐπιτήδειον καὶ ἐπιστραφὲν εἰς ἐκεῖνο κοσμεῖται (ὡς ἂν εἰ κάτοπτρον λεῖόν τε καὶ λαμπρόν, ἀπ’ ἐναντίας τεθὲν τῷ προσώπῳ, δέξαιτό τινα ἀπ’ αὐτοῦ ἔμφασιν), τὸ δὲ ὂν ἢ πόρρωθεν δι’ ἀσθένειαν ἢ καὶ ἀπόστροφον ἀμυδροῖ τὴν ἐκεῖθεν δόσιν, ὡς ἀνώμαλον καὶ σκοτῶδες· γίνεται δὲ τοιοῦτον ὕλης ἀπολαῦσαν. Οὐδὲ γὰρ σελήνης ἐκλειπούσης τὸν ἥλιον αἰτιώμεθα, ἀλλὰ τὴν αὐτῆς εἰς τὸν κῶνον ἔμπτωσιν, οὔτε τὸ ποτὲ τῶν προνοουμένων ποτὲ τῇ προνοίᾳ ὅλως προσθετέον, ἀλλ’ ἐν αὐτοῖς τούτοις ἐν οἷς ἦν ἡ μέθεξις οἰητέον ἔχειν τὴν αἰτίαν καὶ οὐκ ἐν ἐκείνῳ παρ’ οὗ καὶ τούτοις καὶ τοῖς ἀεὶ μετέχουσιν ἡ μέθεξις.

(**25**) Τῆς δὲ προνοίας κατὰ τὴν ἑαυτῆς ὁμοῦ ἑνιαίαν καὶ ἄπειρον ἐνέργειαν παρούσης, καὶ τῶν αὐτῆς ἄλλοτε ἄλλως μετεχόντων ἀπερίληπτον ποικιλίαν ἐχόντων, πείθομαι καὶ

(**23**) 19 pr. τὸ om. L ‖ 20 ἀεὶ D : ἂν L.
(**24**) 1 ἀεὶ Boese et dubit. Dornseiff : καὶ codd. ‖ 2 μετέχῃ L : -χει D ‖ 3 ἐκείνου om. D ‖ 5-6 ἐπιστραφὲν D : ἐστραφὲν L ‖ 12 τὸν DLM : τὸ P.

αὐτὸς εἶναί τινας, ἀμφοτέρων συνδέσμους, τό τε ἐκείνης ἓν καὶ τὸ τούτων πλῆθος καὶ τὸ ἐκείνης μόνιμον καὶ τὸ τούτων ἄστατον συνάπτοντας, εἶναι δὲ τοὺς συνδέσμους τούτους τρία τριαδικὰ ἀγγελικὰ τάγματα, ὧν πρῶτον μὲν τὸ ἐγγύτερον τῆς προνοίας ὑπάρχον, χερουβίμ, σεραφίμ, θρόνοι, ἔσχατον δὲ τὸ ἡμῖν προσεχές, ἄγγελοι, ἀρχάγγελοι καὶ ἀρχαί, μέσον δὲ τὸ πληροῦν τὴν μεσότητα τῆς τῶν ἄκρων πρός τε τὸ πρώτως ⟨μετεχόμενον⟩ καὶ τὸ ἐσχάτως μετέχον συνδέσεως, ἅ εἰσι δυνάμεις, ἐξουσίαι καὶ κυριότητες. Δι' ὧν πάντων ἀγγελικῶν ταγμάτων ἡ συναφὴ γίνεται τῶν τε ἀστάτων πρὸς τὸ μένον ἀεὶ τῆς προνοίας εἶδος καὶ τῶν πεπληθυσμένων πρὸς τὸ ἓν ἅμα καὶ ἄπειρον. Καὶ ποτὲ μὲν αἱ ἐλλάμψεις ἀπὸ τούτων εἰσὶ πρὸς τὰ μετ' αὐτούς, ἄχρις αὐτῶν ἀναγόμενα καὶ ἀπ' αὐτῶν τελειούμενα, ποτὲ δὲ διὰ τούτων, μεταβαίνοντα δι' αὐτῶν καὶ εἰς τὰ πρὸ αὐτῶν · ὡς τῶν μὲν δι' ὕφεσιν τῆς ἐν αὐτοῖς ἐπιτηδειότητος μόλις τῶν ὑπὲρ αὐτὰ προσεχῶς τεταγμένων μετεχόντων, τῶν δὲ δι' ἐπίτασιν ἀνατεινομένων καὶ εἰς τὰς τῶν ὑπερτέρων μεθέξεις · ἐφ' ὧν ἡ ἀπὸ τῶν προσεχῶν ἔλλαμψις οἷον ὕλης ἐπέχει λόγον πρὸς τὴν ἄνωθεν δόσιν. Εἰ οὖν οὕτω, καὶ ἐπὶ τῶν κρειττόνων ἡμῶν ἄλλο μέν ἐστι δήπου τὸ διὰ τῶν μετὰ θεὸν ἐλλάμπεσθαι γενῶν, ἄλλο δὲ τὸ ἀπ' αὐτῶν. Καὶ τοῦτο μὲν εἰς τοὺς ὀπαδούς, ἐκεῖνο δὲ εἰς τοὺς ἡγεμόνας ἀναφέρει τὴν αἰτίαν · πλὴν ὅτι, κἂν ἀπὸ τούτων ὦσιν αἱ ἐλλάμψεις (μᾶλλον δέ τινες ἐλλάμψεις), ἐκ τῆς προνοίας τρόπον ἕτερόν εἰσι καὶ αὐταί, παρ' ἧς καὶ τούτοις ἡ τοῦ ἐλλάμπειν εἰς ἄλλα δύναμις. Καὶ γὰρ παρ' ἐκείνης τούτοις τὸ προνοεῖν, μιμουμένοις

(**25**) 4 τό τε (cum submedia distinctione) DM : τότε LP ‖ 6 τούτους DLM : -των P ‖ 8 ὑπάρχον DLM : -χει P ‖ 11 μετεχόμενον add. Dornseiff (*participatum* G) ‖ 12 ἅ εἰσι δυνάμεις D : ἀεισιδυνάμεις L ‖ 15 τὸ om. D ‖ 16 ἀπὸ om. D ‖ 19 αὐτοῖς D : αὐτῆς L ‖ 22 προσεχῶν DL : -χῶς MP ‖ 25 τῶν DLP : τοῦ M.

τὸ ἐκείνης ἀγαθοειδὲς κατὰ τὴν αὐτῶν τάξιν· ἐπεὶ καὶ ἀνάγκη, ὡς πολλάκις ὑπέμνησται, τὰ μὲν ἀμέσως μετέχειν, τὰ δὲ διὰ μέσων τῶν πρώτων, καὶ διὰ μέσων ἢ ὡς οἷς ἐκεῖθεν ἔχει ποιούντων ἢ ὡς δι’ ὧν ἔχει πρὸς ἐκεῖνο παρ’ οὗ ἔχει τὰς δυνάμεις καὶ τὰ ἐφεξῆς ἀναγόντων. Τοιαῦτά μοι καὶ πρὸς ταύτην ἀποκεκρίσθω τὴν ζήτησιν, τοὺς εὖ πεφυκότας ἀναπέμπειν εἰς τὴν τελείαν τῆς προνοίας δυνάμενα θεωρίαν.

V

Τί δήποτε, προνοίας οὔσης, ἔσχεν ὅλως τὸ κακὸν εἰς τὰ ὄντα χώραν ;

(**26**) Μετὰ δὲ τοῦτο πέμπτον σκοπήσωμεν· τί δήποτε, προνοίας οὔσης, τὸ κακὸν χώραν ὅλως εἰς τὰ ὄντα ἔσχεν ; Ὃ καὶ πολλοὺς ἀνέπεισεν ἢ τὸ κακὸν διὰ τὴν ἐνάργειαν παραδεξαμένους ἀπειπεῖν πρὸς τὴν διὰ πάντων ἥκουσαν πρόνοιαν ἢ τὴν πρόνοιαν κοσμεῖν τὰ πάντα ὁμολογοῦντας τὸ κακὸν ἐκποδὼν ποιῆσαι καὶ μόνως ἀγαθὰ τὰ πάντα φάναι, κἂν τὰ ἀγαθὰ τὰ πορρωτάτω τῶν πρώτων κακά τινες ὀνομάζειν ἐθέλωσιν· οὐ γάρ τι εἶναι κακόν, ὅπερ ἐστὶν ἔλαττον ἀγαθόν.

(**27**) Εἰ μὲν οὖν καὶ ἡμεῖς τούτοις συμφήσομεν, οὐδὲν ἔτι δεῖ ζητεῖν ὃ δὴ προυθέμεθα σκοπεῖν· οὐδὲν γὰρ ἔσται κακὸν ὃ δὴ τὴν πρόνοιαν ἐνοχλήσει, καθάπερ εἴπομεν· εἰ δέ τι καὶ ὁπωσοῦν εἶναί φαμεν κακόν, πόθεν ἥκει τοῦτο ; Εἴτε γὰρ ἐκ τῆς προνοίας, ἄτοπον, παρ’ ἧς ἐστι πᾶν ὅπερ ἐστὶν ἀγαθόν, εἴτε ἐξ ἄλλης αἰτίας· εἰ μὲν γὰρ τῶν

(**25**) 35 ἔχει ποιούντων ἢ ὡς δι’ ὧν om. L.
(**26**) 3 ἐνάργειαν p et Dornseiff (*euidentiam* G) : ἐνέργειαν codd.
(**27**) 2 σκοπεῖν Ld : ζητεῖν D.

ἀπ' αὐτῆς, κινδυνεύει πάλιν ὁ λόγος τὴν αἰτίαν ἐπ' αὐτὴν ἀναφέρειν (τὰ γὰρ ἐκ τῶν ἀπ' αὐτῆς καὶ ἀπ' αὐτῆς)· εἰ δ' ἐκ μηδ' ὅλως αὐτῇ κοινωνούσης, δύο ποιήσομεν ἀρχάς, ἄλλην μὲν ἀγαθῶν, κακῶν δὲ ἄλλην, καὶ οὐδὲ τὴν πρόνοιαν ἀπράγμονα φυλάξομεν, ἔχουσάν τι ἐναντίον.

Δόντες τοίνυν εἶναι τὸ κακόν, κατίδωμεν ὅπως ἐστὶν οὐκ ἐνοχλοῦν τὴν τῆς προνοίας βασιλείαν. Καὶ πρῶτον — ἐπειδὴ διττὸν τοῦτο, καὶ τὸ μὲν ἐν ψυχῇ καὶ παρὰ λόγον (ὡς ἁμαρτία προαιρέσεως τοῦ ἀγαθοῦ ἐκπεσούσης), τὸ δὲ ἐν σώμασι καὶ παρὰ φύσιν (ὡς ἁμαρτία φύσεως ἐξ ἀφθαρσίας εἰς φθορὰν ἀδιαβλήτως μεταπεσούσης, ἔχουσα αἰτίαν τὴν ἁμαρτίαν τῆς προαιρέσεως) — σκοπήσωμεν πῶς κατὰ τὸν τῆς προνοίας λόγον ἐν σώμασι τὸ παρὰ φύσιν,

(28) ὅπερ ἐστὶ τούτων φθορὰ καὶ εἰς τὸ μὴ εἶναι ὁδός. Ἢ πάντως, ὥστε τὸν ψυχὴν ἄϋλόν τε καὶ λογικὴν καὶ σῶμα ὑλικόν ἐκ τῶν τεττάρων στοιχείων συγκείμενον ἔχοντα ἄνθρωπον καὶ μὴ κατὰ λόγον καθυποτάξαντα τὸ χεῖρον τῷ κρείττονι, ἀλλὰ παρὰ λόγον τὸ κρεῖττον τῷ χείρονι, κατακριθέντα ἐντεῦθεν δικαίως τὴν εἰς τὰ καθόλου στοιχεῖα ἀνάλυσιν, ἵνα μὴ ἀθάνατον ᾖ τὸ κακόν, θελῆσαι γενέσθαι εἰς τὸν τόπον ἐκεῖνον τῆς ἀπαθείας, ἀποστραφέντα τὴν ἐντεῦθεν διαγωγήν· ὥστε καὶ ἡ τῶν σωμάτων κάκωσις ἀγαθόν.

(29) Οὔτε γὰρ πάντῃ κακὸν ὃ τοῦ ἀγαθοῦ ἕνεκά ἐστιν οὔτ' ἄκρατον πρὸς τὸ ἀγαθόν, ἀλλὰ τινὶ κακὸν ὄν, τῷ φθειρομένῳ δηλαδὴ σώματι, τινί ἐστιν ἀγαθόν, τῇ διὰ τῆς ἐκείνου φθορᾶς ἀπαλλαττομένῃ τῆς κατ' ἐνέργειαν ἁμαρτίας ψυχῇ. Γέγονεν οὖν ἡμῖν ἐναργὲς ὡς ἄρα δι' ἀρίστην πρόνοιαν καὶ τὸ παρὰ φύσιν εἰς τὰ ὄντα παρῆλθε, τῇ τῶν φαινομένων φύσει παρυποστὰν φθορά, καὶ ἀναλυο-

(28) 2 τὸν D : τὴν L || 9 διαγωγήν D : περιαγωγήν L.
(29) 6 παρῆλθε LD : προῆλθε MP.

μένων τῶν μερικῶν πρὸς γένεσιν τῶν καθόλου καὶ κιρνωμένων τῶν καθόλου πρὸς γένεσιν τῶν μερικῶν. Ἀλλὰ τοῦτο μὲν οὐ πολλοῦ τινος λόγου δεόμενον ἐχέτω τέλος.

(**30**) Εἰς δὲ τὸ παρὰ λόγον καὶ ἐν ψυχαῖς κακὸν μεταβάντες, ὅπως καὶ τοῦτο κατὰ πρόνοιάν ἐστι νοήσωμεν. Οὐκοῦν ἐναντίων κἀνταῦθα σύνοδος τινῶν, τοῦ τε λόγου καὶ τῶν ἀλόγων παθῶν, χώραν τῷ παρὰ λόγον δίδωσι; Τηνικαῦτα γὰρ τῆς ἐν ἡμῖν κακίας ἐστὶ γένεσις, ὅταν τοῦ λόγου τὰ ἄλογα μέρη, ὁ θυμὸς καὶ ἡ ἐπιθυμία, κρατήσωσιν. Ἐν μὲν γὰρ τούτοις αὐτοῖς τὸ πάσχειν, ἃ δὴ καὶ πάσχουσι, κατὰ φύσιν, τῷ μὲν τὸ θυμοῦσθαι, τῇ δὲ τὸ ἐπιθυμεῖν· ὃ γὰρ πέφυκεν ἑκάτερον πάσχειν, τοῦτο καὶ πάσχει· ἐν δὲ τῷ λόγῳ ἡττηθέντι αὐτοῖς λαχοῦσι κατὰ φύσιν ἄλογον φύσιν γίνεται παρὰ φύσιν διὰ τὴν τούτου πρὸς αὐτὰ κατ' οὐσίαν ἀλλοτριότητα, καὶ ἔσχεν ἀντὶ τοῦ παρὰ φύσιν ὄνομα παρὰ λόγον· καθάπερ δὴ καὶ τοῦ λόγου νικήσαντος ἀγαθοῦ τέ ἐστιν ὑπόστασις ἐν ψυχαῖς καὶ ὄνομα τῷ ἀγαθῷ ἀντὶ τοῦ κατὰ φύσιν τὸ κατὰ λόγον. Ἑκατέρου δὲ ὅμως δι' ἔφεσιν τοῦ κατὰ φύσιν ἐνεργεῖν ἐπειγομένου καὶ ζῆν τοῦ μὲν παθητικῶς, τοῦ δὲ ἀπαθῶς, καὶ τοῦ μὲν λογικῶς, τοῦ δὲ ἀλόγως, ἐν τῇ ἀμφοτέρων δὲ μίξει καὶ τῇ πρὸς ἄλληλα σχέσει λαμβάνοντος τοῦ κακοῦ τὴν οὐδ' ἐνταῦθα προηγουμένην, προσαγορευομένην δὲ εἰκότως παρυπόστασιν, παντί που δῆλον ὡς τὸ λεγόμενον παρὰ λόγον καὶ οὐ παρὰ ἄλογον οὐ μόνον κακόν ἐστιν, ἀλλὰ καὶ οὐ κακόν· ᾧ μὲν γάρ ἐστι παρὰ λόγον, κακόν, ᾧ δὲ κατὰ φύσιν, οὐ κακόν. Δῆλον δὲ ὅτι ὅπου λόγος οὐκ ἔστιν, ὡς ἐν ἀλόγοις ζῴοις, οὐδὲν τῶν τοιούτων κακόν.

Καὶ οὐκ ἐπειδὴ τῷ πάθει τὸ παθαίνεσθαί ἐστι κατὰ φύσιν, τὸ κρατεῖσθαι λόγῳ ἐστὶ παρὰ φύσιν· καὶ τοῦτο

(**30**) 20 προηγουμένην L : -μένων D.

γὰρ κατὰ φύσιν μειζόνως τοῦ παρὰ τῆς οἰκείας αὐτῶν φύσεως ὑπάρχοντος. Τῶν γὰρ ἀντικειμένων ὅπου τὸ μὲν κρεῖττόν ἐστι, τὸ δὲ χεῖρον, τὸ χεῖρον, κἂν ἐνεργοῦν ὡς πέφυκε τὰ ἑαυτοῦ πάσχῃ, τῷ κρείττονι δουλεῦον μεθίσταται πρὸς τὸ ἄνω τῆς ἑαυτοῦ φύσεως. Ἐπεὶ καὶ ⟨ὁ⟩ λόγος ἐνεργῶν ὡς λόγος τὸ ἐν ἡμῖν αὐτοῦ κρεῖττον, ἤτοι τὸν νοῦν, διεγείρει ἐνθεάζειν· καίτοι γε τὸ κατὰ φύσιν ὑπάρχον αὐτῷ τῆς ἐνεργείας εἶδος ἐνεργεῖ· ἐκείνου δὲ ὅμως κρατήσαντος, μειζόνως ὁ λόγος ἔχει τὸ ἀγαθόν. Ἕκαστον γὰρ τῶν ὄντων τὸ μὲν σύστοιχον ἔχει ἑαυτῷ τὸ ἀγαθόν, τὸ δὲ μεῖζον ἀπὸ τοῦ κρείττονος, ὡς νοῦς τὸ θείως ἐνεργεῖν, ὡς ψυχὴ τὸ νοερῶς, ὡς σῶμα τὸ αὐτοκινήτως. Καὶ τὸ ἄλογον οὖν ὡς μὲν τοιοῦτον ὂν κατὰ φύσιν κινεῖται καὶ θυμούμενον καὶ ἐπιθυμοῦν, καὶ τοσοῦτον μᾶλλον ὅσον μᾶλλον ἑκάτερον (παντὶ γὰρ τὴν κατὰ φύσιν κίνησιν τὸ κατὰ φύσιν ἐπιτείνει)· ὡς δὲ ἐν ἡμῖν τῷ λόγῳ συνὸν καὶ εἰς τὸ τὰ αὐτοῦ πράττειν ἐμποδὼν ἐκείνῳ γινόμενον καὶ παρʼ ἐκείνου δυνάμενον ἄλλου μετέχειν ἀγαθοῦ μείζονος, οὗ στέρεται μέχρις ἂν τὴν ἑαυτοῦ κινεῖσθαι θέλῃ κίνησιν, δίδωσι τῷ λεγομένῳ παρὰ λόγον κακῷ τὴν εἰς τὰς ψυχὰς παρείσδυσιν.

(31) Εἰ δὲ ταῦτα ἀληθῆ λέγομεν, ἀνάγκη τοὺς κατὰ πρόνοιαν μὴ εἶναι ταῦτα ἀληθῆ λέγοντας τὴν γένεσιν αἰτιᾶσθαι ἢ τῆς λογικῆς ψυχῆς ἢ τοῦ θνητοῦ σώματος. Ἀμφότερα γὰρ διδόντας γίνεσθαι κατὰ πρόνοιαν, πάντως ἀνάγκη καὶ τὴν τοῦ παρὰ λόγον γένεσιν εἰς ἀγαθὸν ἀναπέμπειν ἐπάξιον τῆς εἰς τὸν κόσμον ἰούσης προνοίας καὶ διηκούσης ἀπὸ τῶν πρώτων μέχρι τῶν ἐσχάτων καὶ μὴ μόνον παραγούσης τὴν ἁπλῆν καὶ ἀσώματον οὐσίαν, ἀλλὰ καὶ τὴν ἐκ τεττάρων στοιχείων σύνθετον καὶ σωμα-

(30) 33 ὁ add. Dornseiff ‖ 45 ἐκείνῳ D : ἐκείνου L ‖ 48 παρὰ λόγον ante λεγομένῳ transp. D.

τικήν, καὶ ταύτῃ μεταδιδούσης ψυχικῶν δυνάμεων· ὡς μὲν ἐν φυτοῖς, μόνον θρεπτικῆς καὶ αὐξητικῆς καὶ τοῦ ὁμοίου γεννητικῆς· ὡς δὲ ἐν ζωοφύτοις, πρὸς ταύτῃ καὶ αἰσθητικῆς ἀφαντάστου· ὡς δὲ ἐν ἀλόγοις ζῴοις, πρὸς ταῖς εἰρημέναις καὶ φανταστικῆς καὶ ὁρμητικῆς· ὡς δὲ ἐν ἀνθρώποις, μεταξὺ οὖσι τῆς κατὰ ψυχὴν ἁπλῆς καὶ ἀσωμάτου οὐσίας καὶ τῆς συνθέτου καὶ σωματικῆς, πρὸς πάσαις ταῖς εἰρημέναις ψυχικαῖς δυνάμεσι καὶ λογιστικῆς καὶ διανοητικῆς. Ἔνθεν τοι ἡ τῆς ψυχῆς ἁπλῆ καὶ ἀσώματος οὐσία, ἡνωμένη καθ' ὑπόστασιν ⟨ἐν⟩ ἀνθρώποις τῇ συνθέτῳ καὶ σωματικῇ, τοῖς τε ἐνύλοις ὄγκοις ἐνυπάρχουσα καὶ τοῖς σαρκίνοις καὶ ὀστεΐνοις καὶ ὅλως χθονίοις ὀργάνοις ἐνεργοῦσα, προηγουμένως μὲν διὰ τὴν τῆς σαρκὸς ἀτέλειαν χρᾶται τῶν δυνάμεων αὐτῆς ἐν μὲν ἐμβρύῳ μόνῃ τῇ θρεπτικῇ καὶ αὐξητικῇ, μετὰ δὲ τὸν τόκον τῇ αἰσθητικῇ καὶ τῇ φανταστικῇ, καὶ μετὰ ταῦτα διὰ τὴν τοῦ ὀργάνου τελείωσιν τῇ λογικῇ τε καὶ διανοητικῇ.

Καὶ οὕτως ἐν τῷ μεριστῷ ἡ ἀμερὴς ἀμερῶς ταῖς ἑαυτῆς δυνάμεσι κατ' ἐνέργειαν ἀναδείκνυται, αἰσθανομένη ἡδονῆς καὶ ὀδύνης σωματικῆς, καὶ τοὺς τύπους κατὰ φαντασίαν τῶν παθημάτων κατέχουσα, ὀρεγομένη κατὰ μὲν ἐπιθυμίαν τῶν ἡδέων διὰ τὴν τοῦ σώματος χρείαν, κατὰ δὲ θυμὸν τοῦ ἀμύνασθαι τὰ βλάπτοντα τὸ σῶμα. Τούτων γὰρ μηδὲν ἐνεργοῦσα — μᾶλλον δὲ πάσχουσα — ἔφθειρεν ἂν αὐτίκα μάλα τὸ σῶμα, καὶ μάτην ἂν ἦν ἡ μετ' αὐτοῦ ἕνωσις αὐτῆς, οὐκέτι κοσμουμένου ἀλλὰ φθειρομένου. Οὔτε γάρ τι τῶν ἔξωθεν φθειρόντων γνῶναι δυνατὸν ἄνευ αἰσθήσεως τῆς τὰ καθέκαστα γινωσκούσης οὔτε ὀρέγεσθαι ποτῶν ἢ ἐδεσμάτων ἄνευ ἐπιθυμίας οὔτε διοικεῖν τὸ

(**31**) 12 ταύτῃ L : ταύταις D || 19 ἐν add. Dornseiff || 20 τῇ D : τῆς L || 28 ἑαυτῆς D : ἐν αὐτῆς L sed ἐν expunct. uidetur || 36 οὐκέτι D : οὐκ ἔτι L.

θνητὸν ἄνευ μνήμης τῶν ὠφελεῖν ἢ βλάπτειν αὐτὸ δυναμένων. Ὅσῳ δὴ οὖν κρεῖττον τοῦ αὐτὴν εἶναι τὴν παθαινομένην τὸ ἄλλου πάσχοντος ὑπ' ἐκείνου τυχὸν ἐνοχλεῖσθαι, καὶ τοῦτο ποτὲ καὶ οὐ τὸν ἀεὶ χρόνον, τοσούτῳ δήπου τῇ ψυχῇ μεῖζον ἦν ἀγαθὸν ἀνέχεσθαι τῆς ἀλογίας ἢ αὐτὴν ἀλογωθῆναι, τὰ ἐκείνης ὑπομένουσαν.

Εἰ οὖν καὶ συνυποστῆναι τὸ θνητὸν τοῦτο σῶμα τῇ ἀθανάτῳ ἔδει ψυχῇ καὶ δι' αὐτὴν ὑποστῆναι κατὰ πρόνοιαν, εἰς τὸν αὐτὸν ἀναφέρεται τῆς προνοίας ὅρον καὶ τοῦτο δὴ τὸ παρὰ λόγον · καὶ ὡς ἐπὶ τῶν σωμάτων τὸ παρὰ φύσιν ἕνεκα τοῦ κατὰ φύσιν, οὕτως ἐπὶ τῶν ψυχῶν εἶναι τὸ παρὰ λόγον ἕνεκα τοῦ κατὰ λόγον, ὑποστάντος τοῦ ἐνεργοῦντος παρὰ λόγον ἕνεκα τοῦ τὸν ἐν ἡμῖν λόγον κατὰ λόγον ἐνεργεῖν. Ἀλλὰ περὶ μὲν τούτου τοῦ προβλήματος εἴρηται ὡς πρὸς τὸ παρὸν ἱκανῶς.

VI

Εἰ προνοίας οὔσης ἀνάγκη τὸ κατ' ἀξίαν εἶναι, πῶς ἡ ἐν τῷ παντὶ τῶν ἀνθρωπίνων βίων ἀνισότης, τῶν μὲν πονηρῶν εὐπαθούντων, τῶν δ' ἀγαθῶν δυσπραγούντων ;

(**32**) Ἐφεξῆς δὲ τούτῳ θεωρήσομεν ἕκτον · εἰ πρόνοια ἔστι, καὶ προνοίας οὔσης ἀνάγκη τὸ κατ' ἀξίαν εἶναι, πῶς ἡ ἐν τῷ παντὶ τῶν ἀνθρωπίνων βίων τοσαύτη ἀνισότης, τῶν μὲν πονηρῶν τυραννούντων, τῶν δὲ ἀγαθῶν δουλευόντων, καὶ τῶν μὲν εὐπαθούντων ἐν εὐεξίᾳ σωμάτων, ἐν ταῖς

(**31**) 45 ἀλογωθῆναι D : ἄλογων θῆναι L (-ον l) || 49 post δὴ habet D τὸ ὅρον καὶ τοῦτο δή ; locus a scribis mendose transcript. uid. sed sana lectio uerisim. sic restitui potest : καὶ τοῦτο δὴ τὸ παρὰ φύσιν καὶ τοῦτο δὴ τὸ παρὰ λόγον.

Argumentum VI 2 βίων Dornseiff (*uitarum* G) : βίῳ DL.

(**32**) 1 τούτῳ Dornseiff (*huic* G) : τοῦτο DL || θεωρήσομεν Dornseiff : θεο- L θεωρήσωμεν D || 3 βίων Dornseiff : βίῳ DL.

χορηγίαις τῶν χρειωδῶν πρὸς τὸ σῶμα, ἐν ἅπασι τοῖς ὁμοίοις, τῶν δέ πᾶν τοὐναντίον, ἐν ἀμείνοσι ζωαῖς περιστάσεσι χείροσι περιεστοιχισμένων ; Πάντα γὰρ τὰ τοιαῦτα πιέζειν φαίνεται τὸν τῆς προνοίας λόγον, οὐκ ἴσων μόνον ἐνταῦθα τοῖς ἀνίσοις διανεμομένων — ὃ δὴ καὶ αὐτὸ παρὰ λόγον ἐστίν — ἀλλ' ἀνάπαλιν ἀνίσων, τοῖς μὲν ἀμείνοσι χειρόνων, τοῖς δὲ χείροσι ἀμεινόνων.

(33) Πρῶτον οὖν λέγωμεν ὅτι, τῆς προνοίας ἑκάστοις τὰ προσήκοντα νεμούσης καὶ τὰ τέλη συμβαίνοντα ταῖς ἕξεσιν χορηγούσης, οὐδὲν θαυμαστὸν τοῖς μὲν ἀγαθοῖς ὅσα συναύξει τὴν ἀρετὴν διδόναι, τοῖς δὲ μὴ ἀγαθοῖς ταῦτα περὶ ἃ σπουδάζουσι τὴν ἀρετὴν ἀφέντες, ὑγίειαν μὲν σωμασκίᾳ ἐπιτηδεύουσι, χρήματα δὲ καὶ δυναστείας περὶ αὐτὰ τετραμμένοις · ὧν φροντίζουσιν οὐδὲν οἱ ἀγαθοί. Ὥσπερ οὖν οἱ τῶν φαινομένων ἀγαθῶν μόνως ἀντιποιούμενοι οὐκ ἀποδυσπετοῦσιν, ὅτι μὴ σώφρονές εἰσιν, ὅτι μὴ θεαταὶ τῶν ὄντων, ὅτι μὴ ἀλώβητοι τὰς ψυχάς, οὕτως οὐδ' οἱ ἀγαθοὶ δυσχεραίνουσιν ὅτι μὴ πλουτοῦσι, μὴ δυναστεύουσι, μηδὲν εἰς ταῦτα πραγματευόμενοι, μόνης δὲ ὄντες ἀσκηταὶ ἀρετῆς ἣν ἔχουσιν. Οὐδὲ γὰρ οἱ γεωργοὶ ἀγανακτοῦσι μὴ τυγχάνοντες ὧν οἱ πλέοντες, ἀλλ' ἑκάτεροι τῶν οἰκείων ἀντεχόμενοι τελῶν, ἂν τούτων τύχωσιν, ἀπολαύειν εἰς ταῦτα τῆς προνοίας ἥγηνται. Μὴ τοίνυν λέγωμεν ὅτι οὐ μετρεῖ ἡ πρόνοια κατ' ἀξίαν τὰς δόσεις, ἀλλ' ὅτι μάλιστα πᾶσιν ἀγαθῶν ἐστι χορηγὸς ὧν σπουδάζουσι καὶ ὧν ἀξίους ἑαυτοὺς ἀπέφηναν, ἢ ἀληθινῶν ἢ φαινομένων. Δῆλον γὰρ καὶ τοῦτο, ὡς ὁ μὲν τὴν ἀρετὴν διώκων ἀεὶ τυγχάνει τοῦ ἐφετοῦ καὶ ζῇ κατ' ἀρετήν, ὁ δὲ τοῦ ἐκτὸς ὀρεγόμενος οὐκ ἀεὶ τῶν πρὸς τὴν ὄρεξιν αὐτῷ συνεζευγμένων ἐπιτυχής, τῆς προνοίας κἀνταῦθα τὰ

(33) 1 λέγωμεν Dornseiff : λέγομεν DL || 4 τὴν D : καὶ L || 12 εἰς ταῦτα DLP : ἐνταῦθα M.

προσήκοντα ταῖς ἕξεσιν ἀποδιδούσης, ταῖς μὲν τὸ μόνιμον καὶ τὸ αὔταρκες, ταῖς δὲ τὸ ἀμφίβολον καὶ ἐνδείας ἀνάπλεων.

(34) Ἐπὶ δὲ τοῖς εἰρημένοις καὶ τοῦτο ῥητέον, ὅτι καὶ ἡ τῶν φαινομένων ἀγαθῶν ἔλλειψις συντελεῖ τοῖς σπουδαίοις πρὸς ἀρετήν, τῶν μὲν θήγουσα τὰς ψυχὰς εἰς τὴν τούτων ὑπεροψίαν, γυμνάζουσα περιστάσεσιν, ἐθίζουσα σωμάτων καταφρονεῖν, ἀπάγουσα τῆς περὶ τὰ φαινόμενα πτοίας· τῶν δὲ μειζόνως ἐπιδεικνύουσα τὸ τῆς ἀρετῆς μέγεθος οἷον ἄρα ἐστί, γυμνώσασα μὲν τῶν παρὰ τοῖς πολλοῖς πεπιστευμένων ἀγαθῶν, αὐτὸ δὲ καθ' αὑτὸ τὸ ἀληθινὸν κάλλος παρέχουσα θεωρεῖν τοῖς ὁρᾶν δυναμένοις, σεμνὸν καὶ ὑπερέχον ἐκείνων δι' ὧν οἱ πολλοὶ θαυμάζονται. Οὐδὲ γὰρ κυβερνητικὴν τέχνην ἐν ἀταραξίᾳ θαλάττης καὶ ἀέρος θαυμάζομεν, ἀλλ' ἐν ζάλῃ καὶ τρικυμίαις· οὐδὲ τὴν ἀρετὴν ἐν εὐροίᾳ τῶν ἀνθρωπίνων, ἀλλ' ἐν ταῖς ἀπὸ τῶν ἐπισυμβαινόντων πληγαῖς ἄπληκτον μένουσαν.

(35) Ἄλλως τε ἐν ταῖς τοιαύταις διανομαῖς παιδευτικὴν καὶ τῶν μὴ κατὰ πρόνοιαν ζώντων εἶναι τὴν πρόνοιαν λέγοντες οὐκ ἂν που πόρρω τοῦ ἀληθοῦς βάλοιμεν. Εἰ μὲν γὰρ ἦν τοῖς ἀγαθοῖς ἀεὶ διδοῦσα πλούτους καὶ κάλλη σωμάτων καὶ δυνάμεις, τοῖς δὲ κακοῖς αἴσχη καὶ ἀδοξίας καὶ πενίας καὶ πᾶν εἴ τι τοιοῦτον, ἔδοξεν ἂν ὄντως τοῖς ἐκτὸς ἔχειν ἡ μὲν ἀρετὴ τὸ τίμιον, ἡ δὲ πονηρία τὸ φευκτόν. Νυνὶ δὲ καὶ καθ' ἑαυτὴν μόνην δεικνῦσα τὴν ἀρετὴν καὶ μετὰ τῶν ἐκτὸς πλεονεκτημάτων τὴν κακίαν, καὶ μειζόνως τὴν μὲν κἀν ταῖς δυσπραγίαις θαυμαζομένην, τὴν δὲ κἀν ταῖς εὐπραγίαις καταγινωσκομένην, ἀνεγείρει τοὺς θέλοντας πρός τε τὸν τῆς ἀρετῆς ἔρωτα καὶ τὴν τῆς κακίας

(34) 13 pr. ἐν om. L·
(35) 11-21 θέλοντας DL : μέλλοντας MP.

φυγήν, ὁρῶντας τὴν μὲν κακίαν παντοίαν εὐπραγίαν δι' ἑαυτὴν καταισχύνουσαν, τὴν δὲ ἀρετὴν παντοίαν ὡς ἀληθῶς κοσμοῦσαν περίστασιν, καὶ τὴν μὲν οἰκείῳ κόσμῳ χρωμένην, τὴν δὲ καὶ τὸν ἀλλότριον ἀκοσμίας πληροῦσαν· ἢ οὐ καταισχύνει πλοῦτον μὲν ἀδικία, ὑγίειαν δὲ ἀκολασία, δύναμιν δὲ ψυχῆς μικροπρέπεια καὶ κοσμεῖ πενίαν μὲν μεγαλοψυχία, νόσον δὲ ἀνδρεία, ἀδυναμίαν δὲ μεγαλοφροσύνη ; Ταῦτ' οὖν οὕτω διανεμόμενα παιδεύματα τῆς προνοίας εἰπών τις οὐκ ἂν ἁμάρτοι τῆς ἀληθείας.

(**36**) Καὶ μὴν καὶ τοῦτον ῥητέον τὸν λόγον, ὅτι ψυχὴ μὲν ὁ ἄνθρωπος, ἀλλὰ ψυχὴ χρωμένη σώματι καὶ εἴδει ζωῆς θνητοειδεῖ, καὶ πολλάκις αὐτὰ ἀντιβαίνει ταῖς τῆς ψυχῆς ἐρωτικαῖς περὶ τὸ ὄντως καλὸν ἐνεργείαις καὶ δεῖται τῶν κωλύειν αὐτὰ δυναμένων· οἷον νόσου μέν, ἵνα μὴ σφριγῶν τὸ σῶμα περισπᾷ τὸν ἐν ἡμῖν νοῦν, πενίας δέ, ἵνα μὴ δύνηται τὸ τῆς ζωῆς ἀκόλαστον εἶδος πληροῦσθαι διὰ τῶν χρημάτων, ἀδυναμίας δέ, ἵνα μὴ ᾖ τὸ φιλότιμον. Δι' ἃ καὶ πολλοὶ τῶν σπουδαίων οἱ μὲν τὸ φλεγμαῖνον τοῦ σώματος κολάζοντες κακοῦν τὸ σῶμα τροφῆς καὶ ὕπνου ἐνδείᾳ καὶ ἄλλαις παντοίαις κακώσεσιν εἵλοντο, αἱρούμενοι νοσοῦν ὄργανον περιφέρειν ἢ διὰ ῥώμην τοῦ χρωμένου καταφρονοῦν· οἱ δὲ καὶ πλοῦτον ὃν εἶχον ἀπέρριψαν, ἐλευθέραν ἔχειν τὴν ψυχὴν ἐθέλοντες ἀπὸ τῶν ἐξ αὐτοῦ ἀναβλαστανόντων παθῶν.

(**37**) Εἰ οὖν ταῦτα δίδωσιν ἡ πρόνοια τοῖς ἀγαθοῖς, ὅσα καὶ αὐτοὶ χωρὶς ἐκείνης ἑαυτοῖς ἐπικλώθουσι διὰ τὸν ἔρωτα τῆς ἀρετῆς, πῶς ἄν τις ἐκείνην μέμψαιτο τῆς εἰς τοὺς ἀγαθοὺς χορηγίας ; Πῶς δ' ἂν οὐχὶ κολάσεις ἄν τις μᾶλλον προσείποι τὰς τῶν τοιούτων εἰς τοὺς κακοὺς δόσεις, ἐλεγχούσας μὲν αὐτῶν διὰ τῆς τῶν ὀργάνων

(**36**) 5 νόσου DMp : νόσον LP || 6 ἐν ἡμῖν L : ἡμῶν D || 8 τὸ om. L || 15 ἀναβλαστανόντων D (*pullulant* G) : -λαμβανόντων L.

ὑποβολῆς τὴν μοχθηρίαν, ἣν ἔλαθον ἂν ἴσως ἔχοντες, μείζω δὲ ἐπαρτώσας τὴν δίκην ὧν πράττουσι χρώμενοι κακῶς τοῖς ὀργάνοις ; Καὶ οὐδὲ τούτους ποιεῖ χείρους ἡ πρόνοια τῇ τῶν ὀργάνων χορηγίᾳ· πολλαὶ γὰρ τῶν ἕξεων ἀνενέργητοι τέως οὖσαι ἀνίατοι μένουσιν, ἐνεργοῦσαι δέ τινος ἐκ καταγνώσεως τυγχάνουσι θεραπείας.

Πρὸς δὲ αὖ τούτοις καὶ τὴν ἀρετήν, οὐ μίαν οὖσαν καὶ ταύτην ἄτομον ἀλλὰ πολυειδῆ, ποτὲ μὲν εἰς ἄλλας, ποτὲ δὲ εἰς ἄλλας προβολὰς λόγων ἀνεγείρειν οἰητέον τὴν πρόνοιαν, ἵνα κατὰ πᾶσαν ἐνεργῶν ὁ τὴν ἀρετὴν ἔχων ἀποφανθῇ γνήσιος αὐτῆς ἀθλητὴς τῷ ἀθλοθέτῃ τῶν κατ’ αὐτὴν ἀγώνων θεῷ. Διὸ καὶ τοὺς πρακτικοὺς εἰς ἡσυχίαν πολλάκις μεθίστησι, τὸν ἐν αὐτοῖς νοῦν ἐπιστρέφουσα πρὸς ἑαυτόν, καὶ τοὺς εἴσω μόνον ὁρῶντας εἰς πράξεις κινεῖ, τὸ τῆς ἀρετῆς εἶδος οἷον ἄρα ἦν καὶ ὡς ἀμφίστομον διδάσκουσα. Πρὸς ταῦτα δὴ οὖν καὶ δίδωσιν ὄργανα, τὰς ἔξωθεν ὕλας, καὶ ὧν δέδωκεν ἀφαιρεῖται, καὶ ποικίλλουσα τοὺς βίους προκαλεῖται τὴν τῶν ἀγαθῶν ἕξιν εἰς πᾶσαν ἐνέργειαν, μελέτην οὖσαν τῆς μετὰ θεοῦ διοικήσεως τοῦδε τοῦ παντός. Διὸ ἄλλον μὲν καὶ πατρίδος ἀπελαύνει καὶ πατέρων καὶ φίλων, ἵνα πανταχοῦ καὶ ἐν πᾶσι γινόμενος καὶ μένων ἀεὶ ὁ αὐτὸς μικρὸν βλέπῃ τὴν γῆν· καὶ ἄλλον δὲ ἐν τοῖς οἰκείοις φυλάττει ὑπηρέτην θεῷ ἀπερίσπαστον καὶ ὁμογενῶν συνεργὸν πρὸς τὰ δέοντα. Ὥστε εἴποι ἂν ὁ σπουδαῖος ὅτι τε κινῶ τῇ δοθείσῃ μοι δυνάμει πᾶσαν περίστασιν — δύναμις γὰρ ὡς ἀληθῶς ἡ ἀρετή, πρὸς οὐδὲν ἀποροῦσα τῶν περιεστώτων — καὶ ὅτι γυμνάσια ταῦτα τῶν ἐν ἐμοὶ λόγων ἡ πρόνοια δίδωσιν, οἷς δεῖ χρώμενον ὡς γεννάδαν πρὸς μηδὲν κάμπτεσθαι τῶν συμπιπτόντων· οὐδὲ γὰρ τοῦ τυχόντος ἐστὶν ἐνεγκεῖν

(**37**) 15 προβολὰς D : προσβολὰς L ‖ 20 μόνον DLP : μόνων M ‖ 24 τοὺς D : πρὸς L ‖ προκαλεῖται D (*prouocat* G) : προσ- L.

ἢ τὴν ἄκραν εὐτυχίαν σωφρόνως ἢ τὴν ἐσχάτην δυστυχίαν μεγαλοφρόνως.

(38) Πάλιν τοίνυν λέγομεν κατ' ἄλλον τρόπον, ὅτι τῆς προνοίας ἔργον οὐκ εἰς ἕνα μόνον κατακλείειν τὰς τῶν ἡδέων ἢ τῶν ἀλγεινῶν δόσεις, ἀλλὰ διανέμειν τοῖς μὲν ἄλλα, τοῖς δὲ ἄλλα. Δεῖ γὰρ εἶναι αὐτοῖς πεῖραν καὶ τῶν ἐνταῦθα κακῶν, ὑφ' ὧν νυττομένους ἀπανίστασθαι μὲν τῆς ἐντεῦθεν περιαγωγῆς, ὀρέγεσθαι δὲ εἰς ἐκεῖνον ἐλθεῖν τὸν ἔξω τῶν κακῶν τόπον τῆς ἀπαθείας. Τοῖς μὲν οὖν κατὰ γνώμην ἀγαθοῖς ἡ τῶν φαινομένων ἀλγεινῶν δόσις εἰς τοῦτο μεμηχάνηται τῇ προνοίᾳ, τοῖς δὲ κακοῖς ἡ τῶν φαινομένων ἡδέων ὥστε μετεῖναι τούτοις εἰδώλου γέ τινος τοῦ ἀγαθοῦ · αἱ δὲ ἐκ τῆς δίκης κολάσεις ὁδηγοῦσι ⟨καὶ⟩ τούτους εἰς τὴν ἐντεῦθεν φυγήν.

(39) Καὶ μὴν καὶ ὧν ἔχομεν πάντων τὰ μὲν διὰ τὸ αὐτεξούσιον ἔχομεν τῆς ἡμετέρας ψυχῆς, τὰ δὲ διὰ τὸ πάσχειν ὑπ' ἄλλων, τὰ δὲ διὰ μόνην τὴν τοῦ παντὸς αἰτίαν. Ὧν μὲν οὖν ἡμεῖς ἐσμεν κύριοι, δρῶντες εἰς ἑαυτούς, τούτων ἡμᾶς αὐτοὺς αἰτιατέον · κἂν γὰρ νοσῇ τις δι' ἑαυτὸν κἂν πένηται, τοῦ ἑλομένου ἡ αἰτία καὶ οὐ τῆς προνοίας · οὐ γὰρ ἐπ' ἀναιρέσει τοῦ αὐτεξουσίου λέγομεν κρατεῖν τὴν παραγαγοῦσαν τοῦτο δὴ τὸ αὐτεξούσιον ἐν τῷ παντί, ἀλλὰ σῴζουσαν τὸ γενόμενον.

Ὧν δὲ παρ' ἄλλων πάσχομεν, κἂν ἀδίκως πάσχωμεν, ⟨...⟩ ἀλλ' ὁ τοῦ παντὸς νόμος δίδωσι μὲν τοῖς μέρεσιν εἰς ἄλληλα δρᾶν κατὰ τὴν αὐτῶν ὁρμήν — τοιαῦτα γὰρ πάντα τὰ εἰς ἓν συντελοῦντα, τὰ μὲν φυσικῶς ποιοῦντα καὶ πάσχοντα, τὰ δὲ προαιρετικῶς — ἕπεται δὲ δίκη πᾶσι, καὶ τοῖς εὖ δρῶσι καὶ τοῖς κακῶς, καὶ τῷ παθόντι κατ' ἀξίαν

(38) 3 δόσεις DLP : δόξεις M || 12 καὶ add. Dornseiff.
(39) 6 ἑλομένου DL : ἐχομένου M ἐρομένου P αἱρου- p || 10 πάσχωμεν D : πάσχομεν LMP || post πάσχωμεν lacunam ind. Boese et Dornseiff (eadem apud G).

ὑπάρχει τὸ παθεῖν, καὶ τὸ ποιῆσαν οὐκ ἀμελεῖται παρὰ τοῦ νόμου. Καὶ γὰρ ὥσπερ ἐν τοῖς φυσικῶς ποιοῦσιν οὐ τὸ τυχὸν εἰς τὸ τυχόν φασι ποιεῖν οὐδὲ πάσχειν ὑπὸ τοῦ τυχόντος τὸ τυχόν, οὑτωσὶ κἀν τοῖς προαιρετικῶς ἐνεργοῦσιν οὐκ ἔοικε πάσχειν ὁ τυχὼν ὑπὸ τοῦ τυχόντος, ἀλλ’ ὑπὸ τοῦ ταχθέντος ἐν τῷ παντὶ πρὸς τὴν τοῦδε χρείαν. ’Αλλ’ οὐδὲ τὸ ποιῆσαν ἀφεῖται τοῦ καὶ αὐτὸ κρίσεως τυχεῖν, εἰ καὶ ὄργανον γέγονε τοῦ παντός· τὸ γὰρ ποιὸν τῆς ὁρμῆς εἰς δίκην ἄγει τὸ δρᾶσαν· οὐ γὰρ ὡς ὄργανον ἄψυχον ἦν, ἀλλ’ ὡς ἑαυτὸ τῷ χρωμένῳ συνάπτον.

Ὧν δὲ ἐκ μόνου τοῦ παντὸς πάσχομεν, εἴτε βελτιόνων εἴτε χειρόνων, τὴν ἡμετέραν ἀξίαν αἰτιατέον, καὶ ταύτην ἢ πρὸς τὸν παρόντα βίον ἀνενεκτέον — οἷον εἰ δεόμεθα χαλινοῦ τινος· πολλοὶ γὰρ καὶ διὰ περιστάσεις ἀμείνους γεγόνασιν — ἢ εἰς τὸν παρελθόντα — οὐ γὰρ ἐξ ἀρχῆς ἐγένοντο σπουδαῖοι, καὶ δεῖ καθάρσεως τῶν πρὸ τῆς ἀρετῆς ἐπιτηδευμάτων — ἢ εἰς τὸν μέλλοντα, τῆς προνοίας ἀπαγούσης ἡμᾶς τῶν ἀνθρωπίνων, ἵνα μόνην ἔχοντες τὴν ἀρετὴν τέλεον τὸν αὐτῆς ἔρωτα ἐν ἡμῖν προστησώμεθα, μόνην ἀγαθὸν εἶναι πεισθέντες.

(40) Ἔτι δὲ εἴ τις ὡσαύτως ζητοίη τί δήποτε καὶ τοῖς ἀνίσοις ἴσα παρὰ τῆς προνοίας ὑπάρχει — τοῦτο γὰρ ὑπόλοιπον — οἷον πόλεις ὅλας ἀπολέσθαι καὶ μίαν εἶναι ἐν αὐτῇ τῶν τε ἀγαθῶν καὶ τῶν κακῶν τὴν φθοράν, ἀνομοίων ἐν ταῖς ἕξεσιν ὁμοίαν, ὥς γε δοκεῖ, περίστασιν, λέγοι τις ἂν οἶμαι καὶ πρὸς τὸν ταῦτα ζητοῦντα· πρῶτον μὲν ὅτι μὴ καθ’ ὅσον ἀνόμοιοι τυγχάνουσιν ὄντες, ταύτῃ τὸ ὅμοιον πεπόνθασιν, ἀλλὰ καθ’ ὅσον ὅμοιοι, πόλιν,

(39) 18 εἰς τὸ τυχόν om. L ‖ 19 τυχόντος D : πάσχοντος L ‖ 24-25 ὄργανον ἄψυχον D : ἄψυχον ὄργανον L ‖ 29 περιστάσεις DLM : -στασεως P ‖ 34 ἔχοντες Dornseiff : ἔχοντας (sic) codd. ‖ 35 προστησώμεθα D : -σομεθα L.

(40) 8 πόλιν D : πάλιν L.

εἰ τύχοι, τὴν αὐτὴν οἰκεῖν ἑλόμενοι καὶ νεὼς ἐπιβῆναι τῆς αὐτῆς καὶ συστρατεύεσθαι μετ' ἀλλήλων καὶ εἴ τι ἄλλο τῆς αὐτῆς τούτοις ἰδέας, καὶ διὰ τοῦτο κατὰ τὴν τοῦ αὐτοῦ πρᾶξιν ταὐτόν τι πεπόνθασι· καθὸ δὲ ἀμείνους τε καὶ χείρους, διάφορον τὴν τοῦ κοινοῦ πάθους ἔχουσι πῆσιν, εἴπερ οἱ μὲν οἰμώζοντες, οἱ δὲ πραέως φέροντες ἀπολώλασι, καὶ μετὰ τὴν ἀπαλλαγὴν τοὺς μὲν ὁ τῶν ἀμεινόνων, τοὺς δὲ ὁ τῶν χειρόνων δέχεται τόπος. Δεύτερον δὲ ὅτι καὶ τὰς τοιαύτας συντάξεις τῶν ὁμοῦ σῳζομένων ἢ ἀπολλυμένων ἔστι τις ἐν τῷ παντὶ συνδέουσα τάξις, καὶ ἀνάγκης κοινὴ περίοδος ἀπὸ διαφόρων ἀρχῶν εἰς ταὐτὸν καταντῶσα τέλος, καὶ συνδρομὴ δρόμων τῶν πάντας ἢ σῳζόντων ἢ ἀπολλύντων· καὶ δεῖ τὰ μέρη τοῖς ὅλοις ἑπόμενα τὰ μὲν μετ' ἄλλων τὶ ποιεῖν ἢ πάσχειν, τὰ δὲ μετ' ἄλλων. 'Επεὶ κἂν τοῖς τῇδε, ⟨κακῶς⟩ διατεθείσης καρδίας, εἰ τύχοι, ποτὲ μὲν ἕν τι πάσχει μόριον, ποτὲ δὲ πλείω, καὶ ἐν τῷ παντὶ τούτῳ τὰ ἀκυρότερα μέρη τὰ μὲν ἰδίᾳ πάσχει, τὰ δὲ κοινῇ παρὰ τῶν κυριοτέρων· τὰ δὲ οὐ θαυμαστὸν μηδὲν πεπονθέναι, ὑφ' ὧν ἄλλα πέπονθεν. ὥστε εἰ μὲν αἱ κινήσεις τούτων κατὰ πρόνοιαν, καὶ αἱ ἀπὸ τούτων ἐξ ἀνάγκης ἀκολουθοῦσαι πήσεις· εἰ δὲ μή τις λόγος ἐπιτρέπει εἶναι ταύτας κατὰ πρόνοιαν τὰς ἐκείνων ἠρτημένας, οὐδὲ ἐκείνας ἐρεῖ κατὰ πρόνοιαν εἶναι.

(**41**) Προσκείσθω δὲ τοῖς εἰρημένοις ἡμῖν τοῖς μὲν αἰτιωμένοις τὴν ἐν τοῖς ἀνίσοις ἰσότητα, ὅτι λέληθεν αὐτοὺς ἡ τῶν ψυχῶν ἰσότης οὖσα κατὰ πολλὰς αἰτίας διαφέρουσα ἐν ἄλλαις καὶ ἄλλαις. Καὶ γὰρ κἂν ὑπὸ τὸν αὐτὸν πᾶσαι τελῶσι θεόν, ἀλλ' ἐπειδὴ κατὰ γνώμην μὴ πᾶσαι τῷ αὐτοῦ

(**40**) 9 τύχοι D : τύχῃ L ‖ 12 τι D : τοι L ‖ 14 πῆσιν L : πεῖσιν D ‖ 16 ἀμεινόνων DL : ἀμείνων MP ‖ 22 ὅλοις D (*totis* G) : ἄλλοις L ‖ 23 κακῶς add. Dornseiff ‖ 30 post εἶναι om. ταύτας — εἶναι (l. 31) L.

παναγάθῳ πειθαρχοῦσι θελήματι ἀλλὰ καὶ τῷ τοῦ δαίμονος, καὶ οὐδὲ πᾶσαι ἐκείνῳ ἢ τούτῳ ἐπίσης, μᾶλλον ἄλλαι ἄλλων πρὸς ἀλλήλας ὡμοίωνται· καὶ ὡς ἐν προτέροις χρόνοις τὰ αὐτὰ μετ᾽ ἀλλήλων ἐξειργασμέναι, τὰ αὐτὰ καὶ νῦν πάσχουσιν, ἀμοιβὴν ἐκτιννῦσαι τοῖς κοινοῖς παθήμασιν ὧν κοινῇ ἔπραξαν· καὶ ὅσῳ πλείων ἡ κοινωνία πρὸς ἄλλας ἄλλων, τοσούτῳ καὶ ἡ τῶν συμπιπτόντων αὐταῖς ὁμοιότης συμβαίνειν φιλεῖ.

(42) Πρὸς δὲ τοὺς κατηγόρους τῆς πρὸς τὰς ἕξεις ἀνισότητος τῶν ἐκ τῆς προνοίας ἐπιφορῶν, ὅτι χωρὶς τοῦ ὑπερφέρειν τοῖς μὲν ἀληθινοῖς ἀγαθοῖς τοὺς ἀμείνους, τοῖς δὲ φαινομένοις τοὺς χείρονας — ὃ δὴ τῆς κατ᾽ ἀξίαν ἦν διανομῆς — καὶ τῶν φαινομένων ἀγαθῶν τὰ μέγιστα τοῖς ἀγαθοῖς ἡ πρόνοια καὶ μηδὲν πραγματευομένοις ὀρέγει διαφερόντως. Ἢ οὐχὶ τὴν εὔκλειαν ἡδονῆς καὶ πλούτου καὶ σώματος ὑγιείας προθήσομεν, ἧς μόνοις μέτεστι τοῖς ἀγαθοῖς, ὥσπερ δυσκλεεῖς οἱ κακοὶ πάντες καὶ ἄτιμοι ; Κἂν γὰρ μυρίοι περιρρέωσιν αὐτοῖς κόλακες, ἀποθανόντας οὖν σκώπτουσιν οἱ ζῶντας τεθηπότες· τοὺς δὲ ἀγαθοὺς μειζόνως καὶ οἱ ζώντων καταφρονοῦντες θαυμάζουσιν. Εἰ τοίνυν καὶ τῶν ἔξω κειμένων ἀγαθῶν τὸ μέγιστον ὑπάρχει τοῖς ἀμείνοσι, πῶς οὐχὶ τὴν πρόνοιαν κἀν τούτοις τοῦ κατ᾽ ἀξίαν στοχάζεσθαι φήσομεν, τοῖς μὲν τὰ μέχρι τοῦ τῇδε βίου χορηγοῦσαν ὥσπερ τισὶ βοσκήμασι πιαίνεσθαι καὶ κυρίττειν ἐφιεμένοις, τοῖς δὲ ὅσα καὶ εἰς τὸν μετὰ ταῦτα παραπέμπεσθαι δύναται βίον ; Καὶ γὰρ οἱ μὲν ζῶσι κατὰ τὸ θνητὸν τῆς ψυχῆς, οἱ δὲ κατὰ τὸ ἀθάνατον. Προσήκει δὴ οὖν τοῖς μὲν τῶν ἔνδον τὸ θνητὸν φιλοφρονουμένοις καὶ τῶν ἔξω τὰ μᾶλλον θνητά, τοῖς δὲ τὸ ἀθάνατον αὔξουσι τὰ μᾶλλον ἀθάνατα.

(42) 4 τοῖς δὲ — χείρονας om. L || 8 προθήσομεν DL : προσθή- MP || 11 οὖν L : γοῦν D || 16 post τῇδε habet τοῦ P || 21 ἔνδον D : ἔνδων L.

Καὶ σῴζεται τὸ κατ᾿ ἀξίαν ἀμφοτέροις ἐν τῇ τῶν διδομένων ὁμοιότητι πρὸς τὴν τῶν δεχομένων ζωήν. Εἰ δὲ καὶ τῷ μὲν ἔχοντι τὴν ἀρετὴν τὸ ἵλεων ἀεὶ πάρεστιν ὡς καὶ τῷ θεῷ, τῷ δὲ μοχθηρῷ πᾶς ὁ βίος ἐν ἀσχολίαις καὶ ταραχαῖς, καὶ ἡδομένῳ τὰς θηρίων ἡδονὰς καὶ ἀγριαίνοντι τὰς τῶν ἰοβόλων πικράνσεις, καὶ παῦλα τούτων οὐδεμία τῶν κακῶν ἀνηνύτων ὄντων, πῶς οὐχὶ παντὶ δῆλον ὅπως ἡ πρόνοια τὸν μὲν ἀποφαίνει παρισωμένον τῷ κρείττονι, τὸν δὲ συναριθμεῖ τοῖς τῆς ἀνθρώπου φύσεως χείροσι, δι ὧν κεχορήγηται ἐμπιπλάντα τὰ πάθη ;

VII

Τίς ἡ ἀνισότης τῶν περὶ τὰ ἄλογα συμβαινόντων, καὶ τίνες αἱ κοιναὶ τούτων φθοραί ; Καὶ τίς ὁ λόγος τῆς ἀλλήλων ἐδωδῆς ;

(**43**) Ἄγε δὴ οὖν, ἀφέντες τὰς περὶ τοῦδε τοῦ σκέμματος ἐπιβολάς, ἕβδομον τὸ περὶ τῶν ἀλόγων θεωρήσωμεν πρόβλημα· τῆς προνοίας καὶ εἰς αὐτὰ διαβαινούσης, τίς ἥ τε ἐν τούτοις ἀνισότης, τῶν μὲν εὐπαθούντων, τῶν δὲ δυσπαθούντων, καὶ ἡ ἀλλήλων ἐδωδή, τελευτώσης τῆς δι᾿ ἀλλήλων τιμωρίας εἰς τὴν ἀλλήλων τροφήν, καὶ αἱ κοιναὶ τούτων φθοραί, ἀνομοίων ὄντων ;

Καὶ δὴ πρότερον εἴπωμεν· πᾶν μὲν τὸ ἐν ἀλόγοις εἶδος τῆς ψυχῆς τῷ σώματι συγκατασβεννύμενον ταῖς ποιότησι καὶ τῷ ἐμφύτῳ θερμῷ ἔοικε, κἂν ἔχῃ τι καὶ ταῦτα ἴνδαλμα ζωῆς αὐτοκινήτου, τὴν καθ᾿ ὁρμήν τε πρὸς τὰ ἡδέα διὰ τὴν γένεσιν καὶ τὴν κατ᾿ ἀφορμὴν ἀπὸ τῶν ἀηδῶν διὰ τὴν φθορὰν δύναμιν τοῦ ὄντος ἀνθεκτικήν· ἡ

(**42**) 27 ἡδομένῳ MP (*delectato* G) : -νων D ut uid. L.
Argumentum VII 2 φθοραί Dornseiff : φοραί DL.
(**43**) 7 φθοραί l : φοραί DL || 8 post μὲν add. οὖν P.

δὲ κοινὴ αὐτῶν καὶ ἰδίᾳ εὐπάθειά τε καὶ δυσπάθεια δι’ ἡμᾶς γίνεται, λόγῳ προνοίας ἐπιμελουμένης καὶ διὰ τούτων ἡμῶν, δι’ οὓς αὐτὰ καὶ παρήγαγεν, οὐ πρὸς χρείαν μόνον, ἀλλὰ καὶ πρὸς ὠφέλειαν, ἵνα ὁρῶντες τὴν ἄφθονον περιουσίαν τῶν δημιουργημάτων τὴν τοῦ δημιουργοῦ ἐκπληττώμεθα δύναμιν καὶ εἰδέναι ἔχωμεν ὡς σοφίᾳ τινὶ καὶ ἀφάτῳ φιλανθρωπίᾳ ἐποίησεν αὐτὰ κατὰ γένος αὐτῶν, ἐξαγαγούσης τῆς γῆς ζῷα μὴ μόνον ἡμῖν βρώσιμα ἀλλὰ καὶ ἄβρωτα, θηρία καὶ ἑρπετά, ὧν οὐδέν ἐστιν ὃ μὴ λόγῳ τινὶ πρὸς χρείαν τινὰ ἐπωφελῆ δεδημιούργηται, κἂν μὴ πάντων τοὺς λόγους μετὰ ἀκριβείας ἡ ἀνθρωπεία φύσις εἰδέναι δεδύνηται. Καθάπερ γὰρ ἐπὶ τῶν δένδρων καὶ τὰ ἄκαρπα οὐκ ἔλαττον τῶν ἐγκάρπων θαυμαστὴν ἡμῖν χρείαν παρέχεται, συντελοῦντα εἰς οἰκοδομὰς καὶ πολλὰς ἑτέρας χρείας πρὸς τὴν ἡμετέραν ἀνάπαυσιν, οὕτω καὶ ἐπὶ τῶν ζῴων τὰ μὲν πρὸς βρῶσίν ἐστιν ἡμῖν ἐπιτήδεια, τὰ δὲ πρὸς ὑπηρεσίαν. Καὶ τὰ τῶν θηρίων τε καὶ τῶν ἑρπετῶν γένη οὐκ εἰς μικρὰν ἡμῖν καὶ νῦν, ὅτε τῆς ἀρχῆς αὐτῶν διὰ τὴν τοῦ πρωτοπλάστου παρακοὴν ἐξεπέσαμεν, συντελεῖ χρείαν· πολλὰ γὰρ καὶ ἐκ τούτων, ὡς καὶ τὰς δηλητριώδεις τῶν βοτανῶν, λαμβάνοντες ⟨οἱ⟩ ἰατρῶν παῖδες κατασκευάζουσι τὰ πρὸς τὴν τῶν ἡμετέρων σωμάτων ὑγίειαν δυνάμενα συντελεῖν.

Πρὸς χρείαν τοίνυν ἡμῶν καὶ ὠφέλειαν καὶ τὰ ἄλογα ζῷα ἡ θεία πρόνοια, ὡς εἴρηται, εἰς γένεσιν ἀγαγοῦσα, ποτὲ μὲν τὴν εὐπάθειαν αὐτοῖς συντηρεῖ, ἄλλων τὴν χρείαν πληροῦσα καὶ ἄλλων τὴν ἐπιθυμίαν, αἱρετισαμένων ἐν ταύτῃ τῇ προσκαίρῳ ζωῇ τὰ ἀγαθὰ αὐτῶν ἀπολαυεῖν, ὡς ὁ ἐν παραβολῇ πλούσιος· ποτὲ δὲ τὸ δυσπαθὲς τούτων

(**43**) 22 ὃ DLP : ᾧ M || 29 ἐστιν DLP : εἰσιν M || 30 τε Dornseiff : δὲ DL || 34 δηλητριώδεις Dornseiff : -τηριώδεις D -τιριώδεις L || οἱ add. Dornseiff.

καὶ τὰς φθορὰς συγχωρεῖ γίνεσθαι, ἢ τοὺς πταίοντας σωφρονίζουσα ἢ τὸ τῶν δικαίων ἄσχετον πρὸς πάντα τὰ μετὰ θεὸν φανερὸν καθιστῶσα τοῖς πᾶσι πρὸς μίμησιν, ὡς ἐπὶ τοῦ Ἰώβ.

(**44**) Χρημάτων δὲ καὶ κτημάτων οὐκ ὄντων παρὰ τοῖς ἀλόγοις ζῴοις εἰς πλεονεξίας ἀφορμήν, μόνης δὲ τῆς κατὰ τῶν σωμάτων ἐπιθέσεως λειπομένης τοῖς σώμασιν, ἐφίησιν αὐτοῖς (δηλαδὴ τοῖς ἀλόγοις) τὰς ἀλληλοφαγίας ἡ πρόνοια, ὡς καὶ ἡμῖν τὰς κατ' ἀλλήλων ὁρμάς, ἵν' ἢ ἐξ αὐτῶν μαθόντες οἷον κακὸν ἡ κατ' ἀλλήλων ὁρμή, ἐν πείρᾳ τοῦ τοιούτου κακοῦ μὴ γενώμεθα καὶ ἀλλήλους δάκνοντες καὶ κατεσθίοντες ὑπ' ἀλλήλων ἀναλωθῶμεν, ἢ πειραθέντες αὐτοῦ ἐκ τῆς κατ' ἀλλήλων φθορᾶς τοῦ πρὸς ἀλλήλους μίσους ποτὲ παυσώμεθα καὶ ἀγαπητικῶς πρὸς ἀλλήλους διατεθέντες, γενώμεθα ἀλλήλων ἀνθεκτικοί, τῆς προνοίας χρωμένης τῷ τε αἰσχρῷ ὡς ὀργάνῳ πρὸς τὴν τοῦ ὁμοίου κάθαρσιν καὶ τῷ ἀδίκως ποιοῦντι εἰς τὴν δικαίαν τοῦ πάσχοντος πῆσιν· ὃ καὶ αὐτὸ δηλοῖ ἕτερόν τι εἶναι τὸ τούτοις χρώμενον.

Τὰς δὲ συντάξεις καὶ τὰς κοινὰς αὐτῶν φθορὰς ἢ σωτηρίας δυνατὸν ἀνάγειν ἢ εἰς περίοδον πάντων μίαν ἑαυτῇ σύμφωνον διὰ τὰς συμφώνους πρὸς ἄλληλα γενέσεις αὐτῶν· ἢ εἰς τὴν θέλησιν τῶν ἐχόντων ἐκ τῆς προνοίας τὸ ἐξουσιάζειν αὐτῶν, χαιρόντων τῶν μὲν ταῖς τούτων φθοραῖς — ἢ δι' ἀπόλαυσιν ἰδίαν ἢ διὰ φιλοφροσύνην ἑτέρων — τῶν δὲ ταῖς τούτων ἀνέσεσιν ἢ διὰ φιλοκτημοσύνην ἢ πρὸς τὸ τὰ περιττὰ αὐτῶν ἐκποιεῖσθαι διὰ τὴν τῶν ἄλλων χρειωδῶν κτῆσιν· ἢ καὶ εἰς τὴν κατ' οὐσίαν κοινωνίαν, τῶνδε μὲν ἀλλήλοις σύνεγγυς ὄντων, τῶνδε δὲ ἀλλοτρίων, καὶ διὰ ταῦτα τῶν μὲν ἐν τοῖς ὁμοίοις γινο-

(**43**) 43 καὶ om. M ‖ 44 ἄσχετον DLP : ἔσχατον M.
(**44**) 9 φθορᾶς l : φορᾶς DL ‖ 25 δὲ om. MP.

μένων πάθεσι, τῶν δὲ ἐν τοῖς ἐναντίοις · ἢ συντρεχόντων τούτων πάντων ἀλλήλοις καθ' ἕνα τὸν τῆς προνοίας ὅρον, καθ' ὃν τὰ μὴ ἐφ' ἡμῖν συγκλώθονται τοῖς ἐφ' ἡμῖν καὶ τὰ τῶν ἡγουμένων τοῖς ἑπομένοις καὶ πλέγμα ἓν συμβαίνει ἐκ πάντων, καὶ τῶν ἀπηρτῆσθαι δοκούντων. Πόθεν γὰρ ἡ σύνταξις αὕτη καὶ τὸ ἓν ἢ ἐκ τοῦ ἑνός, ὃ δὴ μάλιστα τὴν πρόνοιαν ἀφορίζειν ἐλέγομεν καὶ ὃ τὸ γινόμενον ἀγαθὸν ἀποφαίνει, τοῦ ἀγαθοῦ συμβαίνοντος τῷ ἑνί ;

(**45**) Εἰ δὲ πᾶν τὸ τῆς ζωῆς εἶδος ἐν τοῖς ἀλόγοις εἴη θνητόν, ἐν θνητῷ σώματι κείμενόν ποι, ὡς ἂν τὸ σῶμα καὶ οὐδὲν ἑαυτοῦ ἔχον, ἀλλ' ἐκείνου ὃν ἐν ᾧ ἐστι, πάντως δήπου καὶ ὁ τῆς προνοίας λόγος ἔσται ἐν τούτοις ὅμοιος καὶ κοινὸς ὥσπερ καὶ ἐπὶ τῶν φυτῶν, οἷς μόνη ἀφάνταστος ἔγκειται φύσις, χωριστὸν οὐδὲν ἔχουσα τῆς ῥίζης. Τίς οὖν τῆς προνοίας λόγος ἐπί τε τούτων καὶ τῶν μόνα πάσχειν ἢ πεπονθέναι δυναμένων τὰ ἐκ τῆς αἰσθήσεως καὶ τῶν μὴ μόνον αἰσθανομένων ἀλλὰ καὶ φανταζομένων ; Ἢ ἐπειδὴ πάντων τῶν ἐν τῷδε τῷ κόσμῳ εἷς μέν ἐστιν ὁ ἐκ πάντων λόγος, μέρη δὲ ἄλλα μὲν κυριώτερα καὶ τοῖς ἐν ἡμῖν ἀρχικωτέροις (οἷον καρδίᾳ καὶ τοῖς τοιούτοις) ἀνάλογα, ἄλλα δὲ τούτων μὲν ἀκυρότερα, οὐ μέντοι εἰς τὴν ἐσχάτην ἀπερριμένα τάξιν, ἄλλα δὲ πολλοστὰ ἀπὸ τῶν ἀρχῶν ὅμοια τοῖς ἀμυδρὸν ἐν ἡμῖν ἀπήχημα ζωῆς ἔχουσιν ὄνυξι, δεῖ τὸν ὅλον κόσμον ἀμφοῖν ἀπολαύειν κατὰ πάντα τὰ μέρη, προνοίας καὶ φυσικῆς ἀνάγκης — ὡς καὶ τὸ ἡμέτερον σῶμα πᾶν τε καὶ τὰ ἐν αὐτῷ μέρη διοικοῦνται προνοίᾳ τῆς λογικῆς ψυχῆς καὶ φύσεως δυνάμει — ἀλλ' ὅσα μὲν ἀρχικώτερα, προνοίας μᾶλλον, ὅσα δὲ ἔσχατα, φυσικῆς μᾶλλον ἀνάγκης, ὅσα δὲ ἀνὰ μέσον, οὐδὲν μᾶλλον τῆς ἑτέρας ἢ τῆς λοιπῆς.

(**44**) 30 συμβαίνει om. D.
(**45**) 9 μόνον MP : μόνων DL || 21 οὐδὲν d (*nichil* G) : οὐδέ DL.

(46) Τὰ μὲν οὖν πρῶτα καὶ ἡγεμονοῦντα τοῦ παντὸς πολλὴν ἐνάργειαν ἔχει τῶν τῆς προνοίας δώρων, ἐν τάξει ἀεὶ κινούμενα καὶ θεὸν μιμούμενα καὶ ἀγαθοειδῆ πάντα καὶ εὖ ποιητικὰ τῶν ἄλλων ὄντα μερῶν καὶ πᾶσαν ἀρετὴν ἔχοντα πρόχειρον (ὡς οἱ ἅγιοι ἄγγελοι).

Τὰ δὲ μέσα – τοιαῦτα δέ ἐστιν ὅσα προαιρέσει χρώμενα τὴν ἐπ' ἄμφω τὰ ἄκρα μετοκλάζουσαν ἀναδέχονται ζωήν – οὐ παρ' ἔλαττον ἐκ τῆς ἑτέρας ἢ τῆς λοιπῆς διοικούμενα φαίνεται. Καὶ γὰρ προνοίας μὲν ἐναργοῦς ἄνθρωποι πεῖραν ἴσχουσιν, ὡς καὶ μέχρι τοῦ φθέγξασθαι τῶν ἀπ' αὐτῆς συναισθάνεσθαι καὶ πρόχειρον εἶναι πᾶσι τὴν ἐπὶ κουφολογίᾳ τῆς μέμψεως διορθωτικὴν ἐνέργειαν· φυσικῆς δὲ ἀνάγκης, ὡς πολλὰ καὶ τῶν ἐπ' αὐτοῖς κειμένων ἐπ' ἐκείνην ἀναπέμπειν αὐτοὺς διὰ τὴν ἐνάργειαν τῶν ἀπ' αὐτῆς συμπιπτόντων. Καὶ γὰρ ἀμφοτέρων ἔχουσι τὰς δόσεις πληττούσας αὐτῶν τὸ συνειδός – τῆς μὲν προνοίας ἐν θεοφανείαις, ἐν ἀγγελοφανείαις, ἐν ταῖς δι' ὀνείρων θεραπείαις καὶ ἐν ἅπασι τοῖς τοιούτοις, τῆς δὲ φυσικῆς ἀνάγκης ἐν παντοίαις γινόμενοι περιστάσεσι καὶ οὕτως συναισθανόμενοι τῆς μέχρις ἡμῶν καταβαινούσης ποιήσεως – ὡς καὶ ἐθνῶν εἶναι διαφόρους δόξας, τῶν μὲν φυσικὴν ἀνάγκην πάντων κυρίαν εἶναι διαμαρτυρομένων, τῶν δὲ μάλιστα τὴν πρόνοιαν ἐπιστατεῖν τοῖς ἀνθρωπίνοις πεπεισμένων. Τὸ γὰρ ἑκατέρας ἐναργὲς ἐν τοῖς ἡμετέροις διὰ μὲν τὴν αὐτοῦ ἐνέργειαν πλήττει, διὰ δὲ τὴν ἀτελῆ τοῦ πληττομένου νόησιν μόνον εἶναι δοκεῖ. Πλήττεται δὲ ὑπ' ἀμφοῖν ὁ τὸ συγγενὲς τῷ πλήττοντι πρόχειρον ἔχων. Συγγενὲς δὲ προνοίᾳ μὲν ὁ ἐν ἡμῖν νοῦς, φυσικῇ δὲ

(46) 1 οὖν om. L ‖ 2 ἐνάργειαν D : ἐνερ- L ‖ 9 ἐναργοῦς p et Dornseiff : ἐνεργοῦς codd. ‖ 23 post μάλιστα add. διὰ P ‖ ἀνθρωπίνοις D (*humanis* G) : ἀνθρώποις L ‖ 25 ἐνέργειαν Dornseiff (*operationem* G) : ἐνάρ- DL.

ἀνάγκῃ τὸ ἡμέτερον σῶμα. Ζῶμεν δὲ ἢ κατὰ τὸν ἐν ἡμῖν πάντως νοῦν ἢ κατὰ τὴν ἡμετέραν σωματικὴν φύσιν.

(**47**) Τὰ δὲ δὴ τρίτα τῶν ἐν τῷ κόσμῳ καὶ οὐδὲν ἀπόλυτον ἔχοντα, κἂν ἀμφοτέρων καὶ ταῦτα μετέχῃ, κατὰ φυσικὴν ἀνάγκην σχεδὸν ζῇ μόνον, ἅτε πλαττόμενα ἐκεῖθεν καὶ ὅλα ὑπ' αὐτῆς καθ' ὅλα ἑαυτὰ διοικούμενα. Τοῖς μὲν γὰρ ἀλόγοις ζῴοις ἡ ψυχή, ὡς κατὰ μόνην τὴν ἐκ τῶν τεττάρων στοιχείων κρᾶσιν δεσποτικῷ προστάγματι τὴν ὕπαρξιν ἔχουσιν, ἀπό τε τῆς τοῦ παντὸς κινήσεως καὶ αὐτῆς τῆς αὐτῶν ἰδιοσυγκρασίας ἐνδίδοται, οὐδὲν ἄλλο οὖσα ἢ τὸ ἀερῶδες τῶν στοιχείων καὶ τῶν χυμῶν (τὸ ψυχικὸν δηλαδὴ πνεῦμα καὶ τὸ ζωτικὸν αἷμα)· πᾶν γὰρ εἶδος ἀχώριστον ὕλης ἐκεῖθεν ἀπογεννᾶται καὶ συνέχεται, καὶ πάσχει ἐκ φυσικῆς ἀνάγκης ἄλλοτε ἄλλα μετὰ τῶν σωμάτων ἐν οἷς ὑφέστηκε. Τοῖς δὲ λογικοῖς, ἔχουσι ψυχὴν ⟨καὶ⟩ οὐσίαν ἀσώματον, νοεράν, ἐν σώματι πολιτευομένην ζωῆς παραιτίαν, οὐκ ἀπὸ τῆς τοῦ παντὸς κινήσεως καὶ τῆς τῶν σωμάτων κράσεως, ὡς τοῖς ἀλόγοις, ἐνδίδοται – ἵνα μὴ λάθωμεν διδόντες τοῖς ἀνθρώποις οὐδὲν ἢ τοῖς ἀλόγοις ζῴοις διάφορον – ἀλλὰ κρειττόνως ἀπ' αὐτοῦ ἀμέσως τοῦ θεοῦ κατ' ἐνέργειαν τοῦ παναγίου πνεύματος τῷ πρώτῳ καὶ ζωτικῷ ἐμφυσήματι, ὃ δὴ νοερὰν ψυχὴν καὶ εἰκόνα θεοῦ οἶδεν ὁ λόγος. Ταύτης γάρ, οἷα πνεύματος ἀΰλου καὶ ἀσωμάτου τελεστικὴ ἡ ἐνέργεια τοῦ ὑπὲρ πᾶσαν ὑπεριδρυμένου νοητὴν ἀϋλίαν παναγίου καὶ ζωαρχικοῦ πνεύματος. Εἰς ἣν θείαν ἐνέργειαν πᾶσαν ἀνήρτησε δύναμιν ἡ θεία γραφή, διεξιοῦσα ὅτι καὶ τῷ πνεύματι τοῦ στόματος αὐτοῦ πᾶσα ἡ δύναμις αὐτῶν.

(**47**) 2 μετέχῃ Ld : μετέχει D || 4 καθ' ὅλα L : καθόλου D || ἑαυτὰ Dornseiff : ἑαυτῇ DL || 10 εἶδος D : οἶδος L || 13 καὶ add. Dornseiff || 14 πολιτευομένην Lp : -μένων DMP || 21 ταύτης D : ταῦτα L || 23 ὑπεριδρυμένου D : -ιδουμένου L || 24 ζωαρχικοῦ D : ἀρχικοῦ L

Πάσης δὲ δυνάμεως, πρὸς ἐνέργειαν ἢ προαιρετικῶς κινουμένης ἢ φυσικῶς, δύο σειραὶ κινήσεων · ἡ μὲν νοερᾶς δυνάμεως, αὐτεξουσίως κινουμένης κατὰ βούλησιν, ἡ δὲ ζωτικῆς, ἀπροαιρέτως, ὡς ἔχει φύσεως, κινουμένης · καθ' ἣν κινεῖται ἡ λογικὴ ψυχή, ἐπιθυμίᾳ καὶ θυμῷ δουλεύουσα, ὅταν ἀλογωθεῖσα τῆς αὐτεξουσιότητος τὴν φυσικὴν ἀνάγκην ἀλλάξηται · καὶ ταῖς αἰσθήσεσιν ἑαυτὴν συντάξασα οὐδὲ γεωμετρίας ἢ ἀριθμητικῆς, μή τί γε τῆς νοερᾶς ἐνεργείας ἀξία ἐστί.

῾Η οὖν φυσικὴ ἀνάγκη σωμάτων καὶ τῶν σώμασιν ἐγκατῳκισμένων κατὰ μόνην ἢ οὐσίαν ἢ ἐνέργειαν διοικητική. Καὶ πᾶν ὅπερ ἂν ἐκ τῆς προνοίας ὑπάρχῃ τοῖς τοῦτον ζῶσι τὸν τρόπον, ταῖς τῆς φυσικῆς ἀνάγκης συμπλέκεται ποιήσεσι καὶ οἷόν τι φυσικὸν ἀποτέλεσμα γίνεται, συναλλοιούμενον ἐκείνοις. Καὶ διὰ ταῦτα, τῆς φυσικῆς ἀνάγκης ἀρχὴν γενέσεως τούτοις παρασχούσης καὶ μορφούσης τὸ εἶναι αὐτῶν, καὶ τὸ εὖ εἶναι κατ' ἐκείνην ἕπεται τὴν ἀρχήν, ὃ δὴ τῆς περὶ αὐτὰ προνοίας ἐστὶ τελευταῖον ἴχνος · ὥστ' εἰ μὲν ἡ πρώτη τούτων σύστασις ἔχοι τοιάνδε τὴν ἐν τῷ παντὶ μοῖραν, εἶναι αὐτοῖς καὶ βίον τοιόνδε καὶ φθορὰν ἑπομένην τῇ πρώτῃ συστάσει, εἰ δὲ ἀλλοιοτέραν λάβοι τι γένεσιν, ἀλλοιοτέρων τυγχάνειν καὶ τῶν ἐκεῖθεν εἰς αὐτὸ κατιόντων.

Κἂν ἄλληλα τοίνυν φθείρῃ κἂν ἀπ' ἄλλων τοῦτο πάσχῃ, κἂν κοινῇ μετ' ἀλλήλων κἂν χωρίς, κἂν ἥδηται κἂν ἀλγύνηται, πάντα ταῦτα κινήσεσιν ἐπακολουθεῖ προτέραις, αἷς τὰ ἀκυρότερα μέρη πάντως ἑπόμενα ἀνάγκη μηδὲν οἰκεῖον ἔχειν, ἀλλὰ ταὐτὸν τῇ σκιᾷ πάσχειν, παντοίως μετασχηματιζομένῃ κατὰ τὴν τοῦ σώματος οὗ

(47) 33 ἀλλάξηται DLM : αὐγάζηται P ‖ 47 ἑπομένην DL : -μένων MP ‖ 48 ἀλλοιοτέρων d (*alienoribus* G) : ἀλλοιοτέραν DL ‖ 50 ἀπ' L : ὑπ' D.

ἐστι σκιὰ κίνησιν. Καὶ τὸ κατ' ἀξίαν ἐπ' αὐτῶν τοιοῦτόν ἐστιν, ὅτι τοιόνδε πλασθὲν τοιάνδε δεῖ τὴν κατ' ἐνέργειαν ἢ πάθος κίνησιν ἔχειν· ἐπεὶ καὶ ἐπὶ τῶν αὐτοκινήτων τὸ ποιὸν ἑκάστου τὴν αὐτοῦ ἀξίαν ἀφορίζειν φαμέν· ὅπερ ἐκείνοις μὲν παρ' ἑαυτῶν ἐστι, τοῖς δὲ μὴ αὐτοκινήτοις παρ' ἄλλων.

(48) Καὶ οὐ ζητητέον πάλιν διὰ τί τοῦτο μὲν ἐν τῇδε τῇ τάξει γέγονε τοῦ παντός, τοῦτο δὲ ἐν ἄλλῃ, καὶ τὸ μὲν ἥδεται, τὸ δὲ λυπεῖται διὰ τὴν τῆς ἑαυτοῦ συστάσεως ἀρχήν, ἢ τὸ παρὰ φύσιν ἢ τὸ κατὰ φύσιν ἐπάγουσαν τῷ κατ' αὐτὴν συστάντι· τὸ γὰρ τοῦτο ζητεῖν ἀρχήν ἐστι ἀρχῆς ζητεῖν. 'Αρχὴ γὰρ μόνως τῶν τοιούτων ἡ τοῦ παντὸς τάξις, ἧς οὐ δεῖ προτέραν ζητεῖν ἐπὶ τῶν οὐκ ἐχόντων τι ταύτης πρότερον οὐδ' ὅλως πρὸ αὐτῆς ὄντων· δεῖ δὲ αὐτήν, οὖσαν ἀεί τινος οἰστικήν — τοτὲ μὲν ἄλλου, τοτὲ δὲ ἄλλου — πλάττειν τὸ γινόμενον κατὰ μόνην τὴν ἑαυτῆς ποίησιν. Εἰ δέ τι καὶ πρὸ τῆς τάξεως ὂν ἀλλαχόθεν ἥκει εἰς τὴν τάξιν, ἐπὶ τούτου ἀναγκαῖον ζητεῖν τό τε κατ' ἀξίαν καὶ τὸ πρὸς τὴν τάξιν σύμφωνον καὶ τὸ συμπλέκον ἄμφω, μὴ μάτην ἄλλο ἄλλῃ συμπλέκειν· πᾶν δὲ ὅπερ ἂν οὐκ εἰς τὴν τάξιν εἰσβαίνῃ ἀλλ' ἀπὸ τῆς τάξεως γίνηται, συνωδεῖ τῇ τάξει κἂν μηδὲν ᾖ τὸ συνάγον, καὶ τοῦτο αὐτῷ τὸ κατ' ἀξίαν, τὸ τῇ τάξει συνωδεῖν, ἀφ' ἧς γέγονε. Τοῦ δὲ γεγονέναι τὴν ἀξίαν οὐκ ἐπιδέχεται· πᾶν γὰρ τὸ κατ' ἀξίαν προϋπάρχοντι ἀποδίδοται. Τοῦτο δὲ οὐκ ἦν ὅλως πρὸ τῆς γενέσεως, ἵνα ἂν καὶ τὴν κατ' ἀξίαν ἐζητοῦμεν γένεσιν.

Ὥστε, ἵνα συλλαβόντες εἴπωμεν τὸ δοκοῦν, τοῖς μὲν πρὸ τῆς τάξεως οὖσιν ἡ τάξις κατ' ἀξίαν, τοῖς δὲ ἀπὸ τῆς τάξεως οὐ κατ' ἀξίαν, ἀλλ' ἀρχὴ τοῦ κατ' ἀξίαν ἡ

(47) 56 κατ' ἀξίαν D et Boese : κατ' ἐξουσίαν L ‖ 60 ante ἐκείνοις habet ἐν P.
(48) 14 ἄλλο om. L.

τάξις· τὸ γὰρ κατ᾽ ἀξίαν ὕστερον ἀλλ᾽ οὐ πρῶτον καὶ αἱ κοιναί φασιν ἔννοιαι, τόνδε μὲν κατ᾽ ἀξίαν λέγουσαι πάσχειν, τόνδε δὲ οὐ κατ᾽ ἀξίαν, ὅταν μηδὲν ὁρῶσι πρότερον οὗ τὸ ὕστερον ἄξιον.

Καὶ περὶ μὲν τούτου τοσαῦτα.

VIII

Πῶς αἱ ἐκ τῆς προνοίας τῶν ἁμαρτανόντων κολάσεις μὴ τοῖς ἁμαρτήμασιν εὐθὺς ἕπονται, ἀλλὰ μετὰ χρόνον, καὶ τοῦτον ἔστιν ὅτε παμμήκη ;

(**49**) Ὄγδοον δὲ κατίδωμεν τίνι λόγῳ γίνεται τὸ τὰς ἐκ τῆς προνοίας εἰς τοὺς ἁμαρτάνοντας κολάσεις μὴ τοῖς ἁμαρτήμασιν εὐθὺς ἕπεσθαι, ἀλλὰ μετὰ χρόνον, καὶ τοῦτον ἔστιν ὅτε παμμήκη. Μᾶλλον γὰρ ἀπώναντο οἱ πλημμελήσαντες κολασθέντες εὐθὺς ἢ μετὰ τοσοῦτον χρόνον ὥστε μηδὲ διότι κολάζονται γινώσκειν, ἀλλὰ καὶ πρὸς τὴν πρόνοιαν ἀποδυσπετεῖν· οἷα τῶν ἐκτιννύντων ποινὰς πρὸ πολλοῦ τινος αὐτοῖς ἡμαρτημένου συναισθανομένων μὲν τῶν κολάσεων, ἐπιλελησμένων δὲ ὧν ἥμαρτον. Τῆς οὖν προνοίας ἕνεκα τοῦ ἀγαθοῦ πάντα ποιούσης, τοῦ δ᾽ ἀγαθοῦ μᾶλλον ἂν τυγχανόντων τῶν ἅμα τοῖς ἁμαρτήμασι τιμωρουμένων, πῶς οὐχὶ τοῦτο συμβαῖνον ὁρῶμεν, ἀλλ᾽ ἐπ᾽ ἐνίων καὶ πᾶν τοὐναντίον ; Ὡς τοὺς μὲν ἀγαθοὺς μὴ ἔχειν αἰτίαν ὧν πάσχουσι, διὰ τὴν λήθην τῶν ἐφ᾽ οἷς αἱ παροῦσαι κολάσεις ἀγαθοῖς οὖσιν ἐμπίπτουσι, τοὺς δὲ κακοὺς συμπτώμασιν αὐτάς, κἂν γίνωνται

(**48**) 25 post τάξις add. L τὸ γὰρ κατ᾽ ἀξίαν ἡ τάξις per prauam praeced. uerborum iterationem.

Argumentum VIII 2 ἁμαρτήμασιν D : ἁμαρτάνουσιν L || 3 παμμήκη D : παμβήκη L sicut et infra.

(**49**) 3 ἁμαρτήμασιν D : -τάνουσιν L || 4 γὰρ D : δὲ L.

περὶ αὐτοὺς ἔτι τοιούτους ὄντας, ἀνατιθέναι, καὶ ὁρῶντας μὴ μᾶλλον ἐπ' αὐτῶν ἢ τῶν λεγομένων ἀγαθῶν συμβαινούσας, μηδεμίαν ἐκφέρειν κατὰ τῆς ἑαυτῶν πονηρίας ψῆφον, ἀλλὰ ματαίαν τῆς ἀγαθότητος καὶ οὐ τῆς κακίας ὀνομάζειν τὴν ἐπιτήδευσιν, εἴπερ τῶν αὐτῶν ἄνωθεν ἀμφοτέραις ἐπιρρεόντων ὑπάρχει τῇ κακίᾳ τὸ πλέον ἐν τοῖς φαινομένοις ἔχειν. Εἰ δὲ ἦν ὁμοῦ τῷ πραχθέντι πλημμελῶς ἡ τοῦ πράξαντος κόλασις, οὔτ' ἂν ὁ κακὸς κολαζόμενος ᾐτιάσατο τύχην οὔτ' ἂν ὁ ἀγαθὸς ἀπεδυσπέτησεν · οὐ γὰρ ἂν ᾐτιάσατο τὴν ἑαυτοῦ ζωὴν πάσχων ἐν τῷ ἀγαθὸς εἶναι. Οὐδὲν γὰρ χρέος οὕτως αὔξει τὴν ἰταμότητα, εὐροούσης τῆς πονηρίας, ὡς τὸ τῆς δίκης γινόμενον ὑπερήμερον.

(**50**) Ὅτι μὲν οὖν οὐκ ἐξ ἀνάγκης ἡ τιμωρία συνηρτημένη τοῖς ἁμαρτήμασι καὶ δήλη τοῖς ἁμαρτήσασιν οὖσα δι' ἣν αἰτίαν ἐπηκολούθησεν, ἀνακόπτει τὴν μοχθηρίαν καὶ ἀντιφράττει πρὸς τὴν ἐνέργειαν, παντί που δῆλον ἀπὸ τῶν καθ' ἑκάστην ἡμέραν κολαζομένων μὲν ἐφ' οἷς ἔπραξαν, πραττόντων δὲ ἐφ' οἷς ἐκολάσθησαν καὶ συναπτόντων εὐθὺς ὡς εἰπεῖν ταῖς μὲν πράξεσι τὰς κολάσεις, ταῖς δ' αὖ κολάσεσι τὰς πράξεις, ἱεροσυλούντων, λωποδυτούντων, ληστευόντων, ἀκολασταινόντων καὶ δίκας ἐπὶ τούτοις ὑπεχόντων – τὰς μὲν νομίμους καὶ ἀνθρωπίνας, τὰς δὲ καὶ θείας – καὶ οὐδὲν μᾶλλον ἀπεχομένων ἐφ' οἷς γινώσκουσι πληγέντες. Καθάπερ γὰρ ἀκανθηφόρος γῆ, κἂν μυριάκις ἐκκόπτωνται αἱ ταύτης ἐκφυόμεναι ἄκανθαι, τῶν ὁμοίων ἐστὶ οἰστική, οὕτως καὶ ἡ ἐγκειμένη τῆς πονηρίας ῥίζα τὰς αὐτὰς ἐκδίδωσιν ἐνεργείας, μὴ ταῖς ἐπ' αὐταῖς κολάσεσι καμπτομένη. Ὥστε καὶ ἅμα τοῖς ἁμαρτήμασιν ἑπομένης τῆς τιμωρίας εἰς τὸ τοὺς πονηροὺς

(**49**) 26 οὐ L : οὐδὲ D || 29 γινόμενον L : γενόμενον D.
(**50**) 5 μὲν om. D || 13 ἐκκόπτωνται D : -τονται L.

μὴ ἀντέχεσθαι τῶν ἁμαρτημάτων ἢ ὀλίγον ἢ οὐδὲν ὡς εἰπεῖν συντελούσης, τί διὰ ταῦτα τὴν πρόνοιαν αἰτιώμεθα τῆς ἀναβολῆς ; Καὶ τί λέγω παρούσης τῆς τιμωρίας ἐπὶ τοῖς ἁμαρτήμασιν ὄφελος εἶναι μικρόν, ὅπου γε οὐδὲ προαγορευομένης ἐναργέστατα καὶ ὡμολογημένης ὑπὸ πάντων ἡ πονηρία συστέλλεται πρὸς τὴν ἐκπλήρωσιν τῶν οἰκείων κινήσεων, ἀλλὰ τὸ παραυτίκα τῶν ὀρεκτῶν τυχεῖν ἐπίπροσθεν ἄγει τῆς ὑπ' ὄμμασι κειμένης πληγῆς, διορίζουσα τῷ ἤδη καὶ τῷ οὔπω τὴν πρᾶξιν τῆς προσδοκωμένης κολάσεως.

(**51**) Ὅτι δὲ οὐδὲ τὰς ἐπανορθώσεις τῶν ἁμαρτημάτων εὐθὺς συνάπτειν τοῖς ἁμαρτήμασι τεχνικόν, δηλοῦσιν αἱ κρίσεις τῶν ὡς ἀληθῶς ἰατρῶν· οὗτοι γὰρ οὐ μόνον τὰ πάθη ἀλλὰ καὶ τοὺς καιροὺς ἐπισκοποῦντες ἐν οἷς ἕκαστα θεραπεύεσθαι φιλεῖ, περιμένουσιν ἐκείνους, κἂν δοκῶσιν εἶναι πορρωτέρω, καὶ οὐκ ἐγχειροῦσι τοῖς νοσήμασιν ἀπεπάντοις, λέγοντες εἶναι ψυχὰς θεραπειῶν τοὺς καιρούς.

Τούτους τοίνυν ἡ πρόνοια πρὸ τῆς τῶν ὄντων γενέσεως γινώσκουσα μὴ τῆς τῶν σωματικῶν μόνον, ἀλλὰ καὶ τῆς τῶν ψυχικῶν παθῶν θεραπείας ἄλλους ἄλλων ὄντας ἀποτελεσματικούς, κἂν δοῦναί τι δέῃ τῶν ἀγαθῶν κἂν καθῆραι τῶν ἐναντίων, τὸν προσήκοντα περιμένει καιρόν, τέλος ποιουμένη τὴν ὠφέλειαν τοῦ θεραπευομένου. Εἰ οὖν ἐν καιρῷ τῷ προσήκοντι διαδείκνυται τὸ πανταχοῦ δραστήριον πάσης τῆς ἐνεργείας, καὶ τῆς ἐπανορθωτικῆς τῶν ἐκβάντων, ἢ τὸ κατὰ φύσιν ἐπὶ σωμάτων ἢ τὸ κατὰ λόγον ἐπὶ πάντων τῶν ἀνθρωπίνων· δεῖ δήπου οἴεσθαι ἡμᾶς τὴν ἐν τῷδε τῷ παντὶ πρόνοιαν, πρὸ τούτων γινώσκουσαν, κἂν ἀναβάλλεσθαι δέῃ κἂν εὐθὺς τὴν πονηρίαν

(**50**) 18 ἁμαρτημάτων D : ἁμαρτανόντων L.
(**51**) 5 κἂν Dornseiff (*quamuis* G) : καὶ DL ‖ δοκῶσιν L : δοκοῦσιν D ‖ 6 πορρωτέρω dLMP : περαιτέρω D ‖ 8 γενέσεως DLM : γνώσεως P.

ἰᾶσθαι, ἀποβλέπειν οὐχὶ πρὸς τὴν ἀρέσκειαν τῶν ἀνθρώπων, ἀλλὰ πρὸς τὴν εὔκαιρον τούτων ὠφέλειαν, καὶ κατὰ καιρὸν ἐπάγειν τούτοις τὴν θεραπείαν. Ὅτι γὰρ ἡ τῶν ψυχῶν ἴασις, δίκη προσαγορευομένη, πασῶν ἐστιν ἰατρικῶν τεχνῶν ὄντως τεχνικωτάτη, δῆλον · καὶ γὰρ τό τε ἰατρευόμενον, ψυχή, πρᾶγμα θεῖον ὡς εἰπεῖν καὶ ἡ ταύτης κακία τῆς ἐν σώμασι ποικιλωτέρα. Πρὸς οὖν τὴν μείζονα θεραπείαν μείζονος δεήσει τῇ προνοίᾳ τέχνης · μείζονος δὲ τέχνης οὐκ εὐφραίνειν ἄλλους τῷ τάχει τῆς ἐνεργείας, ἀλλ' ὠφελεῖν εἴτε θᾶττον εἴτε βραδύτερον τοὺς τῆς ἰάσεως δεομένους κατὰ καιρόν.

Εἰ οὖν μὴ προσήκει τοὺς ἀτέχνους κατηγόρους ἐπὶ τοῖς τεχνητοῖς εἶναι τῶν τεχνιτῶν, μηδὲ τῆς προνοίας κατηγορείτω τις, αὐτὸς ἀγνοῶν ἐκείνης γινωσκούσης τὸ ἐν πάσαις θεραπείαις σωμάτων τε καὶ ψυχῶν κράτιστον (φημὶ δὴ τὸν καιρόν), μηδὲ τὴν δίκην ὁ λυπηθεὶς ἐπειγέτω, ἐκφέρειν τὴν ψῆφον κατὰ τοῦ λυπήσαντος ὑπὸ τῆς πονηρίας κεντούμενος, ἀλλ' ἀκουέτω λεγούσης · « κἂν σοὶ τοῦ πάσχειν ἐνέστηκεν ὁ καιρός, καὶ τοῖς δρῶσιν ὁ πρέπων ἥξει τοῦ παθεῖν. » Ἐὰν γὰρ ταῦτα διανοῆταί τις, τοὺς μὲν ἐλεήσει τῆς ἐμμόνου κακίας, ἑαυτὸν δὲ ὁρῶν ἤδη τυχόντα τούτων ὧν ἐκεῖνοι μέλουσιν, ἔσται τῆς προνοίας, ὡς ἔγωγε οἴομαι, ζηλωτὴς ἅμα καὶ ὑμνῳδός.

(**52**) Σκόπει δέ, εἰ βούλει, καὶ ἄλλον λόγον ἁπάντων ἀληθέστερον, νοήσας τί ποτέ ἐστι τὸ κολάζεσθαι ὀρθῶς καὶ τί τὸ κακὸν ἐφ' ᾧ κολάζονταί τινες ὀρθῶς. Οὐκοῦν τοῦτο μέν ἐστι λώβη καὶ διαστροφὴ ψυχῆς καὶ διὰ τοῦτο λέγεται καὶ ἔστι κακὸν ὄντως αὐτῆς ; Νοσούσης οὐχ' ἥπατος οὐδὲ καρδίας νόσον — θνητῶν καὶ παμφθόρων πραγμάτων, οἷς ἐστι τὸ κατὰ φύσιν ἐν τῷ παρὰ φύσιν

(**51**) 21 εὔκαιρον Dl : ἄκαιρον L ‖ 36 ἐκφέρειν D (*efferre* G) : ἐκφέρων L ‖ 41 μέλουσιν DM : μέλλουσιν LP.

εἶναι ταῦτα ἐξ ὧν συμπέπηγεν — ἀλλὰ τὴν μεγίστην νόσον (τὸ παρεκτραπῆναι τῆς κατὰ λόγον ζωῆς καὶ ἀγνοῆσαι ἑαυτὴν καὶ τὸ σαρκίον, καὶ ἀσπάζεσθαι αὐτό, ἄλλης φύσεως ὄν).

Τὴν δὲ δὴ κόλασιν τὴν ὀρθὴν τῆς λώβης ταύτης φήσομεν εἶναι ἀπαλλαγήν, κάθαρσιν ἐπάγουσαν τοῦ ὄντως κακοῦ καὶ τῆς νόσου τῆς ὄντως δεινῆς. Ψυχῇ γὰρ οὐ δεινὸν σώματος νόσος, ἀναστέλλουσα τῆς εἰς αὐτὸ φορᾶς, ἀλλ' ἡ αὐτῆς νόσος, ἐνδοῦσα τῷ σώματι. Ταύτης οὖν θεραπείαν τὴν κόλασιν λέγοντες οὐ τὸ κολάζεσθαι τοὺς νοσοῦντας αὐτὴν τιμωρίαν ⟨ἂν⟩ εἴποιμεν ὡς ἀληθῶς, ἀλλ' αὐτὸ τοὐναντίον τὸ μὴ κολάζεσθαι. Κολαζόμενοι γὰρ ὀνίνανται, μὴ κολαζόμενοι δὲ περιφέρουσιν τὴν ἑαυτῶν λώβην ἀνίατον. Εἴτε οὖν εὐθὺς οἱ πονηροὶ κολάζονται, διδόναι δίκην αὐτοὺς φήσομεν, εἴτε μὴ εὐθύς, μειζόνως καὶ τότε διδόναι δίκην, μονιμωτέραν τε τὴν νόσον ἔχοντας καὶ διὰ τοῦτο μείζονος δεησομένους κολάσεως καὶ ἀντὶ τοῦ θεραπεύεσθαι τὴν οἰκείαν κακίαν ἔχοντας ἀθεράπευτον· οὐδὲ γὰρ σώματι τὸ τέμνεσθαι καὶ καίεσθαι κακόν, ἀλλὰ τὸ νοσεῖν τομῆς καὶ καύσεως δεόμενον.

(**53**) Οὐκ ἄρα τῆς προνοίας ἄνεσίς ἐστιν ἀλλ' ἐπίτασις τὸ μήπω κολάζεσθαι παρὰ τοῦ ὀρθῶς κολάζοντος, καὶ ὡς ἀληθῶς αὕτη μεγίστη κόλασις, ἐν τῷ κακῷ μένειν ἀκόλαστον. Καὶ εἴ τις ἰδεῖν ἑαυτὸν δύναιτο τοιαύτην ἕξιν ἔχοντα, τότ' ἂν οἰμώξειεν ὄντως ἑαυτὸν ὡς οὐκ ἄξιον ὄντα οὐδὲ τοῦ κολασθῆναι ταύτην τὴν κόλασιν ἴασιν οὖσαν, ἀλλὰ περιορώμενον ἐν τῷ παντὶ λελωβημένον οὐ σώματός

(**52**) 13 ὄντως DL : ὄντος MP || 15 φορᾶς Dornseiff (*latione* G) : φθορᾶς codd. || 16 post νόσος habet νόσον L || 18 ἂν add. Dornseiff || εἴποιμεν D : εἴπωμεν L || 19 μὴ L : μήπω D || 24 δεησομένους DLP : δεηθησομένους M.

(**53**) 1 προνοίας Dornseiff (*prouidentie* G) : πονηρίας codd. || 4 δύναιτο Dornseiff : δύναται codd.

τι μέρος, ἀλλʼ αὐτὸ τὸ θειότατον, τὴν ψυχήν — ὥσπερ ἂν εἴ τις ὑπό τινος ἰατροῦ ἐπιστήμονος περιορῷτο τὸ σῶμα νοσῶν ἐσχάτως καὶ περιορώμενος οἰμώζῃ πολλὰς οἰμωγάς. Καὶ τί λέγω τὸν μὴ τυγχάνοντα τοιούτου ἰατροῦ καὶ ἀπαλλαττόμενον ὧν ἔχει κακῶν, ἀλλὰ καί τινος τινὰ μικρὰν πεῖραν ἰατρικῆς ἔχοντος ; Τίς οὐκ ἂν εὔξαιτο, τὸ σκέλος πηρωθείς, τυχεῖν ἰωμένου τὴν πήρωσιν τομαῖς ἢ καύσεσι ; Τίς δὲ οὐκ ἂν τούτου μᾶλλον, εἰ τοῖς ὀφθαλμοῖς αὐτῷ γένοιτο πάθος, οἰκτρὸν ὑπολαμβάνων τοῦτο δὴ τὸ πᾶσιν ἀνὰ στόμα, στέρεσθαι τοῦ τοῖς πᾶσιν ἐκκειμένου φωτός ; Ποίαν οὖν ἀφήσει φωνὴν ὁ τὴν ψυχὴν λωβηθεὶς καὶ τὸν πολύτιμον αὐτὸν νοῦν πηρωθείς, εἰ καὶ ὁπωσοῦν αἴσθοιτο οὗ ἐστιν ; Οὐχὶ πάντα τρόπον θεραπείας ποθήσει καὶ οἴκτιστον ἑαυτὸν θήσεται μὴ τυγχάνοντα καὶ ἄνευ ἀλγηδόνων καὶ μετʼ ἀλγηδόνων τῶν δυναμένων τῆς κακίας ἀπαλλάττειν ;

Ὡς οὖν συλλήβδην εἰπεῖν τὸ μὴ εὐθὺς κολάζεσθαι κόλασίς ἐστιν ἀνυπέρβλητος. Ὥστε καὶ τούτοις ἄλλον τρόπον σύνεστι κόλασις διὰ τὴν τῆς πονηρίας ὑπερβολὴν οὔπω γενομένοις ἀξίοις τυχεῖν τῆς ἑτέρας κολάσεως· καὶ οὐκ ἄρα μετὰ πλείονα χρόνον ἀλλʼ ἐν πλείονι χρόνῳ τὴν δίκην ὑπέχουσι, τὴν μὲν ἔχοντες ἔνδοθεν, τὴν δὲ ἔξωθεν. Καὶ γὰρ τὸ συνειδός, δειμάτων ὂν αὐτοῖς αἴτιον ἀφορήτων, καὶ τὸ κακὸν ἐνσκιρρωθὲν ἀληθινὴν ἐπάγει τιμωρίαν, ὥστε λεληθέναι αὐτοὺς πλέον ἢ διπλασίαν τῶν παρὰ πόδας ἐπὶ τοῖς ἁμαρτήμασι κολαζομένων κολάζεσθαι κόλασιν. Διʼ ἅ μοι δοκεῖ καί τις τῶν πάλαι παρακελεύεσθαι τοῖς ἁμαρτάνουσι προσάγειν ἑαυτοὺς τοῖς δικασταῖς, ἵνα δόντες δίκην ἀπαλλαγῶσι τῆς μοχθηρίας, τὸν ἀκόλαστον τοῦ κολασθέντος μειζόνως κολάζεσθαι

(**53**) 10 οἰμώζῃ DL : -ζοι v || 15 εἰ DLM : καὶ P || 17-18 ἐκκειμένου D (*exposito* G) : κεινοῦ corr. ex ἐκεινοῦ L || 20 αἴσθοιτο D : αἴσθητο L.

πεπεισμένος καὶ ἡμᾶς πείθων, ὅτι μεῖζον κακὸν ἔχειν τὸ κακὸν ἢ ἀπαλλάττεσθαι τοῦ κακοῦ μετὰ τοῦ ἀλγεῖν.

(**54**) Ἔτι τοίνυν καὶ τῇδε τὸν αὐτὸν τῆς ἀπαντήσεως μετίωμεν τρόπον ὑπὲρ τῆς προνοίας ἀγωνιζόμενοι, μᾶλλον δὲ ὑπὲρ ἡμῶν αὐτῶν ὡς εὖ διοικούμενοι. Τί γὰρ δὴ καὶ μεῖζον ἀνθρώποις γένοιτο ἂν τῆς τοῦ θεοῦ μιμήσεως, δι᾽ ἣν ὄμματα τοῦ ἀληθινοῦ φωτὸς δεκτικὰ δέδωκεν ἡμῖν ὁ θεὸς καὶ καθ᾽ ἣν τοῦτο τὸ φῶς ἀνάπτει αὐτοῖς, ἵνα δι᾽ αὐτοῦ εἰδότες τὰς τεταγμένας ἀγγελικὰς κινήσεις καὶ ἔννοιαν λαβόντες τῶν θείων τελετῶν, καθ᾽ ἃς ἄγγελοι κατὰ χάριν μὲν πάσχουσι, κατὰ μίμησιν δὲ θεοῦ δρῶσι, πρὸς αὐτὰς ἀπλανεῖς οὔσας ἐξομοιώσωμεν τὰς ἐν ἡμῖν πεπλανημένας κινήσεις. Εἰ οὖν μέγιστον ἀγαθὸν τοῦτο ταῖς ψυχαῖς, ἡ πρὸς τὸ θεῖον ὁμοίωσις, μή ποτε μέγιστον ἀγαθὸν ἡ πρόνοια τοῦτο πορίζει τοῖς εἰς αὐτὴν βλέπουσιν, ἀφαιροῦσα τὴν λάβρον ἡμῶν πρὸς τὰς κολάσεις τῶν ἁμαρτανόντων ὁρμήν, καὶ τὸν λυττῶντα θυμὸν σχολαίως κινεῖσθαι παρακελευομένη καὶ εἰς δύναμιν μιμεῖσθαί πως αὐτὴν ἀναβαλλομένην τὰς κολάσεις καὶ ἐπέχουσαν καὶ πείθουσαν τὴν ψυχὴν ἀναλογισμοῦ καὶ μεταμελείας ἑαυτῇ διδόναι καιρόν· ὥστε καὶ παιδευτικὸν ὄντα τῶν ψυχῶν τὸν τοιόνδε τῆς ἐπανορθώσεως τρόπον μὴ ἀνάξιον εἶναι τῆς πάντας εὖ ποιούσης δίκης, τῷ καὶ τοὺς ἁμαρτάνοντάς ποτε κολάσειν καὶ τῷ ἤδη τοὺς ἄλλους πρὸς μακροθυμίαν παιδεύειν. Ἢ οὐ πρὸς τοῦτο οἱ σπουδαῖοι βλέποντες — λέγω δὴ τὸ κολούειν σφαδᾴζοντα τὰ πάθη καὶ τὰς ὀξυρρόπους αὐτῶν κινήσεις ἀναχαιτίζειν — θυμοῦ καὶ ἐπιθυμίας ἐκράτησαν ;

Δι᾽ ὧν ἁπάντων νουθετούμεθα μὴ δυσὶν ἐπιτρέπειν τὰς κολάσεις, θυμῷ καὶ λογισμῷ, καθείρξαντας δὲ τὸν

(**54**) 24 κολούειν v et Dornseiff : κωλύειν DL.

θυμὸν διὰ τῆς ἐποχῆς τῷ λογισμῷ παραδιδόναι τὴν κρίσιν. Τοὺς οὖν ἀνθρώπους, ὁρῶντας τὸν θεὸν ἐπέχοντα τὰς κολάσεις καὶ περιμένοντα τὸν καιρόν, ἐκκόπτειν τε εἰκὸς τὴν πρὸς τὰς τιμωρίας ἀπαραίτητον καὶ ἀκρατῆ κίνησιν καὶ μακροθυμίαν ἐπιτηδεύειν. Ὁ γὰρ θεός, πρὸ τοῦ κολάζειν δεικνὺς τὸ μακροθυμεῖν, τῷ μὲν κολάζειν μόνους τοὺς κολαζομένους ὠφελεῖ, τῷ δὲ ἐπέχειν πλείους παιδεύει καὶ ἀπαθεστέρους ποιεῖ· ἡ γὰρ μακροθυμία διδάσκαλος ἀπαθείας ἐστί. Κείσθω δὴ οὖν καὶ οὗτος ὁ τρόπος, ὅνπερ ὑπὲρ τῆς ἀναβολῆς τῶν ἐκ τῆς προνοίας κολάσεων εἴπομεν, παιδευτικὸς τῶν εἰς αὐτὸν βλέπειν δυναμένων.

(**55**) Εἰ δὲ κἀκεῖνον ἐννοήσομεν τὸν λόγον, ὅς φησι τὸν θεὸν διορᾶν τὰς ἕξεις τῶν ψυχῶν ἀφ’ ὧν τυγχάνουσιν ἁμαρτάνουσαι, καὶ ἀφορίζειν πάσαις τὸ ἐν ταῖς κολάσεσι πανταχοῦ κατ’ ἀξίαν τῷ ποσῷ τε καὶ τῷ ποιῷ καὶ τῷ χρόνῳ — οὐ πάσαις γὰρ οὔτε ἡ αὐτὴ οὔτε ἴση αὐτῇ οὔτε κατὰ τὸν αὐτὸν χρόνον προσήκει κόλασις — λάβοιμεν ἂν οἶμαι κἀντεῦθέν τινα τοῦ ζητουμένου λύσιν. Καὶ γὰρ ἐν τῷ τὰς μὲν θᾶττον καθαίρεσθαι, τὰς δὲ βραδύτερον, καὶ ἀρχὴν ἄλλην ἄλλαις εἶναι τῆς καθάρσεως, μάλιστα τοῦ κατ’ ἀξίαν τὰς ψυχὰς κολάζεσθαι στοχαζόμεθα. Εἰ γὰρ αἱ μὲν οὐκ ἀπὸ ζωῆς καθ’ ἕξιν ἐχούσης τι πάθος ἥμαρτον, αἱ δὲ ἀπό τινος οἷον ἐνσκιρρωθείσης ἐν αὐταῖς ἕξεως, δῆλον ὡς ταῖς μὲν ἕπεσθαι δεῖ τὴν τῆς ἐνεργείας ποινήν, ἀποστρόφους αὐτὰς ποιοῦσαν ἀπὸ τῶν τοιούτων ἐνεργειῶν, ἵνα μή, τῷ παροφθῆναι τὴν ἐνέργειαν ἐνεργήσασαι αὖθις καὶ αὖθις τοιαῦτα, καταστῶσιν εἰς ἕξιν, τῶν δὲ τὸν χρόνον περιμένειν καθ’ ὅν, ἀποπλησθείσης τῆς ἕξεως ταῖς κατ’ αὐτὴν ἐνεργείαις, ἕξει χώραν ἡ κόλασις,

(**54**) 31 ἐκκόπτειν Dornseiff (*exscindere* G) : ἐγκόπτειν DL || 38 ὑπὲρ Dornseiff (*pro* G) : ὑπὸ DL.

(**55**) 5 αὐτῇ D : αὐτὴ Ld || 17 περιμένειν Dornseiff (*expectare* G) : παρα- DL.

μετὰ τὴν φλεγμονὴν καὶ τὴν ἀκμὴν ἐπαγομένη τῆς πονηρίας. Εἰ δὲ αἱ μὲν ἐπλημμέλησαν διὰ τὸ τῆς ψυχῆς γνωστικὸν κρίσιν οὐκ ἔχον, τῆς ζωῆς ὑγιῶς ἐχούσης, αἱ δὲ καὶ τὴν ζωὴν ἔχουσι λελωβημένην μετὰ τῆς τοῦ πονηροῦ γνώσεως, ἐναργὲς καὶ ἐπὶ τούτων τὸ τὴν κόλασιν ταῖς μὲν εὐθὺς προσαχθεῖσαν εἰς ἐπίστασιν ἄγειν τοῦ παροράματος, ταῖς δὲ ἀναβολῆς τυχούσαις μείζονα καὶ δραστικωτέραν ἐν τῷ καθήκοντι χρόνῳ τὴν ὠφέλειαν προξενεῖν δι' ἃς εἴπομεν αἰτίας, οὐκ ὄντος τέως ἐν αὐταῖς τοῦ παραδεξομένου τὴν θεραπείαν ἐν τῷ παραχρῆμα διὰ τὴν παντοίαν, ὡς εἴρηται, λώβην.

(**56**) Τοσούτων οὖν ὄντων τρόπων καὶ ἔτι πλειόνων — ἡμῖν μὲν ἀγνώστων, τῇ δὲ προνοίᾳ προεωραμένων — καθ' οὓς προσήκει τὰς μὲν τῶν ψυχῶν ἅμα τοῖς ἁμαρτήμασι κολάζεσθαι, τὰς δὲ οὐχ ἅμα, καὶ τοῦ κατ' ἀξίαν κἂν τούτοις ὄντος, μὴ πάσης ψυχῆς ἀξίας οὔσης θᾶττον ἀπαλλαγῆναι τῆς ἐπὶ τοῖς ἡμαρτημένοις ποινῆς, οὐ δεῖ τὴν πρόνοιαν αἰτιᾶσθαι τῆς ἀναβολῆς, ἀλλὰ ζητεῖν τὰς αἰτίας δι' ἃς εἰκὸς αὐτὴν τισὶ μὲν τῶν ψυχῶν ὑπερημέρους διδόναι κολάσεις, ἄλλαις δὲ ἐπὶ προσφάτοις τοῖς ἁμαρτήμασι τὰς εὐθύνας ἐπάγειν ἀπαραιτήτους.

Καὶ ἵνα μὴ πάντα λέγωμεν τῶν βραδέως τιμωρουμένων κατατρέχοντες, κἀκεῖνο δεῖ σκοπεῖν, ὅτι συμμιγοῦς τῆς ἀνθρωπίνης ζωῆς οὔσης καὶ πολλαχοῦ μεγάλα μὲν ἁμαρτανούσης, ἐχούσης δὲ πρὸς τὸ μεγάλα κατορθοῦν καί τι μέγεθος κατὰ φύσιν — τῶν γὰρ μεγάλων φύσεων ἑκάτερον — τὴν πρόνοιαν εἰκὸς καὶ διὰ ταῦτα μηχανᾶσθαι τὴν ἐπὶ τοῖς ἁμαρτήμασιν ἀναβολὴν τῆς κολάσεως, ἵνα μὴ ταπεινωθεῖσαι ταῖς κολάσεσιν, ἀλλὰ χρησάμεναι τῷ

(**55**) 19 φλεγμονὴν DLP : φλεγομένην M ‖ 22 ζωὴν D (*uitam* G) : ψυχὴν L ‖ 27-28 παραδεξομένου D (*suscepturo* G) : -ξαμένου L.
(**56**) 5 ὄντος DLP : ὄντως M ‖ 14 τὸ D : τὰ L.

μεγέθει τῆς φύσεως μεγάλα καὶ κατορθώσωσι καὶ διὰ τὴν ἐκείνων κατόρθωσιν ἐπιτηδειότητα ἣν οὐκ εἶχον προσλάβωσι τῆς ἐπὶ τοῖς μεγάλοις ἁμαρτήμασι καθάρσεως. Ἕπεται γὰρ ἀμφοτέροις ἃ δεῖ, τοῖς μὲν ἀγαθῶν προσθέσεις, τοῖς δὲ οἷον τομαὶ καὶ καύσεις τῶν ἰατρῶν. Εἰ οὖν καὶ παρ’ Αἰγυπτίοις νόμος ἦν τὴν ἐγκύμονα θανάτου κριθεῖσαν ἀξίαν μέχριπερ ἂν τέκῃ μὴ θανατοῦν, τί θαυμαστὸν τὴν πρόνοιαν τοὺς θανάτων ἄξια πλημμελήσαντας, δυναμένους δὲ τεκεῖν οὐ τὰς τυχούσας πράξεις, ἀλλ’ ὑπερφυεῖς δή τινας ἅτε φύσει μεγάλῃ χρωμένους, φυλάττειν εἰς ἐκείνας τὰς πράξεις, ἀλλ’ οὐχί, ἐπάγουσαν τοὺς ὑπὲρ τῶν ἁμαρτημάτων θανάτους, κωλύειν τὰς τῶν πράξεων κατορθώσεις ; Καὶ πολὺς τοῖς ταῖς ἱστορικαῖς ἐντυγχάνουσι βίβλοις ἀπὸ τῶν ἱστορημένων εἰς τὴν τούτων πίστιν ἥξει κατάλογος, πολλῶν τῶν πάλαι μεγάλα ἡμαρτηκότων πρὸ τοῦ ὑπὲρ ὧν ἥμαρτον τιμωρηθῆναι ἐξελομένων πόλεις πολλὰς ἐκ μέσων κινδύνων οὔτι μικρῶν, οὓς ἀπαριθμεῖσθαι τὰ νῦν ἐργῶδες ἂν εἴη καὶ περιττόν.

Τί δὴ οὖν ἄτοπον τὴν πρόνοιαν ἐπί τινων διὰ ταύτας τὰς αἰτίας περιμένειν τὰς τῶν μεγάλων φύσεων κατορθώσεις καὶ χρονίαν ἐπάγειν ἐπ’ αὐταῖς τὴν ἐπὶ τοῖς ἁμαρτήμασι κόλασιν, μὴ ἀφαιρουμένην τῷ τάχει τῆς δίκης τοὺς μεγάλα πράξαντας κακὰ τοῦ καὶ μεγάλα πρᾶξαι ἀγαθά, καθάπερ ἀπεχθανομένην πρὸς αὐτούς, ἀλλ’ οὐκ ἐπειγομένην πρὸς ἑαυτὴν ἐπιστρέφειν αὐτοὺς καὶ πεπτωκότας ἀνορθοῦν.

(57) Καὶ μὴν καὶ κατ’ ἄλλον λόγον ἄν τις τὴν τῆς προνοίας κρίσιν ἀγασθείη, τοῦτον δὴ τὸν χρόνον διασκε-

(56) 21 καθάρσεως L (*purgationis* G) : κολάσεως D ‖ 22-23 προσθέσεις Dornseiff (*appositiones* G) : προθέσεις DLv ‖ 32 ἀπὸ τῶν ἱστορημένων om. D ‖ 35 μικρῶν DL : μικραῖς MP ‖ 42 ἀπεχθανομένην DMPv : ἀπεχθομένην L.

ψάμενος ὅσος ἐστί, καὶ τὸν τῆς γενέσεως τόπον ἡλίκος· σμικρὸς γὰρ ἑκάτερος καὶ ὁ μέχρι γήρως οὐ παρ' ἡμῖν τοῖς ἀμυδρὸν βλέπουσιν, ἀλλὰ παρὰ τῇ προνοίᾳ, καὶ οὐ παρ' ἐκείνῃ μόνον, ἀλλὰ καὶ παρὰ ταῖς ἐπουρανίαις δυνάμεσιν. Ὅλος γὰρ ὁ παρ' ἡμῖν ἀδιαίρετος χρόνος καὶ ὁ τόπος οὗτος ἐν ᾧ ζῶμεν σώματα περιφέροντες πάνσμικρος καὶ εἰς τὴν τῶν μεγάλων ἁμαρτημάτων τιμωρίαν· τὰ δὲ τῆς κολάσεως δεσμωτήρια καὶ οἱ ἐν Ἅιδου τόποι πολλοὶ δή τινες καὶ ἀπεριήγητοι, καὶ τὰ μεγέθη τῶν τιμωριῶν ἀνυπέρβλητα πᾶσι τοῖς ὁπωσοῦν ἐκεῖ γενομένοις.

Εἰ οὖν καὶ ὁ χρόνος τῆς ἀνθρωπίνης ζωῆς πρὸς τὸν τῆς προνοίας ὀφθαλμὸν καὶ ὁ τόπος οὗτος εἰς κόλασιν τὸ μηδέν ἐστι, καταφρονεῖσθαι εἰκὸς ἑκάτερον καὶ διὰ ταῦτα καὶ βλέπειν τὴν ἀναβολὴν τοῦ χρόνου εἰς τὴν μετάστασιν τὴν ἀπὸ τῶν ἐλαττόνων ἐπὶ τὰ μείζονα δικαιωτήρια τῶν δεομένων μεγάλων ποινῶν καὶ τὴν ἀπὸ τοῦ τόπου τοῦ μετὰ τῶν τιμωριῶν ⟨καὶ⟩ εὐπαθείας τινὰς ἔχοντος εἰς τὸν χῶρον τῶν τιμωριῶν μόνων, ἵνα κἂν τούτῳ τῷ βραχεῖ χρόνῳ τὴν δίκην ἐπικρεμαμένην ἔχοντες νύττουσαν ἀφανῶς, ἀνεγείρουσαν τὰς ἐν αὐτοῖς φαντασίας τῶν ἁμαρτημάτων ἔν τε ὕπνοις καὶ ἐγρηγόρσεσι, καὶ ἐλέγχουσαν αὐτοὺς παρ' ἑαυτῶν, δυσφορῶσι καὶ ἐν ἑαυτοῖς τὸ δικαστήριον ὧν ἔπραξαν ἔχοντες δειμαίνωσι καὶ μετὰ τοῦτο ἃ πρότερον προσεδόκων ἀπόντα, τούτων παρόντων αἴσθωνται καὶ τῆς πείρας αὐτῆς καὶ ἐν τόποις ἐν οἷς

(57) 3 τῆς γενέσεως om. L ‖ 4-7 καὶ ὁ μέχρι — χρόνος. Hanc e Proclo sublatam sententiam male ut uid., aut intellexit aut legit (l. 7 ὅλος pro ὅσος) Is.; Guilelmi uersionem sic graece ad uerbum transtulit Boese : καὶ ὁ μέχρι γήρως τοσοῦτος παρ' ἐκείνῃ, καὶ οὐ παρ' ἐκείνῃ μόνον, ἀλλὰ καὶ παρὰ ταῖς ἔξω τῆς γενέσεως ψυχαῖς, ὅσος ὁ παρ' ἡμῖν ἀδιαίρετος χρόνος ‖ 5 post ἀλλὰ add. καὶ L ‖ 20 καὶ suppl. Dornseiff sec. G ‖ εὐπαθείας Dl : ἀπαθείας L ‖ 22 ἐπικρεμαμένην Dornseiff (*suspensam* G) : -κεκραμένην DL ‖ 27 πρότερον om. L.

ἔρημοι τῶν ὁπωσοῦν εὐφραίνειν δυναμένων εἰσί. Πᾶς γὰρ ὅ γε ἀδικήσας εὐθὺς ὑποβέβληται τῇ δίκῃ, καὶ τὸ γλυκὺ τῆς ἀδικίας ὥσπερ δέλεαρ καταπιών, ἀγχόμενος τὸν λοιπὸν διατελεῖ χρόνον, τοῖς τῆς κολάσεως ἐν τῷ ζῆν προοιμίοις τὴν αἰώνιον κόλασιν μελετῶν. Διὰ γὰρ τὸ μέγεθος τῆς τιμωρίας οὐκ ἀθρόα γίνεται προσβολή, τὰ δὲ ἐν ὀνείροις καὶ φαντασίαις κατεξανιστάμενα δείματα τῶν πονηρῶν ψυχῶν πρόδρομα τῶν ἐπηρτημένων μεγίστων αὐτοῖς μεμηχάνηται κολάσεων, ἐπιφερομένων κατὰ πρόθεσιν ἐκείνων τοῖς ἁμαρτήμασι. Τοῦτο μὲν οὖν μόγις ὥσπερ κῦμα διενηξάμεθα.

IX

Πῶς ἡ ἐπὶ τοῖς ἁμαρτήμασι τῶν πατέρων ἢ καὶ τῶν ἀνωτέρω τούτων δίκη εἰς τοὺς ἀπογόνους αὐτῶν λέγεται χωρεῖν ;

(58) Μετὰ δὲ τοῦτο σκοπῶμεν ἔνατον· πῶς τῶν ἁμαρτόντων ἄλλων ὄντων, οἷον πατέρων ἢ καὶ τῶν ἀνωτέρω τούτων, εἰς τοὺς ἀπογόνους λέγεται χωρεῖν ἡ δίκη ; Εἰ μὲν γὰρ ἔδοσαν ἐκεῖνοι τὴν τῶν ἁμαρτημάτων δίκην, περιττὸν καὶ γελοῖον τὴν πρόνοιαν ἄλλην ἔτι τοῖς μετ' ἐκείνους διαμηχανᾶσθαι τιμωρίαν, ὥσπερ οὐδὲν ἄλλο βουλομένην ἢ τῶν εἰς ἀνθρώπους τιμωριῶν ἐμφορεῖσθαι· εἰ δ' ἐπὶ τῶν ἁμαρτόντων ἀφεῖσα τὴν ποινὴν ἐπ' ἄλλους αὐτὴν μετατίθησι τοὺς μὴ ἁμαρτόντας, τὸν μὲν ἀδικοῦντα περιορῶσα, τῷ δὲ μὴ ἀδικήσαντι τὴν τοῦ ἀδικήσαντος ἐπάγουσα δίκην, οὐ διαφεύγει τὸ ἀδικεῖν. Τὸ δὲ προγο-

(57) 30 γε om. L ‖ 36 πρόδρομα Lp : πρόδομα DMP.
Argumentum IX 1 ἡ om. M ‖ 2 ἀνωτέρω D : -ρων L.
(58) 9 ἀδικοῦντα D : -κόντα L.

νικῶν ἁμαρτημάτων δίκας τίνειν τινὰς τὸ γονεῖς φάγωσιν ὄμφακας καὶ τέκνα αἱμωδιάσουσι λόγιον μαρτυρεῖ.

(59) Πρὸς οὖν τὰ εἰρημένα ἀπορήματα λεγέσθω πρῶτον μὲν ὅτι καὶ πρόνοια μία πᾶσι τοῖς οὖσι καὶ ἀνάγκη φυσικὴ παντὶ σώματι καὶ φύσις παντὸς ἀνθρώπου· ζῷον γὰρ λογικὸν ὁ πᾶς ἄνθρωπος μηδενὶ διαφέρον τῶν καθέκαστον ἢ τῷ εἶναι πάντων αὐτῶν περιληπτικὸν καὶ πολυχρονιώτερον καὶ θειότερον κατ' αὐτὴν τὴν πρὸς τὸ ἀΐδιον συγγένειαν, γενόμενον κατ' εἰκόνα θεοῦ· καὶ γένος πολλῶν ἀνθρώπων ἕν, καὶ κρᾶσις διαφόρων σωμάτων μία. Εἰ δ' οὕτω ταῦτα, τί θαυμάζομεν, εἰ τὰ τῶν προγόνων καὶ μέχρι τῶν ἀπογόνων ἐκδίδοται καὶ τῶν ἐν ἄλλοις χρόνοις πραχθέντων — ἢ ἀμεινόνων ἢ χειρόνων — ἐν ἄλλοις ἔστιν ὅτε ἡ ἀμοιβή; Οὐ γὰρ μόνον ἕκαστον ἡμῶν ἀφ' ὧν ἔπραξεν ἐν ἄλλῳ χρόνῳ, τὸν καρπὸν αὐτῶν ἔχοντα καὶ δεχόμενον τὴν δίκην ἡ πρόνοια δείκνυσιν, ἀλλὰ καὶ τὸ γένος ὡς ἓν οὐκ ἀμεληθέντων μὲν οὐδὲ τῶν πρώτων πραξάντων — οὐδὲ γὰρ θέμις τὶ παροράσθαι προνοίας οὔσης — καὶ τῶν ἀπ' αὐτῶν δὲ τὴν γένεσιν ἐσχηκότων διά τε τὴν πρὸς ἐκείνους ὡς ἀρχηγέτας συμπάθειαν καὶ τὴν μετ' αὐτῶν ὡς εἰς ἓν ζῷον τέλεσιν παραδεχομένων τὴν ἀπ' ἐκείνων καθήκουσαν μοῖραν. Γεγόνασι γὰρ ἐξ ἐκείνων καὶ διεδέξαντο πολλὰ τῶν ἐκείνων, ὥστ' εἰκότως καὶ τιμῶνται ἢ κολάζονται δι' ἐκείνους.

Εἰ δὲ πάντων ἑνὸς ὄντων μερῶν καὶ ἄλλων ἄλλοις συνηρτημένων μὴ οἱ ἐγγὺς ἀλλ' οἱ πορρώτερον τῶν ὁμοίων τοῖς ἔμπροσθεν τυγχάνουσιν, οὐδὲν οἶμαι θαυμαστόν· οὐδὲ γὰρ τῶν μερῶν πάντων ἡ αὐτὴ πρὸς πάντα ὁμοιότης, ἀλλὰ τῶν μὲν μείζων, τῶν δὲ ἐλάττων· οὐδὲ λόγος ὁ αὐτός, ἀλλ' ὁ μὲν μᾶλλον συνδέων, ὁ δὲ ἧττον.

(59) 4 διαφέρον DL : -φέρων M -φέρειν P ‖ 5 πάντων αὐτῶν L : αὐτῶν πάντων D ‖ 13 αὐτῶν DLP : αὐτὸν M.

Καὶ ταῦτα οὐχὶ τῷ ἐγγὺς ἔχει τὸ μεῖζον ἢ τὸ μᾶλλον· οὐδὲν γοῦν κωλύει τὰ πορρώτερον μᾶλλον τῶν ἐγγύτερον ὁμοιοῦσθαι. Καὶ ταῦτα καὶ ἀπὸ τῶν ἰατρικῶν ἔργων δῆλα. Τῶν γοῦν ἰσχίων νοσούντων οὐ τὰ ἐγγὺς ἀλλὰ τὸν ἀντίχειρα καίουσι. Μέλλει γὰρ αὐτοῖς οὐ διὰ τῶν ἐγγὺς ἀλλὰ διὰ τῶν συμπαθῶν δρᾶν εἰς τὰ δεόμενα τῆς ἰάσεως. Οἵ τε οὖν πρῶτοι πλημμελήσαντες πάντως ἢ ἐνταῦθα ἔδοσαν ἢ ἐκεῖ δώσουσι τὴν ἐπὶ τοῖς ἁμαρτήμασι δίκην. Καὶ οὐδὲ οὗτοι πάσχουσιν ἀδίκως, ἀλλ' ὄντες τῶν ἐγγύτερον μᾶλλον κἀκείνοις ἐοικότες, ἀπὸ τῆς ὁμοίας ζωῆς καὶ συμπαθοῦς τῶν ὁμοίων τυγχάνουσιν ἐκ τῆς προνοίας πρὸς τὸ τῆς τε παρὰ θεοῦ τιμῆς καὶ τῆς θείας ζωῆς κατὰ τὸ μέλλον ἀπολαῦσαι.

(**60**) Καὶ γὰρ ἐν τοῖς βίοις ἡμῶν δράματι μὲν ἀνάλογον ἡ σύμπασα τοῦ γένους περίοδος, τῷ δὲ ποιητῇ τοῦ τοιούτου δράματος ἡ φυσικὴ ἀνάγκη, τοῖς δὲ εἰς τὸ δρᾶμα τελοῦσιν αἱ ἄλλαι καὶ ἄλλαι ψυχαί, πληροῦσαι τὴν εἱμαρτὴν ταύτην σκηνήν· ἀθλοθετεῖ δὲ ἡ πρόνοια ταῖς ψυχαῖς καὶ τιμᾷ δι' ἄλλας ἄλλας καὶ ἀτιμάζει διὰ τὴν ὁμοιότητα τῆς ζωῆς.

(**61**) Τὸ δὲ καὶ δι' ἄλλας ἄλλας κολάζεσθαι δοκεῖ μὲν εἶναι θαυμαστόν, ἐστὶ δὲ καὶ τοῦτο λόγον ἔχον διὰ τήν, ὡς εἴρηται, τῆς ζωῆς ὑποφυομένην ὁμοιότητα, τῆς προνοίας οἷον φυτοῦ τινα ῥίζαν πονηρὰν ἐκκοπτούσης, ἣν ἐκείνῃ προϊδεῖν ῥάδιον. Καὶ γὰρ τοῖς σκορπίοις συναπογεννᾶται τὸ κέντρον καὶ ταῖς ἐχίδναις ὁ ἰός· καὶ ἡμεῖς μὲν πληγέντες ὑπ' αὐτῶν γινώσκομεν τίς ὁ ἰός καὶ τί τὸ κέντρον, ἔστι δὲ τὸ γινῶσκον ἐν τῷ παντὶ ταῦτα καὶ πρὸ τῆς πληγῆς. Τὸν αὐτὸν οὖν καὶ ἡ πρόνοια τρόπον τὰς

(**59**) 29 τῷ D : τοῖς L || τὸ μεῖζον ἢ τὸ μᾶλλον L : τὸ μᾶλλον ἢ τὸ μεῖζον D || 38 ἐοικότες DL : εἰκότες P εἰκότως Mp.
(**60**) 6 δι D : δὲ L.
(**61**) 4 οἷον DLM : οὖν P.

ἐνούσας κῆρας ταῖς ψυχαῖς συγγενεῖς ὁρῶσα τῶν ἁμαρτόντων πρώτων, φέρει ἐπ' αὐτὰς τὴν τιμωρίαν, κἂν μὴ πράξωσιν ἅπερ ἐκεῖνοι, τὴν φύσιν ὁμοίαν ἐχούσας, προαναιροῦσα τὴν κακίαν ὥσπερ ἐπίληψιν ὑποφυομένην. Ὡς γὰρ πολλὰ τῶν σωματικῶν νοσημάτων ὧν ἔσχον πατέρες, ἐν παισὶν ἀφανισθέντα ἀνέκυψαν ἐν τοῖς τούτων ἐγγόνοις, οὕτω καὶ ἠθῶν ἰδιότητες ἀναβλαστάνουσιν ἐν τοῖς πολλοστοῖς, αἳ ἄλλοις μὲν ἄγνωστοί εἰσι, τῷ ἑνὶ δὲ τῷ πάντα γινώσκοντι οὐ μόνον γινώσκονται, ἀλλὰ καὶ προαφανίζονται· δηλοῦσι δὲ τὴν ὁμοιότητα διὰ τοῦ δοκεῖν ἐκείνοις τίνειν δίκας τοῖς ὑπ' ἐκείνων ἡμαρτημένοις ἀκολουθούσας. Ἡ θεία γὰρ πρόνοια καὶ ἡ κρίσις ταῖς ἡμῶν προαιρετικαῖς ὁρμαῖς παραπεπήγασι, τῶν μὲν φαύλων πολυτρόπως ἀπείργουσαι, πρὸς δὲ τὰ καλὰ σοφῶς ἐπιστρέφουσαι, καὶ τῷ διευθύνειν τὰ οὐκ ἐφ' ἡμῖν ἐναντίως τοῖς ἐφ' ἡμῖν καὶ παροῦσαν καὶ μέλλουσαν καὶ παρελθοῦσαν κακίαν ἐκτέμνουσαι. Αἱ γὰρ τῶν πειρασμῶν ἐπιφοραὶ τοῖς μὲν γίνονται πρὸς ἤδη γεγονότων ἁμαρτημάτων ἀναίρεσιν, τοῖς δὲ πρὸς νῦν ἐνεργουμένων, ἄλλοις πρὸς μελλόντων ἐνεργεῖσθαι ἀνακοπήν· ἐκεῖνος δ' ἀκρίβως σωτηρίας ἐρᾷ ὁ τοῖς ἰατρικοῖς φαρμάκοις μὴ ἀνθιστάμενος. Ταῦτά εἰσιν ὀδύναι καὶ λῦπαι διὰ ποικίλων ἐπιφορῶν ἐπαγόμεναι. Οὐκ ἔστι γὰρ ἁμαρτήσαντα ἐκφυγεῖν τὴν μέλλουσαν κρίσιν ἄνευ τῶν ἐνταῦθα ἑκουσίων πόνων ἢ ἀκουσίων ἐπιφορῶν. Καὶ τοῦτο μὲν διὰ τούτων ἔστω δῆλον.

(**61**) 13 ὑποφυομένην Dornseiff (*suborientem* G) : ἐπι- DL || 15 ἐγγόνοις DL : ἐκγόνοις Dornseiff sec. Plut. uind. 563 A || 17 αἳ D : ἃ L || 29-30 ἐκεῖνος — ἐρᾷ ὁ om. L.

X

Πῶς τῆς προνοίας τῷ ἑαυτῆς πολυυμνήτῳ ἑνὶ πάντα γινωσκούσης καὶ εἰς τὸ ἀγαθὸν ἀναγούσης, προνοεῖν λέγονται καὶ ἄγγελοι καὶ μετ' αὐτοὺς αἱ ψυχαί ;

(**62**) Τέλος δὲ ἤδη τῶν ἀπορημάτων προσθήσω δέκατον · τῆς γὰρ προνοίας τῷ πολυυμνήτῳ ἑνὶ πάντα γινωσκούσης καὶ εἰς τὸ ἀγαθὸν ἀναγούσης, πῶς καὶ ἄγγελοι καὶ ψυχαὶ προνοεῖν λέγονται, κτίσματα θεοῦ ὄντα καὶ μὴ ταὐτὸν τῷ ποιήσαντι ;

(**63**) Λέγομεν οὖν ὅτι ὁ μὲν θεός, ὡς δυνάμεως πάσης οὕτω καὶ προνοίας ὢν κρείττων, προνοεῖν λέγεται ὡς πᾶσιν ἐφετὸν καὶ οὗ ἕνεκα πάντα καὶ ὡς αἴτιον προνοίας, ἄγγελοι δὲ καὶ ψυχαί, καθ' ὅσον τοῦ ἑνός, ἤτοι τοῦ ἀγαθοῦ, ὡς μόνον μετεχομένου κατά τε τὸ εἶναι καὶ τὸ εὖ εἶναι μετέχοντα, μεταδιδόασι μόνου τοῦ εὖ εἶναι. Μεταδιδόασι δὲ αὐτοῦ οὐ μόνον θεωρούμενα, — ὅπερ καὶ τῶν σωμάτων ἀβουλήτως τυγχάνον οὐκ ἔστι προνοεῖν — ἀλλὰ καὶ λέγοντα καὶ πράττοντα — ὅπερ κατὰ βούλησιν ὑπάρχον τῶν ἀσωμάτων ἐστὶ προνοεῖν — · τὸ γὰρ ἀγαθόν, ταὐτὸν ὂν τῇ προνοίᾳ καὶ τῷ ἑνί, κινεῖ τὰ μὲν ὑπέρτερα ἐπὶ πρόνοιαν τῶν καταδεεστέρων, τὰ δὲ ὁμόστοιχα εἰς κοινωνικὴν ἀλληλουχίαν, καὶ τὰ ὑφειμένα πρὸς τὴν τῶν κρειττόνων καὶ ὑπερκειμένων ἐπιστροφήν. Ἔνθεν τοι προνοητικῶς μεταδιδοῦσαι φωτισμοῦ αἱ ἅγιαι δυνάμεις ἀλλήλαις τε καὶ τῇ ἀνθρωπίνῃ φύσει, ἢ τῆς αὐτῶν ἀρετῆς μεταδιδόασιν ἢ τῆς ἐν αὐταῖς γνώσεως · καὶ ἀρετῆς μὲν οἷον τῆς θεομιμήτου ἀγαθότητος, καθ' ἣν καὶ αὐτὰς καὶ ἀλλήλας καὶ τὰς ὑπο-

Argumentum X 1 πολυυμνήτῳ ἑνὶ L : ἑνὶ πολυυμνήτω D.
(**63**) 11 τὰ D : τε L ‖ 17 θεομιμήτου D : -μημίτου L.

βεβηκυίας εὐεργετοῦσι θεοειδεῖς ἐργαζόμεναι, γνώσεως δὲ ἢ περὶ θεοῦ τι ὑψηλότερον ἢ περὶ ἀσωμάτων βαθύτερον ἢ περὶ σωμάτων ἀκριβέστερον ἢ περὶ προνοίας τρανότερον ἐκδιδάσκουσαι.

(64) Τῆς γὰρ ἀγαθοτάτης τοῦ θεοῦ ἐπὶ πάντα τὰ ὄντα προνοίας διηκούσης ἀπὸ τῶν ὑπερουρανίων οὐσιῶν ἄχρι τῶν ἐσχάτων τῆς γῆς, πρώτως μὲν ἀπολαύουσιν αὐτῆς αἱ ὡς ἐν προθύροις ταύτης ἱδρυμέναι πρεσβύταται δυνάμεις, παρ' αὐτῆς καὶ ἐν αὐτῇ καὶ τὸ εἶναι καὶ τὸ θεοειδῶς εἶναι ἔχουσαι· καὶ μετ' ἐκείνας αἱ ὑφειμέναι ὑφειμένως· καὶ αἱ ἔσχαται ἐσχάτως (ὡς πρὸς ἀγγέλους· ὡς πρὸς ἡμᾶς δὲ ὑπερκοσμίως)· καὶ μετὰ πάντας ἀγγέλους αἱ λογικαὶ ψυχαί. Ἔγκειται γάρ τι καὶ ἐν αὐταῖς κρύφιον τοῦ ἑνὸς ἴχνος (δηλαδὴ ὁ προὼν ἐν τῷ θεῷ τοῦ εἶναι ἡμῶν λόγος, θέλημα θεῖον ὑπάρχων καθ' ὃ καὶ γεγόναμεν) εἰς ὃ καὶ τελέσασα ψυχὴ καὶ ἱδρύσασα ἑαυτήν, ἔνθεός ἐστι καὶ ζῇ τὴν θείαν ζωήν, καθ' ὅσον θέμις αὐτῇ.

(65) Καὶ ὁ μὲν θεὸς δι' οἰκείαν ἀγαθότητα προνοεῖ πάντων, ἄγγελοι δὲ καὶ ψυχαί, καθ' ὅσον ἔχουσί τι σπέρμα τοῦ ἀγαθοῦ, καὶ αὐτοὶ προνοοῦσιν, οὐ καθ' ὅσον ζῶντες ἢ νοοῦντές εἰσι. Ψυχῆς γὰρ τὸ κινεῖν, νοῦ δὲ τὸ γινώσκειν ἴδιον· τὸ δὲ προνοεῖν τοῦ ἐν αὐτοῖς ἐστιν ἑνός. Καθὸ γὰρ εἰκονίζουσι τὸν θεόν, κατὰ τοῦτο δὴ συμπρονοοῦσιν αὐτῷ. Τὸ γὰρ πρώτως προνοοῦν θεός, διότι καὶ τὸ πρώτως ἀγαθόν· ἄγγελοι δὲ μετὰ θεόν· καὶ ψυχαὶ δὲ μετ' αὐτούς, πλὴν ὅταν τῷ ἀγαθῷ ἐνιδρυνθῶσιν, ἐνθέως τε ἐνεργοῦσι καὶ μετὰ τοῦ θεοῦ προνοοῦσι, καὶ οὐκ ἐν λογισμοῖς αὐτῶν ἡ πρόνοια τότε στοχαστικοῖς τῶν ἐσομένων, ὥσπερ τῶν ἐνταῦθα πολιτικῶν, ἀλλ' ἐν τῷ ἀγαθῷ στάσιν λαβοῦσαι καὶ διὰ τοῦτο περιλαμφθεῖσαι

(64) 4 αἱ om. M || ἱδρυμέναι DLP : -να M.
(65) 9 ἐνθέως DLM : εὐθέως P.

τῷ ἑνιαίῳ φωτὶ τοῦ θεοῦ, ὁρῶσιν ἀχρόνως τὰ ἐν χρόνῳ καὶ ἀδιαιρέτως τὰ διαιρετὰ καὶ τὰ ἐν τόπῳ πάντα ἄνευ τόπου, καὶ εἰσὶν οὐχ ἑαυτῶν ἀλλὰ τοῦ ἐλλάμποντος θεοῦ. Καὶ ψυχαῖς μὲν τοῦτο ποτὲ συμβαίνει τὸ πάθος, τοῖς δὲ ἀγγέλοις πρὸ αὐτῶν ἀεὶ πάρεστι· διὸ καὶ ἀεὶ προνοοῦσι, κρειττόνως ἢ κατὰ λογισμὸν ἐνεργοῦντες, οὐκ ἐφεπόμενοι τοῖς γινομένοις, ἀλλὰ πάντα ὁρῶντες κατὰ τὸ ἐν τῷ θεῷ κατ' οὐσίαν ἕν, τῆς τοιαύτης ἐνεργείας ὕφεσιν οὐκ ἔχοντες. Τῶν μὲν οὖν ψυχῶν τῷ ἀεὶ προνοεῖν διαφέρουσιν, ὡς εἴπομεν, αὐτοῦ δὲ οὗ εἰσιν ὀπαδοὶ θεοῦ τῷ διὰ μέθεξιν προνοεῖν, καθ' ἣν συνήνωνται τῷ θεῷ. 'Εκεῖνος μὲν γὰρ ἕν, τούτων δὲ ἕκαστος ἑνοειδής. Ἔχων οὖν τι καὶ ἄλλο παρὰ τὸ ἕν, τῷ μὲν ἑνὶ μιμεῖται τὸν θεόν, οὗ καὶ ἐξήρτηται, τῷ δὲ ἄλλῳ κατ' ἄλλην ἐνέργειαν ζῇ· καὶ ἔστι κατὰ μὲν τὸ ἓν ἡ ὕπαρξις ἡ ἑκάστου, κατὰ δὲ τὸ οὐχ ἓν τὸ ὂν τὸ ἐν αὐτοῖς οὗ ἡ ὕπαρξις.

(**65**a) Οὕτω μὲν οὖν καὶ οἱ ἄγγελοι καὶ αἱ ψυχαὶ λέγονται προνοεῖν· μία δέ τίς ἐστιν ἁπλῆ δύναμις ἡ αὐτοκινητικὴ πρὸς ἑνωτικήν τινα κρᾶσιν ἐκ τοῦ ἀγαθοῦ μέχρι τοῦ τῶν ὄντων ἐσχάτου καὶ ἀπ' ἐκείνου πάλιν ἑξῆς διὰ πάντων εἰς τὸ ἀγαθόν, ἐξ ἑαυτῆς καὶ δι' ἑαυτῆς καὶ ἐφ' ἑαυτῆς ἑαυτὴν ἀνακυκλοῦσα καὶ εἰς ἑαυτὴν ἀεὶ ταὐτῶς ἀνελιττομένη· τοῦ ἀγαθοῦ, ὃ πολλὰ ὂν ταῖς προόδοις ἕν ἐστι τῇ ἀρχῇ, τῆς παντελοῦς τοῦ θεοῦ προνοίας ὄντος ἐκφαντικοῦ. Τὸ γὰρ ἀγαθόν, ὡς μὲν πολλὰ ταῖς προόδοις, ἐκτείνεται εἴς τε τὰ ὄντα (καὶ ταῖς αὐτῶν θέσεσι κατ' αἰτίαν θεολογικῶς καταφάσκεται) καὶ εἰς τὰ οὐκ ὄντα (καὶ ταῖς αὐτῶν ἀφαιρέσεσι καθ' ὑπεροχὴν ὡσαύτως ἀποφάσκεται)· ὡς δὲ ἐν τῇ ἀρχῇ ἐστὶν ὑπὲρ τὰ ὄντα καὶ ὑπὲρ τὰ οὐκ

65a : sub hoc signo ultimam Isaacii operis partem non a Procli textu ad uerbum assumptam comprehendi.

(**65**) 15 τὰ[2] om. L ‖ 21 οὐσίαν D : αἰτίαν L ‖ 28 ὂν D : ὃν L.
(**65**a) 5 ἐφ' ἑαυτῆς DLM : ὑφ' — P ‖ 12 ἀφαιρέσεσι D : -σεσοι L.

ὄντα, ὃν μή τι εἴτε τῶν ὄντων εἴτε τῶν οὐκ ὄντων, καὶ εἰς μὲν τὰ ὄντα ἐκτεινομένον, ᾗ μὲν ὑπὸ πάντων τῶν ὄντων μετέχεται, κατὰ μόνην οὐσιώδη καὶ ἑκτικὴν ἐπιτηδειότητα λέγεται αὐτοεῖναι· ᾗ δὲ κατὰ ζωτικὴν κίνησιν ὑπὸ τῶν ζώντων, λέγεται αὐτοζωή· ᾗ δὲ ὑπό τε τῶν αἰσθητικῶν αἰσθητικῶς καὶ ὑπὸ τῶν λογικῶν καὶ νοερῶν γνωστικῶς, λέγεται αὐτοσοφία· κἀντεῦθεν αὐτὸ τὸ εἶναι καὶ ἡ ζωὴ καὶ ἡ σοφία τῶν ὁλικωτέρων ἢ μερικωτέρων προνοιῶν τοῦ θεοῦ ὄντα ἐκφαντικά, οὐκ οὐσίαι εἰσὶ καὶ ὑποστάσεις θεῖαι ἢ καὶ ἀγγελικαί, ἀρχικαὶ τῶν ὄντων καὶ δημιουργικαί, ἅς τινες καὶ θεοὺς τῶν ὄντων καὶ δημιουργοὺς αὐτοσχεδιάσαντες ἀπεστομάτισαν· οὓς ἅτε δὴ οὐκ ὄντας οὔτε αὐτοὶ ἀληθῶς καὶ κυρίως ᾔδεσαν οὔτε οἱ πατέρες αὐτῶν. Οὐδὲ πολλὰ τὰ αἴτια καὶ ἄλλων ἄλλαι παρακτικαὶ θεότητες ὑπερέχουσαι καὶ ὑφειμέναι, ὅτι μηδ' ἄλλο ἐστὶ τὸ ἀγαθὸν καὶ ἄλλο τὸ ὂν καὶ ἄλλο ἡ ζωὴ ἢ ἡ σοφία, ἀλλ' ἑνὸς θεοῦ ὅλαι ἀγαθαὶ πρόοδοι καὶ νοηταὶ πρόνοιαι, αἵπερ καὶ λόγοι οὖσαι λέγονται τριχῶς· ἐπὶ μὲν τοῦ ὑπερουσίου θεοῦ κατ' αἰτίαν, οἷα ἔργα αὐτοῦ χρονικῶς μὴ ἠργμένα· ἐφ' ἑαυτῶν δὲ καθ' ὕπαρξιν, οἷα ὑπάρξεις πάντων τῶν ὄντων· καὶ ἐπὶ τούτων (δηλαδὴ τῶν ὄντων) κατὰ μέθεξιν, ὡς ταῖς μεθέξεσιν — ἢ τοῦ εἶναι μόνου ἢ τοῦ εἶναι καὶ τῆς ζωῆς ἢ τοῦ εἶναι καὶ τῆς ζωῆς καὶ τῆς σοφίας — τῶν μὲν ὄντων, τῶν δὲ ζώντων, τῶν δὲ αἰσθητικῶν, τῶν δὲ λογικῶν, τῶν δὲ νοερῶν καὶ λεγομένων καὶ ὄντων. Καὶ οὕτω μὲν τὸ ἓν πάντων ἀγαθόν, ἐκτεινόμενον εἰς τὰ ὄντα, ἐκτεινόμενον δὲ καὶ εἰς τὰ οὐκ ὄντα, ἐστὶ κατὰ μὲν τὸ εἶναι ὑπὲρ τὰ ὄντα, κατὰ δὲ τὴν ζωὴν ὑπὲρ τὰ ζῶντα, κατὰ δὲ τὴν σοφίαν οὐ μόνον ὑπὲρ τὰ αἰσθητικά, ἀλλὰ καὶ τὰ λογικὰ καὶ τὰ νοερά, ὅτι ἐν αὐτῷ καὶ τὸ

(**65**a) 14-15 καὶ εἰς μὲν — τῶν ὄντων om. L ‖ 18 τε om. L ‖ 19 αἰσθητικῶς MP : αἰσθητῶς DL ‖ 20-21 κἀντεῦθεν — σοφία om. L ‖ 22 οὐκ om. L.

ἀνούσιον οὐσίας ὑπερβολὴ καὶ τὸ ἄζωον ὑπερέχουσα ζωὴ καὶ τὸ ἀναίσθητον καὶ ἄλογον καὶ ἄνουν ὑπεραίρουσα σοφία· καὶ ὅσα ἐν τῷ ἀγαθῷ τῆς τῶν ἀνειδέων ἐστὶν ὑπεροχικῆς εἰδοποιίας· καὶ τὸ μὴ ὂν γὰρ κατὰ τὴν πάντων ἀφαίρεσιν τοῦ ὑπὲρ πάντα τὰ ὄντα ἐφίεται ἀγαθοῦ καὶ φιλονεικεῖ πως εἶναι καὶ αὐτὸ ἐν αὐτῷ τῷ ὄντως ὑπερουσίῳ.

Ἔνθεν τοι ἡ ἀγαθότητι παντελεῖ πάντα τὰ αὐτῆς ἀπολαύοντα περιθέουσα καὶ συνέχουσα πρόνοια, ὑπερέχουσα τούτων ἁπάντων ὡς πρὸ νοῦ ἄπειρος καὶ ἐπ' ἄπειρον πανσθενὴς καὶ ὑπερδύναμος ἐνέργεια τοῦ θεοῦ, τοὺς ἐφιεμένους τῆς κατὰ περιχώρησιν ἀληθοῦς αὐτοῦ ἀποκαλύψεως, οὐσιωδῶς ἀρχῇ τε καὶ τέλει μεμετρημένους ὅλους ἑαυτοὺς ὅλων ἑαυτῶν τῇ τῶν ὑπὲρ φύσιν μεθέξει, κρείττονι τῶν κατὰ φύσιν ἐκβάσει ἐκστήσασα κατ' ἐρωτικήν τινα ἔκστασιν καὶ θεοποιὸν ἁπλότητα, τούτοις ἀγαθοπρεπῶς ἑαυτὴν ἐπιδίδωσιν, ἀποπληροῦσα ἑαυτῆς τοὺς ἐπανελθόντας κατὰ τὸ τέλος πρὸς τὴν οἰκείαν ἀρχήν, ὡς τῆς ἐφέσεως αὐτῶν ἀποπληρωτικὴ θεότης, θεωρὸς μὲν πάντων, ἐκθεωρητικὴ δὲ τῶν πρὸς αὐτὴν ἐπεστραμμένων νοερῶν καὶ λογικῶν, ὧν ἡ κατὰ μέθεξιν τῶν ὑπὲρ φύσιν θέωσίς ἐστι καθ' ὑπογραφῆς λόγον πάντων τῶν χρόνων καὶ τῶν αἰώνων καὶ τῶν ἐν χρόνῳ καὶ αἰῶνι περιοχὴ καὶ πέρας, ὡς τῆς ἀκραιφνοῦς καὶ κυρίως ἀρχῆς πρὸς τὸ ἀκραιφνὲς καὶ κυρίως τέλος ἀδιάστατος ἐν τοῖς σῳζομένοις ἑνότης, ἐνεργουμένη κατὰ τὴν ὑπὲρ νόησιν ἄμεσον ἕνωσιν διηνεκεῖ τε καὶ ἀδιαστάτῳ τοῦ ἐφετοῦ ἀπολαύσει ἀρρήτως τε καὶ ὑπεραρρήτως ἄρρητον ἡδονὴν καὶ χαράν, ἧς οὐκ ἔστιν ἢ νοῦν νόησιν ἢ λόγον ῥῆσιν παντάπασιν ἐν τῇ φύσει τῶν ὄντων εὑρεῖν. Ὑπὲρ φύσιν γὰρ ἡ θεία καὶ ἀνεννόητος ἡδονή, ἣν ποιεῖν πέφυκεν ὁ θεὸς κατὰ τὴν

(**65**a) 51 περιθέουσα D : περιέχουσα L ‖ 62 ἐκθεωρητικὴ DL : θεωρητικὴ M καὶ θεωρητικὴ P ‖ 68 ἕνωσιν L : νόησιν DMP ‖ 71 παντάπασιν DLP : πάντα πᾶσιν M.

χάριν, φύσει τοῖς ἀξίοις ἑνούμενος. Κατὰ γὰρ τὴν ὑποκειμένην ἑκάστῳ ποιότητα τῆς διαθέσεως ὁ θεός – τοῖς πᾶσιν ἑνούμενος, ὡς οἶδεν αὐτός – τὴν αἴσθησιν ἑκάστῳ παρέχεται, καθὼς ἔστιν ἕκαστος ὑφ' ἑαυτοῦ διαπεπλασμένος πρὸς ὑποδοχὴν αὐτοῦ τοῦ πάντως πᾶσιν ἑνωθησομένου κατὰ τὸ πέρας τῶν αἰώνων.

(65a) 77 ἑαυτοῦ D : ἑαυτῶν L || 79 τὸ om. L.

ERRATA

P. 56, n. 1 *au lieu de* : excitantes *lire* : *excitantes.*

P. 57, (français), l. 13 *au lieu de* : ne se détermine par *lire* : ne se détermine pas.

P. 123 (français), l. 34 *au lieu de* : Chalcédoniens *lire* : Chalcédoniens[3] *et ajouter en bas de page la note* **3** *suivante* : Il s'agit, en fait, des Carthaginois (*cf.* Plut. *Moral.* 552 E), mais Moerbeke a lu Χαλκηδονίων pour Καρχηδονίων.

P. 128 (latin) apparat 59 l. 2 *avant* : turgido : ὑπούλου *υ ajouter* : que ex opposito (= τὰ ἀντικείμενα μέρη) i. e. *sinistram regionem dextrae oppositam aut retro* : τὸν ἀντίχειρα *Is.* (cf. Plut., *Moral.* 559 E).

ERRATA

P. 8 *à la fin du premier alinéa, après la citation, ajouter* (*Oracles Chaldaïques*, éd. et trad. Des Places, p. 209).

P. 37 c) *ajouter* :

Klaus Feldbusch, *Proklos Diadochos, Zehn Aporien über die Vorsehung* §§ 1-31, Diss. Univ. Cologne 1972.

Ingeborg Böhme, *Proklos Diadochos, Zehn Aporien über die Vorsehung* §§ 32-66, Diss. Univ. Cologne 1972.

P. 59 texte français l. 27 *au lieu de* par le mouvement *lire* par le penser.

P. 62 *dans la note 1, après* El. Th. 124 *supprimer entièrement le reste de la note.*

P. 81 apparat, l. 2, *au lieu de* ἐκπορούμενα *lire* ἐκπυρούμενα
l. 3 *supprimer* gr. app. crit. et

P. 102, texte français, l. 10-11, *au lieu de* pour les parties d'un cœur se trouvant *lire* pour les parties du corps, lorsque, d'aventure, le cœur est

P. 160 apparat, l. 1 *au lieu de* 63, 6-9 *lire* 63, 8-12 l. 2 *au lieu de* 18-26 *lire* 16-27.

P. 161 appar., l. 1 *au lieu de* 63, 10-19 *lire* 63, 13-25.

TABLE DES MATIÈRES

Ce volume,
de la Collection des Universités de France,
publié aux Éditions Les Belles Lettres,
a été achevé d'imprimer
en janvier 2003
sur presse rotative numérique
de Jouve
11, bd de Sébastopol, 75001 Paris

N° d'édition : 4854
Dépôt légal : janvier 2003

Imprimé en France